DAS GROSSE LEXIKON

DER NAHRUNGSMITTEL & UNVERTRÄGLICHKEITEN

© 2013 Evomed Diagnostics AG

www.imupro.de
www.evomed.com

Herstellung und Verlag: BoD – Books on Demand, Norderstedt

Bildnachweis:
© Africa Studio, airborne77, alex, Alexander Raths, Alexey Stiop, Alois, Alterfalter, Andrea Wilhelm, Andreas F., Antje Lindert-Rottke, aqua4, Ars Ulrikusch, atoss, axepe, babsi_w, Barbara Dudzińska, Barbara Pheby, Bernd Jürgens, BestPhotoStudio, BeTa-Artworks, Birute Vijeikiene, boguslaw, braverabbit, christarkan, Christian Jung, christopher hartwig, Claudia Holzmann, Cobja, Comugnero Silvana, Constantinos, Coprid, Cora Müller, Corinna Gissemann, cristi180884, davello, davidevison, deviantART, Dionisvera, djama, Dmitry Rukhlenko, doris oberfranklist, Elena Schweitzer, elxeneize, Elzbieta Sekowska, emer, Eva Gruendemann, ExQuisine, eyewave, Fejo, FOOD-pictures, fredredhat, Friedberg, Frog 974, Giuseppe Blasioli, gudrun, helenedevun, Himmelssturm, hufnasi, Igor Dutina, IngridHS, irfagu, IrisArt, jd-photodesign, jeffers, Jessmine, Jiri Hera, Johanna Mühlbauer, kab-vision, Kadmy, Karin Jähne, Kasia Bialasiewicz, Konstiantyn, kubais, kurapy, Laurentiu Iordache, Le Do, lightpoet, Lucky Dragon, M. Schuppich, macroart, Maksim Shebeko, Malyshchyts Viktar, Mara Zemgaliete, Marco Mayer, Marén Wischnewski, margo555, Maria Brzostowska, MarkusBeck, Massimiliano Gallo, matttilda, milujovi2, Mny-Jhee, Monia, Monkey Business, monticelllo, mumi, Murat Şentürk, NataliTerr, neftali, nikitos77, nito, Olaf Wandruschka, Omika, ortodoxfoto, pablo h. caridad, Paul Murphy, Paul Wander, photocrew, Picture Partners, Printemps, Ramses, Rob Stark, rotoGraphics, Sabine Schmidt, sarsmis, scis65, Shawn Hempel, silencefoto, Stefan Körber, Stephan von Mikusch, Studio Gi, Subbotina Anna, Sylwia Kachel, Team 5, teravoxel, Tesgro (Tessieri), the_builder, Thomas Renz, ThorstenSchmitt, timolina, Tomboy2290, tukda, unpict, unverdorben, veneratio, Viktorija, vinciber, volff, Wingnut Designs, Wolfgang Jargstorff, Wolfgang Kruck, womue, Worytko Pawel, Wren, Zbyszek Nowak, Zdenek Pistek, Željko Radojko / Fotolia.com

ISBN 9783732249626

INHALTSVERZEICHNIS

VORWORT 6

1 NAHRUNGSMITTELUNVERTRÄGLICHKEITEN 9

- NAHRUNGSMITTELALLERGIE MIT SOFORT-REAKTION 12
- NAHRUNGSMITTELALLERGIE MIT VERZÖGERTER REAKTION 15
- GLUTEN-UNVERTRÄGLICHKEIT UND ZÖLIAKIE 17
- HISTAMIN-INTOLERANZ 19
- FRUKTOSE-MALABSORPTION 21
- LAKTOSE-INTOLERANZ 25

2 NAHRUNGSMITTEL-LEXIKON 27

- A – Z 28
- NAHRUNGSMITTELGRUPPEN IM ÜBERBLICK 200
- NAHRUNGSMITTEL UND IHRE RELEVANTEN UNVERTRÄGLICHKEITEN 202

3 FREI VON... 209

- ...MILCH 210
- ...GLUTEN 212
- ...EI 213
- ...NÜSSEN 214
- ...HEFE 216

4 SONDERTHEMEN 217

- DER DARM 218
- KREUZALLERGIE 220
- DIE GEHEIMSPRACHE DER LEBENSMITTELETIKETTEN 223
- ZUSATZSTOFFE UND E-NUMMERN 228
- EINKAUFSTIPPS 246
- BUCHTIPPS 248

5 GLOSSAR 249

VORWORT

Gesunde Ernährung ist individuell. Essen Sie schon, was Ihnen gut tut?

Viele Menschen haben den Verdacht, dass sie bestimmte Nahrungsmittel nicht vertragen. Oft bleibt lange Zeit unklar, ob dies tatsächlich so ist – oder welche Nahrungsmittel Auslöser für die Beschwerden sind. Manchmal handelt es sich um Abwehrreaktionen des Körpers, gelegentlich um ein Mengenproblem, in anderen Fällen hängt es von der Verarbeitung der Lebensmittel ab und bei Einigen ist das Zusammenspiel verschiedener Nahrungskomponenten problematisch.

Mit fachkundiger medizinischer Beratung und modernen Testverfahren lässt sich schnell einkreisen, auf welche Nahrungsmittel individuell zu achten ist. Oft stellen sich dann neue Fragen: Gibt es eine gute Übersicht zu problematischen Nahrungsmitteln? Was sind schmackhafte Alternativen? Worin verbergen sich Nahrungsmittel, die ich nicht vertrage? Darauf und auf weitere Fragen erhalten Sie in diesem Buch kompetente Antworten. Zusätzlich finden Sie interessante Spezialthemen wie „Kreuzallergie" oder „Die Geheimsprache der Lebensmitteletiketten".

Das „Große Lexikon der Nahrungsmittel & Unverträglichkeiten" stellt eine Vielzahl an Unverträglichkeitsreaktionen in übersichtlicher Form dar. Es bietet erste Anhaltspunkte über Sofort-Checks, nennt hilfreiche Einkaufstipps und sorgt mit der Beschreibung von mehr als 250 Nahrungsmitteln in direktem Bezug auf Unverträglichkeitsreaktionen für eine schnelle Orientierung und den Start in eine individuell gesunde Ernährung.

Ich wünsche Ihnen viel Freude bei der Entdeckungsreise zu den Nahrungsmitteln, die Ihnen gut tun!

Dr. med. Rolf Grobecker

SYMBOLE, DIE IN DIESEM BUCH VERWENDET WERDEN:

 Spielt bei angegebener Unverträglichkeit keine oder nur eine geringe Rolle.

 Vorsicht! Kann bei einer angegebenen Unverträglichkeit Symptome hervorrufen.

DIESES NAHRUNGSMITTEL (und daraus hergestellte Erzeugnisse) gehört zu den Zutaten, die häufig Unverträglichkeitsreaktionen auslösen und ist deshalb **KENNZEICHNUNGSPFLICHTIG.**

➜ s. Deklarationspflichtige Nahrungsmittel und verträgliche Alternativen S. 14

NAHRUNGSMITTELUNVERTRÄGLICHKEITEN

- NAHRUNGSMITTELALLERGIE MIT SOFORT-REAKTION
- NAHRUNGSMITTELALLERGIE MIT VERZÖGERTER REAKTION
- GLUTEN-UNVERTRÄGLICHKEIT UND ZÖLIAKIE
- HISTAMIN-INTOLERANZ
- FRUKTOSE-MALABSORPTION
- LAKTOSE-INTOLERANZ

NAHRUNGSMITTEL UNVERTRÄGLICHKEITEN

Viele Menschen vermuten bei chronischen körperlichen Beschwerden, dass Nahrungsmittel die Auslöser sein könnten. Obwohl dies meist als „Allergie" bezeichnet wird, gibt es tatsächlich viele Ursachen und unterschiedliche Mechanismen, die zu Symptomen wie Blähungen, Durchfall, Kopfschmerz oder Hautproblemen führen können.

Die wichtigsten Beispiele neben einer Allergie sind: Eine Milchzucker-Unverträglichkeit (Laktose-Intoleranz), eine gestörte Aufnahme von Fruchtzucker (Fruktose-Malabsorption), eine Abwehrreaktion gegen das Klebereiweiß von Getreide (Gluten-Unverträglichkeit, Zöliakie), eine allergieähnliche Reaktion auf den Botenstoff Histamin (Histamin-Intoleranz) – oder auch eine Lebensmittelvergiftung (z. B. durch verdorbenen Fisch oder bakterielle Gifte).

Allgemein werden solche Beschwerden, die durch Nahrungsmittel ausgelöst werden, als **Nahrungsmittelunverträglichkeiten** bezeichnet. Etwas genauer unterscheidet man zwischen Reaktionen, die durch das Immunsystem vermittelt werden **(Allergien)** und Reaktionen, die nicht durch das Immunsystem vermittelt werden **(Intoleranzen bzw. Unverträglichkeiten)**.

Die verschiedenen Ursachen äußern sich häufig in sehr ähnlichen Symptomen. Daher ist es oft schwierig herauszufinden, welche Ursache den individuellen Beschwerden zugrunde liegt. Die folgende Tabelle ermöglicht Ihnen einen ersten Überblick:

Symptome	Nahrungsmittel Sofort-Allergie	Verzögerte Nahrungsmittelallergie	Zöliakie / Gluten-Unverträglichkeit	Histamin-Intoleranz	Fruktose-Malabsorption	Laktose-Intoleranz
Allergischer Schock	x					
Asthma	x			x		
Atemnot	x					
Bauchschmerzen		x	x	x	x	x
Blähungen		x	x	x	x	x
Depressive Verstimmung		x	x		x	x
Durchfall	x	x	x	x	x	x
Erbrechen	x	x	x	x		x
Erschöpfung		x	x	x	x	
Gelenkbeschwerden	x	x				
Gewichtsverlust			x			
Hautprobleme (Rötung, Juckreiz etc.)	x	x		x		
Herzrasen				x		
Koliken					x	x
Kopfschmerzen		x		x	x	x
Kreislaufbeschwerden				x		
Migräne		x		x		
Morbus Crohn		x				
Niedriger Blutdruck				x		
Reizdarm		x	x		x	x
Schnupfen	x			x		
Schwellungen	x			x		
Schwindel				x	x	x
Trockene Nase				x		
Übelkeit	x	x		x	x	x
Übergewicht		x				
Verstopfung		x	x			x
Völlegefühl		x			x	

Hinweis: Nicht alle gelisteten Symptome müssen bei einer Unverträglichkeit auftreten. Die Ausprägung kann individuell verschieden sein.

Bitte beachten Sie:
Die Beschreibungen in diesem Buch und die Sofort-Checks zu einzelnen Allergien oder Unverträglichkeiten **ersetzen keine fachgerechte medizinische Diagnose und Therapie.** Sie dienen lediglich als erster Hinweis und Anregung, welche Ursachen bei bestimmten Symptomen eine Rolle spielen könnten.

Bei der gesundheitlichen Wirkung der einzelnen Nahrungsmittel wird in diesem Buch in der Regel **der volksmedizinische Nutzen oder die volksmedizinische Verwendung** benannt.
Alle Angaben und Hinweise auf Unverträglichkeiten sind **nach aktuellem Wissensstand recherchiert und für Sie aufbereitet. Sie erheben jedoch keinen Anspruch auf Vollständigkeit,** denn wissenschaftliche Erkenntnisse sind ständig im Fluss und entwickeln sich weiter.

Der individuelle Nutzen oder individuelle Beeinträchtigungen durch Nahrungsmittel können mit diesem Lexikon nicht abgeklärt werden. Daher übernehmen wir **keine Haftung** für die als allgemeine Aussagen formulierten Hinweise und Empfehlungen bei der individuellen Anwendung. **Bitte klären Sie mit dem Mediziner Ihres Vertrauens die tatsächlichen Ursachen für eventuelle Beschwerden und den für Sie persönlich passenden Therapieplan ab!**

Generell empfehlen wir eine möglichst abwechslungsreiche Ernährung und gemäßigte Mengen für jede Einzelkomponente. So lassen sich Mangelernährung und Überlastung des Stoffwechsels vermeiden. Zusätzlich kommen auf diese Weise leckere Alternativen auf den Tisch.

Nachfolgend finden Sie die wichtigsten Aspekte der jeweiligen Unverträglichkeitsreaktion erläutert, sowie den dazu passenden Sofort-Check als Orientierungshilfe.

NAHRUNGSMITTEL ALLERGIE MIT SOFORT REAKTION (ALLERGIE TYP I)

Was ist eine Nahrungsmittelallergie mit Sofort-Reaktion?
Unter einer Allergie versteht man eine Überempfindlichkeitsreaktion gegen an sich harmlose Substanzen, an der das Immunsystem beteiligt ist. Auslöser können beispielsweise Pollen, Tierhaare, Insektengifte, Milben oder Nahrungsmittel sein. Sie werden als Allergene bezeichnet.
Bei einer Allergie Typ I treten allergische Symptome sofort, d. h. innerhalb von Sekunden bis Minuten nach dem Kontakt mit einem Allergen auf.

Ursache
Das Immunsystem bildet bei einigen Menschen bereits in der Säuglingsphase oder später IgE-Antikörper gegen ein Nahrungsmittel (z. B. Milch oder Apfel). Man spricht von „Sensibilisierung". Ab dem zweiten Kontakt mit dem Nahrungsmittel findet eine Sofort-Reaktion des Immunsystems statt, bei der der Botenstoff Histamin ausgeschüttet wird.

 Auch eine Kreuzreaktion kann die Ursache einer Nahrungsmittelallergie sein.
➜ s. Kreuzallergie S. 220

Symptome
Der Botenstoff Histamin erweitert Gefäße und führt zu Muskelkontraktionen. So kommt es zu starkem Hautjucken und Hautausschlägen, Anschwellen von Schleimhäuten im Nasen-Rachen-Raum bis hin zu Atemnot, schnupfenähnlichen Beschwerden (Heuschnupfen) oder Asthma. In extremen Fällen tritt ein anaphylaktischer Schock mit Todesfolge auf.

> Nahrungsmittelallergien vom Typ I führen häufig zu Jucken und Kratzen in Mund und Rachen, möglicherweise in Kombination mit Schwellungen, zu Störungen im Magen-Darm-Bereich sowie zu Hautekzemen.

Diagnose
Mit einem **Haut-Prick-Test** wird zunächst geprüft, ob IgE-Antikörper gegen bestimmte Nahrungsmittel gebildet wurden. Dabei wird entweder eine kleine Menge verschiedener Nahrungsmittellösungen in die Hautoberfläche eingeritzt und beobachtet, ob sich nach 10 bis 20 Minuten Rötungen und Quaddeln bilden. Oder mit einem **Läppchentest (Epicutan-Test)** werden Testpflaster auf dem Rücken aufgebracht und nach 1 bis 3 Tagen geprüft, ob eine Rötung oder Schwellung unter dem Pflaster entstanden ist.
Alternativ kann über einen **Bluttest mit spezifischer IgE-Messung** bestimmt werden, gegen welche Nahrungsmittel IgE-Antikörper gebildet wurden.

In vielen Fällen wird nach dem Haut- oder Bluttest noch ein Provokationstest durchgeführt. Dabei werden gezielt diejenigen Nahrungsmittel gegessen, gegen die IgE-Antikörper nachgewiesen wurden und überprüft, ob allergische Symptome auftreten.

Eine weitere Möglichkeit der Diagnostik ist eine Weglassprobe. Bei einer solchen **Eliminations- oder Suchdiät** wird für 5–14 Tage auf ein spezielles Nahrungsmittel verzichtet. Bessern sich allergische Symptome innerhalb von 3–4 Tagen, geht man davon aus, einen Allergieauslöser gefunden zu haben.

Therapie
Bei einer Sofort-Allergie gegen ein Nahrungsmittel muss das betroffene Nahrungsmittel häufig dauerhaft gemieden werden (Karenz). Das gilt auch für alle verarbeiteten Lebensmittel, die dieses Nahrungsmittel oder Bestandteile davon enthalten. Schon geringe Mengen des Nahrungsmittelallergens können unter Umständen starke allergische Reaktionen verursachen.
➔ s. Die Geheimsprache der Lebensmitteletiketten S. 223
Ist eine Karenz nicht vollständig möglich, helfen gegebenenfalls verschiedene Medikamente, die allergische Reaktion zu unterbinden oder abzuschwächen.

SOFORT-CHECK

	Ja	Nein
Haben Sie Heuschnupfen?	☐	☐
Empfinden Sie eine natürliche Ablehnung gegen ganz bestimmte Nahrungsmittel?	☐	☐
Leiden Sie an Hautproblemen wie Neurodermitis, Schuppenflechte, Akne, Nesselsucht?	☐	☐
Bekommen Sie manchmal plötzliche, juckende Hautausschläge, eine anschwellende Mundschleimhaut oder Atembeschwerden?	☐	☐
Haben Sie gelegentlich kurz nach Beginn einer Mahlzeit Bauchschmerzen, Blähungen, Durchfall oder Sodbrennen?	☐	☐
Gibt es Nahrungsmittel, die sie roh nicht vertragen, die jedoch gekocht, gedünstet oder gebraten für Sie verträglich sind?	☐	☐

Haben Sie **mindestens zwei Fragen mit „ja" beantwortet?**
Dann sprechen Sie bitte mit Ihrem Arzt oder Therapeuten über die Möglichkeit einer Sofort-Allergie auf Nahrungsmittel als Ursache für Ihre Beschwerden.

DEKLARATIONS PFLICHTIGE ZUTATEN

Die häufigsten Auslöser von Nahrungsmittelallergien müssen inzwischen auf Lebensmitteletiketten deklariert werden.

Dies sind derzeit:

1. Glutenhaltige Getreide (d. h. Weizen, Roggen, Gerste, Hafer, Dinkel, Kamut oder Hybridstämme davon) und daraus hergestellte Erzeugnisse
2. Krebstiere und daraus hergestellte Erzeugnisse
3. Eier und daraus hergestellte Erzeugnisse
4. Fische und daraus hergestellte Erzeugnisse
5. Erdnüsse und daraus hergestellte Erzeugnisse
6. Sojabohnen und daraus hergestellte Erzeugnisse
7. Milch und daraus hergestellte Erzeugnisse (einschließlich Laktose)
8. Schalenfrüchte (Mandeln, Haselnüsse, Walnüsse, Cashewnüsse, Pekannüsse, Paranüsse, Pistazien, Macadamianüsse / Queenslandnüsse) und daraus hergestellte Erzeugnisse
9. Sellerie und daraus hergestellte Erzeugnisse
10. Senf und daraus hergestellte Erzeugnisse
11. Sesamsamen und daraus hergestellte Erzeugnisse
12. Schwefeldioxid und Sulphite in Konzentrationen von mehr als 10 mg/kg oder 10 ml/l
13. Lupinen und daraus hergestellte Erzeugnisse
14. Weichtiere und daraus hergestellte Erzeugnisse

QUELLE

RICHTLINIE 2006/142/EG DER KOMMISSION vom 22. Dezember 2006 zur Änderung des Anhangs III a der Richtlinie 2000/13/EG des Europäischen Parlaments und des Rates mit dem Verzeichnis der Zutaten, die unter allen Umständen auf der Etikettierung der Lebensmittel anzugeben sind.

NAHRUNGSMITTEL ALLERGIE MIT VERZÖGERTER REAKTION
(ALLERGIE TYP III)

Was ist eine verzögerte Nahrungsmittelallergie?

Der Entstehungsmechanismus einer Allergie Typ III unterscheidet sich grundsätzlich von dem der Sofort-Allergie. Bei der verzögerten Nahrungsmittelallergie löst das Immunsystem eine Abwehrreaktion gegen an sich harmlose Nahrungsmittel aus. Die Symptome treten jedoch nicht sofort, sondern erst nach einigen Stunden bis zu 3 Tage später auf. Daher ist es häufig sehr schwierig, den Zusammenhang zwischen möglichen Beschwerden und den auslösenden Nahrungsmitteln zu erkennen.

Im Darm wird die Nahrung in einzelne Bestandteile abgebaut. In einem gesunden Darm werden die körperfremden Nährstoffe, die an die Blutbahn abgegeben werden, für das Immunsystem als „ungefährlich" markiert.

Man geht davon aus, dass bei der Entstehung einer verzögerten Nahrungsmittelallergie der Dünndarm eine erhöhte Durchlässigkeit aufweist, d. h. dass auch Nahrungsmittel in die Blutbahn gelangen, die nicht als „ungefährlich" markiert wurden. Das Immunsystem erkennt sie daher als fremd und bildet spezifische IgG-Antikörper gegen diese Nahrungsmittel. Eine solche Immunreaktion setzt eine Entzündungsreaktion in Gang, die chronisch werden kann.

Ursache

Einer Nahrungsmittelallergie mit verzögerter Reaktion liegt meist eine Schädigung des Dünndarms mit erhöhter Darmdurchlässigkeit zugrunde. Sie kann z. B. durch Stress, Infektionen, Medikamente (Antibiotika) und chronische Darmkrankheiten entstehen.

Symptome

Die chronische Entzündung, die sich aus der oben beschriebenen Immunreaktion entwickelt, kann überall im Körper auftreten und führt somit auch zu unterschiedlichen Beschwerden – nicht nur im Magen-Darm-Trakt. Die häufigsten sind Durchfall, Verstopfung, Reizdarm, Blähungen, Übelkeit, Völlegefühl, Kopfschmerz und Migräne, chronische Gelenkbeschwerden, Konzentrationsschwäche, Hautprobleme und Übergewicht.

Diagnose

Nahrungsmittelspezifische IgG-Antikörper können mit einem Bluttest nachgewiesen werden. Liegen erhöhte Mengen dieser Antikörper gegen ein bestimmtes Nahrungsmittel vor, ist dies ein Hinweis auf eine verzögerte Nahrungsmittelallergie, d. h. darauf, dass dieses Nahrungsmittel eine Immunreaktion auslöst, welche zu chronischen Entzündungen und den entsprechenden Beschwerden führen kann.

Therapie

Zunächst werden die Nahrungsmittel, für die erhöhte Antikörpermengen im Blut nachgewiesen wurden, für eine gewisse Zeit gemieden. Je mehr Antikörper vorliegen, desto länger sollte das entsprechende Nahrungsmittel nicht gegessen werden. Damit wird zum einen der Darm entlastet und die geschädigte Darmwand kann sich erholen. Zum zweiten kann die Entzündung abheilen, da die Immunreaktion gestoppt wird.

> **Tipp:**
> Eine Darmsanierung kann die Regeneration des Darmes zusätzlich unterstützen.
> ➔ s. Der Darm S. 218

Nach Ablauf der Meidungszeit werden die Nahrungsmittel vorsichtig wieder eingeführt (Provokationstest) und die Reaktionen dabei genau beobachtet. Bleiben die Symptome aus, kann das Nahrungsmittel in Zukunft wieder in den Speiseplan aufgenommen werden. In der Regel bleiben sehr wenige Nahrungsmittel übrig, die weiterhin Probleme bereiten und daher längerfristig gemieden werden sollten, um Beschwerden zu vermeiden.

Verträgliche Alternativen

Für viele Nahrungsmittel, auf die zunächst verzichtet werden muss, gibt es schmackhafte Alternativen. Zudem sind der eigenen Fantasie bei der Entwicklung eines leckeren und abwechslungsreichen Speiseplans keine Grenzen gesetzt. Experimentieren ist erlaubt und macht Spaß!

Ersatz für unverträgliche Nahrungsmittel finden Sie im Nahrungsmittel-Lexikon ab S. 27 unter dem jeweiligen Nahrungsmittel, sowie im Kapitel Frei von… ab S. 209.

Hinweis: Der Nachweis von IgG-Antikörpern ist ein Standard-Laborverfahren und erfolgt mit dem gleichen Verfahren wie beim Nachweis von IgE-Antikörpern, welche eine Sofort-Allergie auslösen können.

Die klinische Relevanz der IgG-Antikörper ist schulmedizinisch noch nicht anerkannt. Jedoch zeigen Anwendungsbeobachtungen und zunehmend auch klinische Studien beeindruckende Erfolge. Es liegt in der Diagnose- und Therapiehoheit des Therapeuten zu entscheiden, ob der Nachweis von IgG-Antikörpern individuell ein vielversprechender Ansatz ist. Dieser Weg wird häufig dann beschritten, wenn die Standardverfahren der Schulmedizin ohne Ergebnis geblieben sind und die chronischen Beschwerden dennoch andauern.

SOFORT-CHECK

	Ja	Nein
Haben Sie Magen-Darm-Probleme (Durchfall, Blähungen, Verstopfung)?	☐	☐
Haben Sie Gewichtsschwankungen?	☐	☐
Haben Sie hohe Cholesterinwerte oder nehmen Sie Cholesterinsenker ein?	☐	☐
Haben Sie Gefühlsschwankungen?	☐	☐
Haben Sie chronische Schmerzen (Kopf, Gelenke)?	☐	☐
Sind Sie chronisch müde?	☐	☐
Haben Sie rheumatische Beschwerden?	☐	☐
Haben Sie Hautprobleme wie Akne, Schuppenflechte, Neurodermitis?	☐	☐

Haben Sie bei den Fragen **mindestens zweimal mit „Ja" geantwortet?** Dann sprechen Sie bitte mit Ihrem Arzt oder Therapeuten über einen **Gesamt-IgG-Bluttest.**

GLUTEN-UNVERTRÄGLICHKEIT UND ZÖLIAKIE

Gluten ist das Klebereiweiß vieler Getreidesorten, z. B. Weizen, Roggen, Gerste, Kamut, Emmer, Einkorn und Hafer. Immer mehr Menschen reagieren mit unterschiedlichen Allergien und Unverträglichkeitsreaktionen auf Gluten:

1. Bei einer **Gluten-Allergie** bildet der Körper IgE-Antikörper gegen Gluten. In einer Sofort-Reaktion können Juckreiz oder zuschwellende Schleimhäute bis hin zu einem anaphylaktischen Schock auftreten.
➔ s. Nahrungsmittelallergie mit Sofort-Reaktion S. 12

2. Auch die **weizenabhängige, anstrengungsinduzierte Anaphylaxie (WDEIA)** wird durch IgE-Antikörper ausgelöst. Interessant ist hier die Kombination, die auftreten muss, damit es zu einer WDEIA kommt: Erfolgt eine körperliche Anstrengung wie Sport oder eine Medikamenteneinnahme bestimmter Präparate (z. B. Aspirin) nach einer weizenhaltigen Mahlzeit (vor allem Aufback- und Convenience-Produkte), so tritt bei einigen Menschen eine weizenabhängige anstrengungsinduzierte Anaphylaxie auf. Man geht davon aus, dass bei den Betroffenen die körperliche Anstrengung oder die Medikamente einen massiven Übertritt von Gluten in die Blutbahn ermöglichen, welcher zu einer allergischen Reaktion führt.

3. Unabhängig von diesen beiden Allergie-Arten nehmen in den letzten Jahren Fälle zu, bei denen Menschen nach dem Verzehr glutenhaltiger Produkte (Brot, Pizza, Nudelgerichte, Kuchen, Backwaren etc.) mit Reizdarm-Symptomen oder mit Zöliakie-ähnlichen Symptomen reagieren, ohne eine Zöliakie zu haben. Dies wird als **Gluten-Sensitivität** oder auch als **Weizen-Sensitivität** bezeichnet. Die genauen Mechanismen sind noch unbekannt. Man geht jedoch davon aus, dass es sich im Wesentlichen um ein Mengenproblem handelt, d. h. dass zu viel Gluten im Lauf des Tages aufgenommen wird. Wird die Menge glutenhaltiger Nahrungsmittel verringert, bessern sich in der Regel die Symptome.

4. Die **Zöliakie** wird als eine Mischung aus Allergie und Autoimmunerkrankung betrachtet, die durch Gluten ausgelöst wird. Etwa 1 % der Bevölkerung ist betroffen, mit steigender Tendenz.

Was ist eine Zöliakie?
Die Zöliakie ist eine chronische Erkrankung des Dünndarms, die durch eine Unverträglichkeit gegenüber einem Bestandteil des Glutens, dem Gliadin, zustande kommt. Das Immunsystem bildet Antikörper, die sich gegen Gliadin richten, aber auch sogenannte Autoantikörper, die sich gegen körpereigenes Gewebe richten. Der von diesen Immunreaktionen ausgelöste Entzündungsvorgang führt zu einem Verlust von Dünndarmzotten. Das hat zur Folge, dass Nahrungsbestandteile nicht mehr in ausreichender Menge in die Blutbahn gelangen.

Eine unerkannte Zöliakie führt oft zu einem starken Gewichtsverlust in Kombination mit Nährstoffmangel. Hinzu kommen Beschwerden wie Durchfall, Erbrechen oder Blähungen.

Diagnose

Bei Verdacht auf Zöliakie erfolgt zunächst eine Antikörperbestimmung über einen Bluttest. Wenn der Verdacht auf Zöliakie dadurch erhärtet wird, sollte die Diagnose durch eine anschließende Dünndarmbiopsie gesichert werden.

Therapie

Eine lebenslange, streng glutenfreie Ernährung ist derzeit die einzige gesicherte Behandlung von Zöliakie. Durch eine solche Diät kann sich die Dünndarmschleimhaut regenerieren. Die Zeit bis zur völligen Beschwerdefreiheit ist abhängig von verschiedenen Faktoren, beispielsweise davon, wie stark die Dünndarmschleimhaut geschädigt ist.

Das Risiko für Langzeitfolgen (z. B. Osteoporose) kann durch glutenfreie Kost reduziert werden.

Hinweis: Auch wenn nach der Zufuhr von Gluten subjektiv keine Beschwerden entstehen, sollte die Diät nicht abgesetzt werden.

Verträgliche Alternativen

In unverarbeitetem Zustand sind viele Lebensmittel glutenfrei, z. B. Obst und Gemüse, Kartoffeln, Salate, Milch, Fleisch, Fisch oder Hülsenfrüchte. Als Ersatz für glutenhaltiges Getreide eignen sich Reis, Wildreis, Mais, Hirse, Buchweizen, Amaranth, Quinoa und Teff.

Ausführliche Informationen zur glutenfreien Ernährung finden Sie im Kapitel Frei von... Gluten S. 212.

Im Lexikon-Teil dieses Buches ab S. 27 finden Sie zu jedem Nahrungsmittel Informationen bezüglich der Verträglichkeit bei Gluten-Unverträglichkeit sowie eine Übersicht über Nahrungsmittel, die bei Glutenunverträglichkeit und Zöliakie wenig geeignet sind.

→ s. Nahrungsmittel und ihre relevanten Unverträglichkeiten S. 202

SOFORT-CHECK

	Ja	Nein
Haben Sie innerhalb einer halben Stunde bis zwei Stunden nach dem Essen oder nach Zwischenmahlzeiten Bauchschmerzen, Blähungen, Durchfälle, Verstopfung, Erbrechen, Sodbrennen und/oder Reizdarmsymptome?	☐	☐
Fühlen Sie sich oft müde, erschöpft, unkonzentriert?	☐	☐
Haben Sie in letzter Zeit starken Gewichtsverlust oder starke Gewichtszunahme?	☐	☐
Sind Sie häufig unerklärlich nervös oder depressiv?	☐	☐
Haben Sie Eisenmangel, Folsäuremangel, fahle Haut, Blutarmut (Anämie) oder Infektanfälligkeit?	☐	☐
Haben/hatten Sie Fruchtbarkeitsstörungen, Fehlgeburten, Osteoporose, Herzmuskelerkrankungen, Diabetes mellitus Typ I, Autismus, Migräne oder eine Schilddrüsen-erkrankung?	☐	☐

Haben Sie mindestens **zwei Fragen mit „Ja" beantwortet?** Dann sprechen Sie bitte mit Ihrem Arzt oder Therapeuten über die Möglichkeit einer Gluten-Unverträglichkeit oder Zöliakie als Ursache für Ihre Beschwerden.

HISTAMIN-INTOLERANZ

Was ist eine Histamin-Intoleranz?
Histamin ist ein wichtiger körpereigener Botenstoff, der für unterschiedliche Funktionen, wie Regelung des Schlaf-Wach-Rhythmus, Gedächtnis und Zellwachstum, benötigt wird. Auch bei allergischen Reaktionen ist er beteiligt.

Der Gehalt von Histamin im Blut wird durch verschiedene Faktoren bestimmt. Zum einen wird es vom Körper selbst hergestellt. Zusätzlich wird Histamin über die Nahrung aufgenommen.

Das Enzym Diaminooxidase (DAO) baut überschüssiges Histamin ab. Auch andere, histaminähnliche Stoffe (biogene Amine) werden durch DAO abgebaut, konkurrieren also mit dem Histamin um die Abbaukapazität.

Bei einer Histamin-Intoleranz kann im Verhältnis zur vorhandenen Histaminmenge nicht genügend Histamin abgebaut werden. Dies kann durch Nahrungsmittel, Alkohol oder Medikamente, die den Abbau von Histamin hemmen (DAO-Hemmer), noch verstärkt werden. So kann es aufgrund von vielen verschiedenen Faktoren in der Summe zu einem zu hohen Histamin-Spiegel im Körper kommen, der allergieähnliche Beschwerden auslöst.

> Alkohol ist ein DAO-Hemmer und führt zu einer verminderten Abbaukapazität von Histamin.

Ursache
Entscheidend für die Ausbildung einer Histamin-Unverträglichkeit ist, dass das Verhältnis von Histaminmenge einerseits und der Abbaukapazität andererseits unausgeglichen ist. Deshalb verbleibt ein zu hoher Histaminspiegel im Körper. Die Ursachen lassen sich in zwei Kategorien einteilen.

1. Die Menge an Histamin: Manche Nahrungsmittel enthalten sehr viel Histamin oder biogene Amine, andere, sogenannte Histaminliberatoren, führen zu einer verstärkten Freisetzung des körpereigenen Histamins. Auch bei einer gestörten Darmflora kann eine verstärkte Bildung von Histamin auftreten.

2. Ein Mangel an DAO oder eine verminderte Aktivität des Enzyms.

Symptome
Für die meisten Betroffenen ist eine bestimmte Menge an Histamin ohne Probleme verträglich. Erst wenn die individuelle Toleranzgrenze überschritten wird, kommt es zu Beschwerden. Die Art und auch die Stärke der Symptome sind individuell unterschiedlich. Die häufigsten sind: Juckreiz, Hautrötungen, Quaddelbildung, Durchfall, Übelkeit, Bauchschmerzen, Blähungen, Herzrhythmusstörungen, Asthma, laufende oder verstopfte Nase, Kopfschmerzen, Migräne, Erschöpfung, Müdigkeit, Regelschmerzen (vor allem am ersten Tag), heftige Reaktion auf Insektenstiche.

Diagnose
Hinweise auf eine Histamin-Unverträglichkeit lassen sich mit verschiedenen Verfahren ermitteln: Histamingehalt im Stuhl, Nachweis histaminbildender Mikroorganismen im Darm, Histamingehalt im Urin und/oder die Abbaufähigkeit von Histamin durch das Enzym DAO im Blut. In der Praxis hat sich als bester Einzelparameter die Messung der Aktivität des DAO-Enzyms mittels Bluttest bewährt. Im Einzelfall können zusätzlich noch weitere Tests sinnvoll sein, um die Ursache und die Ausprägung einer Histamin-Intoleranz abzuklären.

Therapie

Bei einer bestätigten Histamin-Intoleranz ist eine Umstellung auf histaminarme Ernährung sinnvoll. Auch biogene Amine, Histamin-Liberatoren und DAO-Hemmer sollten reduziert werden. Es empfiehlt sich, mit Hilfe eines Ernährungstagebuchs die individuelle Toleranzgrenze zu ermitteln und eine Ernährungsberatung in Anspruch zu nehmen. Die unterstützende Gabe von DAO-Enzym kann die Therapie in bestimmten Fällen weiter optimieren.

Histamin in Nahrungsmitteln

Histamin entsteht in bestimmten Nahrungsmitteln erst mit der Zeit, z. B. durch Reifung und Gärung. Beispiele für Nahrungsmittel mit hohem Histamingehalt sind: Rotwein, gereifter Käse, haltbare Wurst- und Fleischwaren, wie Salami oder Räucherschinken, Sauerkraut, Schokolade.

Frische und unverarbeitete Nahrungsmittel enthalten bis auf einige Ausnahmen wie bestimmte Obst- und Gemüsesorten nur geringe Mengen an Histamin oder biogenen Aminen. Fangfrischer Fisch enthält ebenfalls kaum Histamin – auch Tiefkühlware und Konserven bei ordnungsgemäßer Verarbeitung nicht. Allerdings können in Fisch bei mangelnder Kühlung schnell sehr große Mengen an Histamin entstehen – insbesondere bei Makrelen und Thunfisch. Geräucherte Fische können auch sehr viel Histamin enthalten. Deshalb ist bei Histamin-Intoleranz besonders auf die Frische von Fisch zu achten.

Frischer Fisch enthält kaum Histamin.

Im Lexikon-Teil dieses Buches finden Sie zu jedem Nahrungsmittel Informationen bezüglich der Verträglichkeit bei Histamin-Intoleranz sowie eine Übersicht über Nahrungsmittel, die aufgrund des hohen Gehalts an Histamin bzw. biogenen Aminen oder ihrer Eigenschaft als Histaminliberatoren bei Histamin-Unverträglichkeit wenig geeignet sind. Mit einem ☹ werden die Nahrungsmittel eingestuft, die die meisten Unverträglichkeitsreaktionen hervorrufen. Darüber hinaus wird in seltenen Fällen auch bei folgenden Nahrungsmitteln von Beschwerden nach dem Genuss berichtet: Avocado, Hülsenfrüchte, Kiwi, Meeresfrüchte (z. B. Tintenfisch, Muscheln, Austern), Pflaumen.

➔ s. Nahrungsmittel und ihre relevanten Unverträglichkeiten S. 202

SOFORT-CHECK

	Ja	Nein
Haben Sie einen niedrigen Blutdruck?	☐	☐
Haben Sie Kopfschmerz, Schwindel oder eine trockene Nase nach dem Genuss von Rotwein?	☐	☐
Zeigen Sie heftige Reaktionen nach Insektenstichen?	☐	☐
Haben Sie Regelschmerzen?	☐	☐
Haben Sie Herzrasen?	☐	☐
Tritt bei Ihnen vermehrtes Schwitzen in der Nacht auf?	☐	☐
Haben Sie Hautprobleme (Jucken, rote Flecken) nach Alkoholkonsum?	☐	☐
Haben Sie nach dem Essen eine trockene Naseschleimhaut oder eine laufende Nase?	☐	☐

Haben Sie bei den Fragen **mindestens zweimal mit „Ja" geantwortet?**
Dann sprechen Sie bitte mit Ihrem Arzt oder Therapeuten über einen **Histamin-Intoleranz-Test.**

FRUKTOSE-MALABSORPTION

Was ist eine Fruktose-Malabsorption?
Es gibt zwei verschiedene Formen der Fruktose-Unverträglichkeit.

1. Die hereditäre Fruktose-Intoleranz
Die angeborene Fruktose-Intoleranz ist sehr selten. Sie kommt nur bei einem von 20.000 Menschen vor und ist bislang nicht heilbar. Die einzige Therapie besteht in einer lebenslangen, streng fruktosearmen Diät.

2. Die Fruktose-Malabsorption
Die Fruktose-Malabsorption, auch intestinale Fruktose-Intoleranz genannt, kann sowohl angeboren als auch erworben sein, d. h. erst im Laufe des Lebens, z. B. durch Schädigung der Darmwand, Entzündungen, Diabetes, Erkrankungen des Dünndarms oder Überlastung des Transportsystems entstehen.

> Die Aussagen und Empfehlungen in diesem Buch beziehen sich ausschließlich auf die weit häufigere Fruktose-Malabsorption.

Um die Nährstoffe aus der Nahrung aufzunehmen und in die Blutbahn abzugeben, verfügt der Darm über viele verschiedene Transport-Systeme. Aufgrund einer Störung des Fruktose-Transporters GLUT-5 kann bei Fruktose-Malabsorption nur beschränkt Fruktose vom Darm aufgenommen und an die Blutbahn abgegeben werden.

Auch gesunde Menschen sind nicht in der Lage, beliebig viel Fruktose zu verdauen. Normalerweise können 20 – 30 g Fruktose pro Stunde verdaut und aufgenommen werden. Ab einer Menge von 35 – 50 g kommt es auch bei Gesunden zu Symptomen.

Die Rolle von Glukose und Sorbit bei der Aufnahme von Fruktose im Dünndarm
Die Aufnahmekapazität von Fruktose wird vom Vorhandensein anderer Stoffe beeinflusst. So bewirkt Glukose eine höhere Aufnahmekapazität des Dünndarms für Fruktose. Es wird angenommen, dass die Glukose-Transporter nicht nur Glukose-, sondern auch Fruktosemoleküle aus dem Darm aufnehmen und ins Blut abgeben, wenn beide gleichzeitig vorhanden sind. Ist in einem Nahrungsmittel mehr Glukose als Fruktose enthalten, d. h. besteht ein Glukose-Fruktose-Verhältnis mit einem Quotienten größer 1, wird dieses Nahrungsmittel auch bei Fruktose-Malabsorption aufgrund der „Transporthilfe" der Glukose meist recht gut vertragen.

Durch Sorbit und Xylit wird der Fruktosetransport gehemmt. Bei gleichzeitigem Konsum von Fruktose und Sorbit bzw. Xylit können schon geringe Mengen an Fruktose zu Beschwerden führen.

Ursachen
Nach Schätzungen sind ungefähr 20 – 30 % der Europäer von einer Fruktose-Malabsorption betroffen. Mögliche Ursachen sind vielfältig. Zum einen ist der Konsum an Obst

in den letzten Jahrzehnten stark gestiegen. Heute ist Obst, auch exotische Früchte und Säfte, das ganze Jahr über selbstverständlicher Bestandteil der Ernährung. Hinzu kommt, dass der Anteil an verarbeiteten Nahrungsmitteln stark zugenommen hat. Diese enthalten häufig große Mengen an Zucker – auch in Form von Fruktose.

> Für die Betroffenen bedeutet dies, dass ihre Verdauung mit diesen großen Mengen an Fruktose überlastet ist und es deshalb zu den typischen Beschwerden kommt.

Symptome

Häufig	Möglich
Bauchschmerzen	Kopfschmerzen
Durchfall	Schwindelgefühl
Blähungen	Depressive Stimmung
Völlegefühl	Chronische Müdigkeit
Übelkeit	Heißhunger auf Süßes
	Antriebslosigkeit

Diagnose

Eine Fruktose-Malabsorption kann durch einen einfachen H_2-Atemtest festgestellt werden. Wenn Fruktosereste im Darm verbleiben, entsteht im Dickdarm Wasserstoff (H_2), der teilweise in die Blutbahn gelangt und dann über die Lunge ausgeatmet wird. Mit dem Test wird der H_2-Gehalt in der Atemluft gemessen. Übersteigt dieser einen gewissen Wert, ist eine Fruktose-Malabsorption wahrscheinlich.

Therapie

1. Gezielter Verzehr von Fruktose entsprechend der individuellen Toleranzgrenze

Diese Therapie besteht grundsätzlich aus 3 Phasen.

KARENZ

Die 2–4 wöchige Karenzphase dient der Regeneration des Darmes. Sie dauert so lange bis die Symptome abgeklungen sind.

Folgende Nahrungsmittel sind in dieser Phase zu meiden:
- Fruktosehaltige verarbeitete Nahrungsmittel
- Fruktose ist auch in Fruktosesirup, Fruktose-Glukose-Sirup, Invertzucker(sirup) enthalten
- Zuckerersatzstoffe: Xylit und Sorbit
- Zucker: Haushaltszucker, Honig, Ahornsirup, Agaven- und Birnendicksaft
- Obst und Fruchtsäfte, Marmeladen, Kompott und dergleichen sowie Gemüse mit hohem Fruktosegehalt

Es kann hilfreich sein, in der Karenzphase auch laktosehaltige Milchprodukte sowie bestimmte ballaststoffreiche Nahrungsmittel wie Hülsenfrüchte, Zwiebeln, Lauch und Knoblauch zu meiden.
Insbesondere in der Karenzphase ist es wichtig darauf zu achten, trotz der Einschränkungen genügend Nährstoffe zu sich zu nehmen.

ERMITTLUNG DER INDIVIDUELLEN TOLERANZSCHWELLE

Durch vorsichtiges Steigern der Fruktosemenge wird getestet, wie viel Fruktose gegessen werden kann, ohne dass es zu Beschwerden kommt.

Folgende Nahrungsmittel sollten weiterhin gemieden werden:
- Reine Fruktose und verarbeitete Nahrungsmittel, die Fruktose enthalten
- Sorbit, Xylit
- Obst mit hohem Fruktosegehalt
- Ggf. laktosehaltige Milchprodukte und ballaststoffreiche Nahrungsmittel (s. o. Karenzphase)

Jetzt kann auch ausprobiert werden, inwieweit der gleichzeitige Verzehr von Glukose (Traubenzucker) die Verträglichkeit von Fruktose verbessert. Dies gilt auch für Obstsorten mit einem günstigen Glukose-Fruktose-Verhältnis.

DAUERHAFTE BEKÖMMLICHE ERNÄHRUNG ENTSPRECHEND DER INDIVIDUELLEN TOLERANZ

Die in der Testphase gewonnenen Erkenntnisse bezüglich der verträglichen Fruktosemenge werden nun in den Alltag integriert. Nach und nach können auch vorsichtig wieder die weggelassenen laktose- und ballaststoffhaltigen Nahrungsmittel eingeführt werden. Möglicherweise sind sie nach der Erholung des Darms wieder ganz gut verträglich.

2. Einnahme von Enzymen

Das Enzym Xylose-Isomerase wandelt im Dünndarm Fruktose in Glukose um, die problemlos aufgenommen werden kann. Erste Studien zeigen eine gute Wirkung bei gleichzeitiger Einnahme zu fruktosehaltigen Mahlzeiten. Ob es für eine dauerhafte Anwendung geeignet ist, muss in weiteren Studien herausgefunden werden.

Fruktose in Nahrungsmitteln

Fruktosearme Nahrungsmittel:
Viele Gemüsesorten, Getreide, Fisch, Fleisch, Nüsse, Samen, Milchprodukte

Nahrungsmittel mit hohem Fruktosegehalt:
Die meisten Obstsorten, Säfte, einige Gemüsesorten

Eine Übersicht über die Relevanz einzelner Nahrungsmittel bei Fruktose-Malabsorption finden Sie im Lexikon-Teil dieses Buches.
➔ s. Nahrungsmittel und ihre relevanten Unverträglichkeiten S. 202

Bei verarbeiteten Nahrungsmitteln ist es mitunter nicht leicht, den Fruktosegehalt einzuschätzen. Hauptsächlich sind die enthaltenen Zucker und Zuckerersatzstoffe entscheidend.

Zucker und andere Süßungsmittel, die in der Regel gut vertragen werden:
Glukose (Dextrose, Traubenzucker), Maltose (Malzzucker, Malz), Stärkesirup, Reissirup.
Außer in der Karenzphase auch Haushaltszucker, Invertzucker(sirup), Glukose-Fruktose-Sirup je nach Fruktosegehalt (mindestens 5 %), Ahornsirup, Rübensirup

Zucker und andere Süßungsmittel, die in der Regel nicht gut verträglich sind:
Fruktose (Fruchtzucker), Fruktosesirup, Fruktose-Glukose-Sirup (mindestens 50 % Fruktose), Honig, Agavendicksaft, Birnendicksaft, Sorbit (Sorbitol), Xylit, Isomalt, Laktit, Mannit

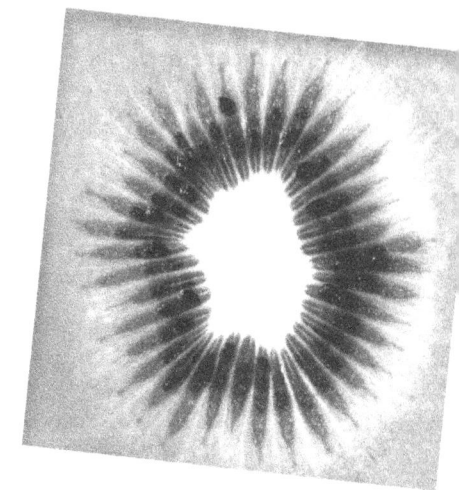

Kennzeichnung im Nahrungsmittel-Lexikon

Im Nahrungsmittel-Lexikon ab S. 27 wird bei jedem Nahrungsmittel auf die Verträglichkeit bei Fruktose-Malabsorption eingegangen. Die Kennzeichnung erfolgt nach folgenden Kriterien:

☺ • Fruktosegehalt ≤1 g pro 100 g
  Geringer Fruktosegehalt bedeutet gute Verträglichkeit
• Fruktosegehalt ≤ 2 g pro 100 g UND Glukose-Fruktose-Verhältnis > 1
  Mäßiger Fruktosegehalt und günstiges G-F-V bedeutet in der Regel gute Verträglichkeit

☹ • Fruktosegehalt > 1 g pro 100 g UND Glukose-Fruktose-Verhältnis < 1
  Hoher Fruktosegehalt und ungünstiges G-F-V bedeutet in der Regel schlechte Verträglichkeit
• Fruktosegehalt > 2 g pro 100 g UND Glukose-Fruktose-Verhältnis > 1
  Hoher Fruktosegehalt und günstiges G-F-V bedeutet in der Regel weniger gute Verträglichkeit, da ein sehr hoher Fruktosegehalt nicht mehr durch die Glukose kompensiert werden kann

SOFORT-CHECK

	Ja	Nein
Haben Sie innerhalb einer halben Stunde bis zwei Stunden nach dem Essen oder nach Zwischenmahlzeiten Bauchschmerzen, Blähungen, Durchfälle, Bauchkrämpfe, Verstopfung und/oder Reizdarmsymptome?	☐	☐
Spüren Sie immer wieder Angstzustände, Depression, Erschöpfung, Aggressionen, Gefühlsschwankungen und/oder Konzentrationsschwäche, oft zwei bis drei Stunden nach dem Essen?	☐	☐
Essen Sie häufig Obst, Honig, Fruchtsäfte und/oder Trockenfrüchte?	☐	☐
Verwenden Sie regelmäßig „zuckerfreie" Nahrungsmittel, Kaugummis, Bonbons, Getränke mit Zuckeraustauschstoffen (Sorbit, Xylit etc.) oder Diabetikerprodukte?	☐	☐
Haben Sie gelegentlich ca. 30 Minuten bis zwei Stunden nach dem Essen Kopfschmerzen oder Migräne?	☐	☐
Haben Sie eine diagnostizierte Laktose- und/oder Histaminintoleranz?	☐	☐

Haben Sie mindestens **zwei Fragen mit „Ja" beantwortet?** Dann sprechen Sie bitte mit Ihrem Arzt oder Therapeuten über die Möglichkeit einer Fruktose-Malabsorption als Ursache für Ihre Beschwerden.

LAKTOSE-INTOLERANZ

Was ist eine Laktose-Intoleranz?
Um Laktose verdauen zu können, ist das Enzym Laktase nötig. Es spaltet den Milchzucker in Galaktose und Glukose. Diese beiden Einfachzucker können vom Darm in die Blutbahn aufgenommen werden und stehen dann dem Körper als Nährstoff zur Verfügung.
Bei einer Laktose-Intoleranz besteht ein Mangel an Laktase, so dass nur wenig oder sogar keine Laktose verdaut werden kann.

> Laktose-Intoleranz ist ein Enzymmangel und nicht zu verwechseln mit einer Allergie gegen Milch(eiweiß)!

Ursache
Es gibt verschiedene Formen der Laktose-Intoleranz mit jeweils unterschiedlicher Ursache.
Die **primäre Laktose-Intoleranz,** bei der sich die Produktion von Laktase nach dem Abstillen bis zum Erwachsenenalter immer weiter zurückbildet. Die **sekundäre Laktose-Intoleranz** ist nicht angeboren und kann vorübergehend sein. Dem Mangel an Laktase liegt hier eine Grunderkrankung (Zöliakie, Morbus Crohn) oder eine Schädigung des Darms durch Infektionen oder Medikamente (Antibiotika, Zytostatika) zugrunde. Kann diese Grundstörung behoben werden, wird in der Regel auch wieder genügend Laktase produziert.

Symptome
Für die meisten Betroffenen bereitet eine gewisse Menge an Laktose keinerlei Probleme. Erst wenn die individuelle Toleranzgrenze überschritten ist, treten Beschwerden auf. Die häufigsten sind: Bauchschmerzen, Übelkeit, Durchfall und Blähungen. Möglich sind jedoch auch: Erschöpfung, Antriebslosigkeit, depressive Stimmung, Konzentrationsschwäche, Kopfschmerzen, Schlafstörungen sowie Hautprobleme.

Diagnose
Erste Hinweise auf eine Laktose-Intoleranz können schon auftauchen, wenn man probeweise einige Tage alle Milchprodukte aus dem Speiseplan streicht und sich daraufhin die Symptome bessern.

Diagnostische Verfahren sind: Der H_2-Atemtest →s. Fruktose-Malabsorption S. 21, der Laktose-Belastungstest, bei dem der Anstieg des Blutzuckers nach Aufnahme einer definierten Menge Laktose gemessen wird. Wurde der Milchzucker nicht vollständig verdaut und in die Blutbahn aufgenommen, steigt der Blutzuckerspiegel nur wenig. Zudem kann mit einem Gentest eine primäre Laktose-Intoleranz festgestellt werden.

Therapie
Die Therapie besteht aus mehreren Phasen. Zunächst wird dem Darm in der **Karenzphase** die Möglichkeit gegeben, sich zu regenerieren, indem laktosehaltige Nahrung vermieden wird. Sie dauert in der Regel vier bis sechs Wochen. Bis dahin sind die Symptome in den meisten Fällen abgeklungen. Um Mangelernährung zu vermeiden, ist eine Ernährungsberatung empfehlenswert. In der nächsten Phase wird durch **vorsichtiges Ausprobieren** die individuelle Toleranzgrenze ermittelt, die dann in die neuen Ernährungsgewohnheiten übernommen wird.
Die Einnahme von **Präparaten,** die das

Enzym Laktase enthalten, kann in bestimmten Fällen die Therapie ergänzen.

Laktose in Nahrungsmitteln

Wie der Name Milchzucker schon nahe legt, kommt Laktose in Milch vor.

Der Laktosegehalt ist jedoch in den verschiedenen Milchprodukten unterschiedlich. Eine grobe Einteilung lässt sich folgendermaßen vornehmen:

Milch: Voller Laktosegehalt
Molke: Nahezu voller Laktosegehalt
Frischkäse: Relativ viel Laktose
Sauermilchprodukte: Weniger Laktose als in Milch. Je länger das Produkt gereift ist, desto weniger Laktose ist enthalten, da diese von den Milchsäurebakterien abgebaut wird.
Käse: Enthält kaum Laktose, denn diese verbleibt größtenteils in der Molke. Der Rest wird während der Reifung von Bakterien fast vollständig abgebaut.

Von vielen Milchprodukten gibt es auch laktosefreie Varianten. Sie sind mittlerweile in fast jedem Supermarkt erhältlich.

Bei laktosefreien Milchprodukten ist der Milchzucker bereits in seine beiden Bestandteile aufgespaltet. Es ist also keine Laktase zur Verdauung nötig.

Zusätzlich zu den Milchprodukten, in denen „offensichtlich" Laktose enthalten ist, sind Milchbestandteile und Laktose in vielen verarbeiteten Nahrungsmitteln enthalten, wo man es auf den ersten Blick nicht vermuten würde. Beispiele hierfür sind: Fast Food, Fertiggerichte aller Art, Brot und Backwaren, Fleisch- und Wurstwaren, Konserven, Brotaufstriche, Süßwaren.

Milch- und damit laktosefreie Alternativen finden Sie im Kapitel Frei von… Milch S. 210. Im Lexikon-Teil dieses Buches finden Sie zu jedem Nahrungsmittel Informationen bezüglich der Verträglichkeit bei Laktose-Intoleranz sowie eine Übersicht über Nahrungsmittel, die bei Laktose-Intoleranz wenig geeignet sind.

➜ s. Nahrungsmittel und ihre relevanten Unverträglichkeiten S. 202

SOFORT-CHECK

	Ja	Nein
Haben Sie häufig Magen-Darm-Beschwerden innerhalb einer halben Stunde bis zwei Stunden nach dem Essen (Bauchschmerzen, Blähungen, Durchfall, Verstopfung, Reizdarm, Sodbrennen etc.)?	☐	☐
Nehmen Sie oft Milch, Milchprodukte (Joghurt, Quark, Frischkäse, Pudding, Eis, Milchschokolade) zu sich?	☐	☐
Verwenden Sie häufig Fertig- oder Halbfertigprodukte (Instant-Suppen, Saucen, Fertigmischungen, Kartoffelpüree, Knödelpulver, Bratlingmischungen, Tiefkühlgerichte, Konserven, Pesto, Brotaufstriche)?	☐	☐
Essen Sie viel Brot, Backwaren und/oder Müslimischungen?	☐	☐
Verzehren Sie regelmäßig Wurst, Würstchen und/oder Schinken?	☐	☐
Haben Sie eine diagnostizierte Fruktose-Malabsorption oder eine Histamin-Intoleranz?	☐	☐

Haben Sie **Frage 1** mit „Ja" beantwortet **und** noch **mindestens eine der Fragen 2 bis 6?** Dann sprechen Sie bitte mit Ihrem Arzt oder Therapeuten über die Möglichkeit einer Laktose-Intoleranz als Ursache für Ihre Magen-Darm-Beschwerden.

NAHRUNGS MITTEL LEXIKON

KAPITEL 2

A-Z

■ AAL

Der Aal ist ein beliebter Speisefisch, der sich durch sein extrem fettreiches Fleisch auszeichnet. Er kommt je nach Lebensphase sowohl im Süßwasser als auch im Salzwasser vor. Er ist aufgrund seines Fettgehaltes (25 % und mehr) schwer verdaulich.

Zubereitungsarten:
Frisch „Grüner Aal" (gekocht, gebacken, geschmort) oder geräuchert, mariniert, in Gelee

Tipp:
Der Aal ist leichter verdaulich, wenn Sie ihn frisch in Pflanzenfett in der Pfanne braten, als wenn er geräuchert ist.

Nicht verträglich / verträglich bei:

Gluten-Unverträglichkeit	☺
Histamin-Intoleranz	☹
Fruktose-Malabsorption	☺
Laktose-Intoleranz	☺

Ein verstecktes Vorkommen in anderen Nahrungsmitteln ist unwahrscheinlich. Es fällt daher leicht, wenn nötig den Aal zu meiden.

Ersatz: Jeder verträgliche Fisch.

Insbesondere geräucherter, aber auch marinierter Aal enthält hohe Mengen an Histamin und ist bei **Histamin-Intoleranz** weniger zu empfehlen.
Fangfrischer Aal enthält wie alle frischen Fische kaum Histamin.
➔ s. Histamin-Intoleranz S. 19

FISCH (und daraus hergestellte Erzeugnisse) gehört zu den Zutaten, die häufig Unverträglichkeitsreaktionen auslösen und ist deshalb **KENNZEICHNUNGSPFLICHTIG.**

AGAR-AGAR
E 406

➔ s. Zusatzstoffe und E-Nummern S. 228

AGAVEN DICKSAFT

Agavendicksaft ist ein natürliches Süßungsmittel, das aus Agaven gewonnen wird. Er hat eine sirupartige Konsistenz und reicht farblich von transparent über bernsteinfarben bis dunkel. Der helle Dicksaft hat einen neutral süßen Geschmack. Je dunkler die Farbe, desto mehr tendiert der Geschmack in Richtung karamellartig. Er ist süßer als Honig, jedoch weniger dickflüssig. Agavendicksaft ist gut in heißen und kalten Flüssigkeiten löslich. Da er auch eine höhere Süßkraft besitzt als Zucker, kann er geringer dosiert werden. Außerdem ist der größere Flüssigkeitsanteil zu beachten. Möglicherweise muss die im Rezept angegebene Flüssigkeitsmenge an anderer Stelle reduziert werden.

Verwendung:
Süßungsmittel, z. B. in heißen und kalten Getränken, Soßen (Salatsoße), Desserts (Eis, Quark, Pudding, Grütze), Backwaren (Kuchen, Plätzchen), Müsli, Brei, Milchreis

Gesundheit:
Wie alle Zucker sollte auch Agavendicksaft nur in Maßen genossen werden.

TIPP:
Für Veganer stellt Agavendicksaft eine gute Alternative zu Honig dar.

Nicht verträglich / verträglich bei:

Gluten-Unverträglichkeit	☺
Histamin-Intoleranz	☺
Fruktose-Malabsorption	☹
Laktose-Intoleranz	☺

Ersatz: Zucker, Rohrzucker, Ahornsirup, Birnendicksaft, Reissirup, Traubenzucker, Stevia.

Agavendicksaft ist wegen seines hohen Fruktosegehalts bei **Fruktose-Malabsorption** wenig geeignet.
➔ s. Fruktose-Malabsorption S. 21

Ein verstecktes Vorkommen von Agavendicksaft ist unwahrscheinlich. Es fällt daher leicht, ihn wenn nötig zu meiden.

Agavendicksaft besteht zum größten Teil aus Fruktose, was ihm einerseits seinen intensiv süßen Geschmack verleiht und ihn gleichzeitig **für Diabetiker** interessant macht, da der Glukose-Anteil relativ gering ist. Am besten ist das Fruktose-Glukose-Verhältnis bei Agavendicksaft aus der "blauen Agave", welche hauptsächlich in Mexiko angebaut wird. Da aus dieser Sorte jedoch auch Tequila hergestellt wird, und damit eine große Nachfrage besteht, ist der handelsübliche Agavendicksaft häufig aus anderen Sorten hergestellt. Diabetiker sollten also beim Kauf darauf achten.

AHORN SIRUP

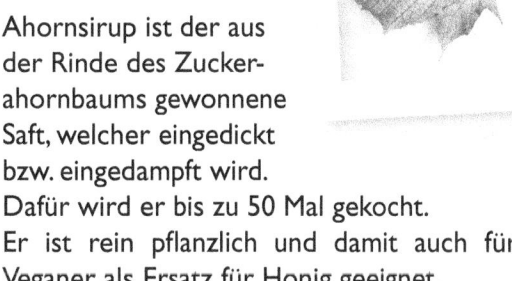

Ahornsirup ist der aus der Rinde des Zuckerahornbaums gewonnene Saft, welcher eingedickt bzw. eingedampft wird.
Dafür wird er bis zu 50 Mal gekocht.
Er ist rein pflanzlich und damit auch für Veganer als Ersatz für Honig geeignet.

Verwendung:
Süßungsmittel für kalte und warme Speisen sowie Gebäck, als Brotaufstrich, zu Pfannkuchen (pancakes), Desserts, Eis

Gesundheit:
Ahornsirup hat einen Zuckergehalt von etwa 65 %, vorwiegend in Form von Saccharose, und sollte deshalb in Maßen genossen werden. Er enthält mehr Mineralstoffe als Honig, jedoch fast keine Vitamine und hat weniger Kalorien.

Tipp:
Die besten Qualitäten sind A und B. Sie zeichnen sich durch die helle Bernsteinfarbe und das milde Aroma aus.
Die Süßkraft ist sehr hoch. Wird Ahornsirup zum Süßen verwendet, benötigt man im Vergleich zu Zucker nur ca. 3/4 der Menge.
Ahornsirup ist begrenzt haltbar und sollte im Kühlschrank aufbewahrt werden.

Nicht verträglich / verträglich bei:

Gluten-Unverträglichkeit	☺
Histamin-Intoleranz	☺
Fruktose-Malabsorption	☺
Laktose-Intoleranz	☺

Ein verstecktes Vorkommen von Ahornsirup ist unwahrscheinlich.

Ersatz: Zucker, Rohrzucker, Honig, Agavendicksaft, Birnendicksaft, Reissirup, Traubenzucker, Stevia.

Wussten Sie schon?
Die kanadischen Indianer beherrschen die Kunst, den Sirup herzustellen, schon sehr lange. Die Algonkin gaben ihm den Namen „Sinzibuckwud", was soviel wie „dem Holz entlockt" heißt. Heute ist das Zuckerahornblatt das Staatssymbol Kanadas und die Bäume sind von Quebec in Kanada, über die Bundesstaaten Main und Vermont bis nach New York in den USA verbreitet.

ALFALFA

Alfalfa, auch Luzerne genannt, gehört zur Familie des Klees. Die ganze Pflanze wird als nährstoffreiches Tierfutter und als Gründünger verwendet. Für den Menschen sind die Keime geeignet, welche einen aromatischen, nussigen Geschmack haben.

Verwendung:
Als Sprossen im Salat, als Brotbelag, im Kräuterquark

Gesundheit:
Die Sprossen sind reich an Proteinen. Auch der Gehalt an B-Vitaminen, Magnesium und Phosphor ist hoch. Zudem enthalten sie pflanzliche Hormone, die die Beschwerden der Wechseljahre lindern sollen.
Als Nahrungsergänzungsmittel wird Alfalfa auch als Pulver oder Tabletten angeboten.

Tipp:
Alfalfa-Keime dürfen erst ab dem 7. Keimtag verwendet werden, da erst dann das gesundheitsschädliche Canavanin abgebaut ist.

Nicht verträglich / verträglich bei:

Gluten-Unverträglichkeit	☺
Histamin-Intoleranz	☺
Fruktose-Malabsorption	☺
Laktose-Intoleranz	☺

ALOE VERA

Aloe vera sieht aus wie ein Kaktus und ähnelt der amerikanischen Agave.

Verwendung:
Das Gel pur, auf Müsli, in Joghurt oder über Obstsalat, als Nahrungsergänzungsmittel, Abführmittel, äußerlich auf der Haut

Gesundheit:
Verwendet werden das milde Gel und das reizende Harz.
Hauptsächlich ist Aloe vera als Heilpflanze für die Haut bekannt. Sie spendet Feuchtigkeit und fördert die Wundheilung. Aber auch innerlich wird Aloe vera angewendet. Dem Gel wird nachgesagt, es senke den Blutdruck und stärke das Immunsystem. Auch bei Migräne und Rheuma soll es helfen. Diese Wirkungen sind jedoch nicht belegt.
Das Harz wird hauptsächlich als Abführmittel eingesetzt. Es gilt heute jedoch als zu stark reizend. Zudem besteht der Verdacht, es sei krebsfördernd. In der Schwangerschaft sollte es auf keinen Fall eingesetzt werden.

> **TIPP:**
> Das Gel darf nicht gekocht werden, sonst gehen die wertvollen Inhaltsstoffe verloren.

Nicht verträglich / verträglich bei:

Gluten-Unverträglichkeit	☺
Histamin-Intoleranz	☺
Fruktose-Malabsorption	☺
Laktose-Intoleranz	☺

Aloe vera wird z. B. als Drink, Saft oder in Joghurts gemischt angeboten. Eine Vermeidung ist relativ einfach. Sie ist auch in vielen Kosmetikprodukten, Seifen, Duschgels, Cremes etc. enthalten. Bei einer starken Unverträglichkeit sollten auch diese für einen gewissen Zeitraum gemieden werden.

Wussten Sie schon?
Man kann die Pflanze auch gut zuhause im Topf anbauen – und bei Pflanzen, die älter als zwei Jahre sind, sogar einzelne Blätter ernten.

AMARANTH

Amaranth gehört zu den sogenannten Pseudocerealien, die zwar biologisch nicht zu den Getreiden zählen, aber wie diese verwendet werden.

Verwendung:
Als Mehl für alle Backwaren, als Flocken in Müsli, Brei

Gesundheit:
Amaranth übertrifft bei wertvollen Inhaltsstoffen wie Vitaminen, Mineralstoffen, Spurenelementen selbst die Vollkornvarianten hiesiger Getreide. Es weist zudem einen hohen Proteingehalt auf.

> **TIPP:**
> Auch die Blätter sind als Gemüse genießbar.

Nicht verträglich / verträglich bei:

Gluten-Unverträglichkeit	☺
Histamin-Intoleranz	☺
Fruktose-Malabsorption	☺
Laktose-Intoleranz	☺

Die Nahrungsmittelindustrie verwendet Amaranth in der Baby- und Kindernahrung, als Zumischung in Brot, Gebäck und Müsli, bei Eierkuchen und Pasta, auch in Wurstwaren sowie bei Riegeln und Snacks. Ein verstecktes Vorkommen ist nicht zu erwarten. Eine Vermeidung fällt entsprechend leicht.

Ersatz: Alle verträglichen Getreide und andere Stärken.

Amaranth ist glutenfrei und somit auch bei **Gluten-Unverträglichkeit** geeignet.
➜ s. Gluten-Unverträglichkeit und Zöliakie S. 17
➜ s. Frei von... Gluten S. 212

Wussten Sie schon?
Amaranth zählt zu den ältesten Nutzpflanzen der Menschheit. Bereits vor Jahrtausenden diente es in Südamerika als Grundnahrungsmittel sowie als Opfergabe für Götter. Lange Zeit galt die Pflanze als heilig. Inkas und Azteken glaubten in ihr die Quelle großer Kraft gefunden zu haben.

ANANAS

Ananas ist frisch und als Konserve erhältlich.

Verwendung:
Roh als Obst, zu Desserts, Kuchen, in Currys, Chutneys, zu Fleisch und Reisgerichten, Saft, in Cocktails, Likör

Gesundheit:
Das enthaltene Enzym Bromelain regt den Stoffwechsel und die Durchblutung an, wirkt entzündungshemmend, verdauungsfördernd und entschlackend. Außerdem kann die Ananas das Immunsystem stärken.
Für Menschen mit empfindlicher Magenschleimhaut ist der Verzehr von roher Ananas wegen des hohen Säuregehaltes möglicherweise problematisch.

Tipp:
Die Farbe der Ananas sagt nichts über den Reifegrad aus. Dieser lässt sich ganz einfach mit dem „Zupftest" feststellen. Lassen sich die inneren Blätter des Schopfes leicht herauszupfen, ist die Ananas essreif.

Achtung: Ananas reift schlecht nach.

Nicht verträglich / verträglich bei:

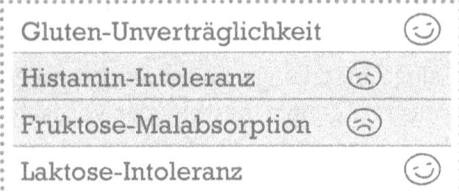

Gluten-Unverträglichkeit	☺
Histamin-Intoleranz	☹
Fruktose-Malabsorption	☹
Laktose-Intoleranz	☺

Ananas findet sich auch als Inhaltsstoff in Nahrungsergänzungsmitteln.

Ersatz: Alle verträglichen Obstsorten.

Ananas enthält viele biogene Amine und ist bei **Histamin-Intoleranz** weniger geeignet. Die individuelle Toleranzgrenze kann vorsichtig ausprobiert werden.
➜ s. Histamin-Intoleranz S. 19

Bei einer **Fruktose-Malabsorption** ist Ananas nur bedingt geeignet. Sie enthält neben Fruktose auch Sorbit.
➜ s. Fruktose-Malabsorption S. 21

Bei Latex-Allergikern kann es zu **Kreuzreaktionen** beim Verzehr von Ananas kommen. Auch bei einer Allergie gegen Kiwi, Banane und Melone können Kreuzallergien vorkommen.
➜ s. Kreuzallergie S. 220

Wussten Sie schon?
Bei trockener Haut und Falten kann eine Gesichtsmaske aus Ananas-Fruchtfleisch, die zwanzig Minuten einwirken soll und mit

kaltem Wasser abgespült wird, sehr unterstützend wirken. Sie spendet der Haut Feuchtigkeit, löst abgestorbene Hautzellen und erneuert die Zellen.

ANCHOVIS

Anchovis ist eine andere Bezeichnung für die europäische Sardelle. In Südeuropa versteht man darunter eingelegte, sehr stark salzige Sardellenfilets. Sie werden in Form von Sardellenpaste als Gewürz verwendet. Pur gegessen schmecken sie nicht gut.

Dabei ist die Bezeichnung Anchovis in Norddeutschland und insbesondere in Nordeuropa irreführend. Es handelt sich hier um den sogenannten „falschen" Anchovis – bitte nicht verwechseln. In dieser Region sind mit Anchovis weniger salzige, dafür jedoch in Gewürzen und Zucker eingelegte Sprotten gemeint. Sie sind sehr viel milder und lassen sich sehr gut direkt essen.

Verwendung:
Tapenade, Salat nach Nizza-Art, Sardellenbutter, Vorspeisenteller, auf Pizza, in Soßen, Pastagerichten, Suppen

Gesundheit:
Wie alle Seefische ist Anchovis ein guter Lieferant für Proteine, Jod und Omega-3-Fettsäuren. Da er sehr salzig ist, sollte er insbesondere von Menschen mit hohem Blutdruck nur in Maßen genossen werden.

Nicht verträglich / verträglich bei:

Gluten-Unverträglichkeit	☺
Histamin-Intoleranz	☹
Fruktose-Malabsorption	☺
Laktose-Intoleranz	☺

Durch die lange Lagerung und die Fermentierung enthält Anchovis sehr viel Histamin und ist bei einer **Histamin-Intoleranz** weniger geeignet.
Frische und auch frisch marinierte Sardellen enthalten kaum Histamin.
➔ s. Histamin-Intoleranz S. 19

FISCH (und daraus hergestellte Erzeugnisse) gehört zu den Zutaten, die häufig Unverträglichkeitsreaktionen auslösen und ist deshalb **KENNZEICHNUNGSPFLICHTIG.**

ANIS

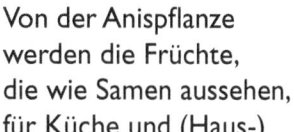

Von der Anispflanze werden die Früchte, die wie Samen aussehen, für Küche und (Haus-) Apotheke verwendet. Anis schmeckt stark aromatisch, süßlich und lakritzartig.

Verwendung:
Als Gewürz, z. B. in Brot, Weihnachtsgebäck, Süßspeisen, orientalischer und asiatischer Küche, Tee, Schnaps und Likören (Sambuca, Raki, Arak, Pastis, Ouzo, Absynth u. a.)

Gesundheit:

Jungen Müttern ist Anis durch den sogenannten Stilltee bekannt, welcher sich aus Anis, Fenchel und Kümmel zusammensetzt. Er hilft, den Milchfluss anzuregen und indirekt über die Muttermilch auch gegen die Blähungen des Babys.

Anis hat auch eine anregende, die Verdauung fördernde und krampflösende Wirkung. Bei Bronchitis wirkt er schleimlösend. In der Aromatherapie wird er gegen Kopfschmerzen eingesetzt.

Nicht verträglich / verträglich bei:

Gluten-Unverträglichkeit	☺
Histamin-Intoleranz	☺
Fruktose-Malabsorption	☺
Laktose-Intoleranz	☺

Anis kann auch in Gewürzmischungen enthalten sein, ohne separat auf der Zutatenliste aufgeführt zu sein.

Ersatz: Ein ähnliches Aroma haben Sternanis und Fenchel.

Bei Beifuß-Allergikern und auch bei Birken-Allergikern können möglicherweise **Kreuzallergien** zu Anis entstehen. Auch bei Allergie gegen Sellerie sind Kreuzreaktionen möglich.
➜ s. Kreuzallergie S. 220

APFEL

Zubereitungsarten:
Roh als Obst, Mus, Füllung für Kuchen und Gebäck, Apfelsaft, Most, Schnaps, Essig, getrocknete Apfelringe sind ein gesunder Knabberspaß

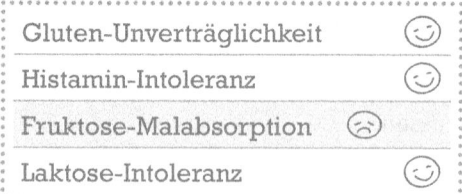

TIPP: Deutsche Äpfel werden i. d. R. nicht gewachst.

Gesundheit:

Der alte Spruch „an apple a day keeps the doctor away" spricht für die gesunde Wirkung des Apfels. Der regelmäßige Verzehr von Äpfeln – am besten mit Schale, denn hier sind die meisten Vitamine, Mineralien und auch Ballaststoffe enthalten – reduziert das Risiko z. B. an Herz- und Gefäßerkrankungen, Asthma und Lungenfunktionsstörungen, Diabetes mellitus und Krebs zu erkranken. Das enthaltene Pektin fördert nicht nur die Verdauung, es soll auch den Cholesterinspiegel senken.

Nicht verträglich / verträglich bei:

Gluten-Unverträglichkeit	☺
Histamin-Intoleranz	☺
Fruktose-Malabsorption	☹
Laktose-Intoleranz	☺

Manchen Betroffenen hilft es bereits, den Apfel zu schälen. Damit wird er für viele besser verträglich. Häufig bereiten gedünstete oder gebackene Äpfel (z. B. auf Apfelkuchen) keinerlei Beschwerden, da die Allergene hitzelabil sind, d. h. bei Hitze zerfallen. Auch bei den verschiedenen Sorten gibt es Unterschiede bezüglich der Verträglichkeit.
Oft werden alte Sorten wie z. B. Altländer, Gloster oder Hammerstein besser vertragen als neuere Züchtungen. Häufig sind abgelagerte Äpfel besser verträglich als frisch geerntete.

Ersatz: Alle anderen verträglichen Obstsorten. Geschmacklich kommen z. B. junge Birnen recht nahe.

Bei einer **Fruktose-Malabsorption** sind Äpfel aufgrund des hohen Fruchtzuckergehalts wenig geeignet.
→ s. Fruktose-Malabsorption S. 21

Insbesondere bei Birkenpollenallergikern kann eine sogenannte **Kreuzallergie** gegen Äpfel auftreten.
→ s. Kreuzallergie S. 220

Wussten Sie schon?
In der Symbolik stehen Apfel und Apfelbaum seit jeher für Sexualität, Fruchtbarkeit und Leben, Erkenntnis und Entscheidung sowie Reichtum.

APRIKOSE

Aprikosen schmecken am besten frisch und reif gepflückt. Da sie sehr empfindlich sind, werden im Handel oft nicht ganz reife Früchte angeboten. Die Kerne enthalten Blausäure und sind daher giftig.

Verwendung:
Konserven, Marmelade, Nektar, Schnaps, Likör, Dörrfrüchte, Marillenknödel

Gesundheit:
Die Aprikose enthält außerordentlich viel Provitamin A und ist somit gut für die Sehkraft. Durch den hohen Gehalt an Carotinoiden soll sie das Immunsystem stärken, Krebserkrankungen vorbeugen, die Haut vor UV-Strahlung schützen und Ablagerungen in Arterien verhindern.

Nicht verträglich / verträglich bei:

Gluten-Unverträglichkeit	☺
Histamin-Intoleranz	☺
Fruktose-Malabsorption	☺
Laktose-Intoleranz	☺

Aprikosen-Konfitüre ist vielfach in Konditoreiwaren zu finden. Sie wird ebenfalls zum Überziehen von Backwaren verwendet.

Ersatz: Alle verträglichen Obstsorten. Kaki und Mango enthalten auch sehr viel Vitamin A. Bananen und Avocado enthalten viel Kalium.

Bei Birkenpollen- bzw. Latex-Allergikern können möglicherweise **Kreuzreaktionen** zu Aprikosen entstehen.
→ s. Kreuzallergie S. 220

Bei einer Überempfindlichkeit/Pseudoallergie gegen Salicylsäure sollten Aprikosen in Maßen genossen werden.

Wussten Sie schon?
Bei der weltberühmten Sachertorte ist Marillengelee unverzichtbar.

ARTI SCHOCKE

Der essbare Teil der Artischocke sind die ganz kleinen, zarten Blütenknospen, die hierzulande nur im Sommer in gut sortierten Feinkostläden erhältlich sind. Je jünger die Knospen sind, desto aromatischer ist ihr Geschmack. Bei den größeren Blüten werden nur die unteren fleischigen Anteile der Schuppenblätter sowie die Blütenböden gegessen. Artischocken sind auch als Konserve erhältlich (Artischockenherzen).

Zubereitungsarten:
Roh mit Dip, auf Pizza, im Salat

Gesundheit:
Artischocken wird eine appetitanregende, verdauungsfördernde und cholesterinsenkende Wirkung zugeschrieben.
Der enthaltene Bitterstoff Cynarin regt den Stoffwechsel von Leber und Galle an.

Nicht verträglich / verträglich bei:

Gluten-Unverträglichkeit	☺
Histamin-Intoleranz	☺
Fruktose-Malabsorption	☹
Laktose-Intoleranz	☺

Artischocken werden auch in Fertiggerichten wie Tiefkühlpizza, Salaten, Pesto, Dips und Soßen verwendet.
Auch bei der Herstellung des Kräuterlikörs Cynar werden Artischocken verarbeitet.

Bei einer **Fruktose-Malabsorption** sind Artischocken weniger geeignet.
➜ s. Fruktose-Malabsorption S. 21

Bei Beifuß-Allergikern kann es in seltenen Fällen zu einer **Kreuzallergie** mit Artischocken kommen.
➜ s. Kreuzallergie S. 220

Wussten Sie schon?
Eine Artischocke kann man auch zum Blühen bringen. Einfach ins Wasser stellen, nach einigen Tagen entfaltet sich die große lilafarbene Blüte.

Achtung: Wenn sie aufgeblüht ist, kann man die Artischocke nicht mehr essen.

ASPER GILLUS NIGER

➜ s. Frei von... Nüssen S. 214

AUBER GINE

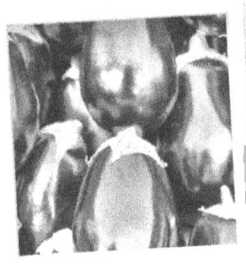

Auberginen werden vor dem Reifen geerntet, wenn sie noch transportiert werden müssen. Genau wie bei Tomaten und Bananen reifen sie beim Lagern nach. Roh sind sie nicht genießbar. Wie alle Nachtschattengewächse (z. B. auch Kartoffeln und Tomaten) sind sie in unreifem Zustand giftig und sollten daher nur reif – und gegart – gegessen werden.

Zubereitungsarten:
Als Gemüse, gebacken, gebraten, eingelegt, gegrillt, in Aufläufen (Moussaka), Eintöpfen Ratatouille, Cremes, Pasten, Dips

Gesundheit:
Langzeitstudien in den USA ergaben, dass der hohe Anthocyangehalt von Auberginen möglicherweise neuroprotektive Wirkung hat und so auf natürliche Weise vor Parkinson und Altersdemenz schützen könnte.

Nicht verträglich / verträglich bei:

Gluten-Unverträglichkeit	☺
Histamin-Intoleranz	☹
Fruktose-Malabsorption	☹
Laktose-Intoleranz	☺

Auberginen werden viel in mediterranen und arabischen Gerichten verwendet. Ein verstecktes Vorkommen ist jedoch nicht wahrscheinlich.

Ersatz: Jedes verträgliche Gemüse. Zucchini lassen sich ähnlich verarbeiten.

Auberginen enthalten viel Histamin und sind bei **Histamin-Intoleranz** weniger geeignet.
➔ s. Histamin-Intoleranz S. 19

Die Aubergine gehört zu den Gemüsen mit relativ hohem Fruktose-Anteil und ist bei **Fruktose-Malabsorption** nur bedingt geeignet.
➔ s. Fruktose-Malabsorption S. 21

Wussten Sie schon?
Es gibt auch grüne, weiße und tomatenrote Auberginen.

AUSTER

Eine frische Auster riecht nach dem Öffnen nach Meer. Unangenehm riechende Austern sollten nicht gegessen werden.

Verwendung:
Frisch,
roh „geschlürft",
gratiniert

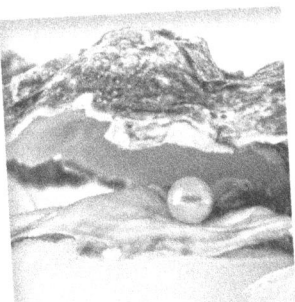

Gesundheit:
Obwohl Austern zu über 80 % aus Wasser bestehen, haben sie einen sehr hohen Gehalt an Eisen, Vitamin A und B_{12}, Zink, Selen und Kupfer.
Wegen ihres hohen Puringehaltes sollten Austern bei **Gicht** nur in Maßen genossen werden.

Tipp:
Die Frische der Austern erkennt man daran, dass sie fest verschlossen sind. Geöffnete Austern sind möglicherweise bereits tot, auf jeden Fall nicht mehr frisch.

Nicht verträglich / verträglich bei:

Gluten-Unverträglichkeit	☺
Histamin-Intoleranz	☺
Fruktose-Malabsorption	☺
Laktose-Intoleranz	☺

Bei Hausstaubmilbenallergie kann es zu **Kreuzreaktionen** beim Verzehr von Austern kommen.
➔ s. Kreuzallergie S. 220

AUSTERN sind Weichtiere.
Diese (und daraus hergestellte Erzeugnisse) gehören zu den Zutaten, die häufig Unverträglichkeitsreaktionen auslösen und sind deshalb
KENNZEICHNUNGSPFLICHTIG.

Wussten Sie schon?
Die Namen bezeichnen grundsätzlich die Herkunft der Auster, wobei es selbst bei der gleichen Art unterschiedliche Geschmacksrichtungen gibt, je nachdem aus welchen Gewässern sie stammt.

AUSTERNPILZ
Austernseitling

Von Pilzliebhabern wird der Austernpilz als schmackhafter Speisepilz geschätzt, dessen Aroma dem von Kalbfleisch ähnelt.

Zubereitungsarten:
Gebraten, gedünstet, frittiert, gekocht, gegrillt, paniert, in Suppen, Salaten, Aufläufen, Nudelgerichten und Soßen, in Essig eingelegt

Achtung: Roh sind Austernpilze ungenießbar.

Gesundheit:
Austernpilze sind insbesondere für Vegetarier eine wertvolle Vitamin-B-Quelle.

Tipp:
Austernpilze müssen sehr vorsichtig geputzt werden, da sie druckempfindlich sind.

Nicht verträglich / verträglich bei:

Gluten-Unverträglichkeit	☺
Histamin-Intoleranz	☺
Fruktose-Malabsorption	☺
Laktose-Intoleranz	☺

Ersatz: Alle verträglichen Pilze.

Wussten Sie schon?
Der Austernpilz lässt sich auf etwas Holz im Garten selbst züchten.

AVOCADO

Avocado schmeckt nur roh, denn beim Erhitzen wird sie bitter.

Verwendung:
Als Brotbelag, pur oder leicht gesalzen in Salaten oder als Dip (Guacamole)

Gesundheit:
Der Fettgehalt (bis zu 30 %) ist bei Avocados sehr hoch. Damit sind sie auch sehr kalorienreich. Jedoch handelt es sich überwiegend um gesunde, mehrfach ungesättigte Fettsäuren. Hinzu kommt ihr hoher Kaliumgehalt. Äußerlich angewendet ist die Avocado sehr gut für die Haut. Avocadoöl ist deshalb in vielen Kosmetikprodukten enthalten.

Tipp:
Das Braunwerden nach dem Schälen kann man durch die Zugabe von Zitronensaft verhindern oder indem man den Kern beim Fruchtfleisch lässt. Auch er verzögert die Oxidation, die die Verfärbung verursacht.

Nicht verträglich / verträglich bei:

Gluten-Unverträglichkeit	☺
Histamin-Intoleranz	☺
Fruktose-Malabsorption	☺
Laktose-Intoleranz	☺

Ein verstecktes Vorkommen ist nicht zu erwarten.

Bei einer Latex-Allergie kann es zu **Kreuzreaktionen** beim Verzehr von Avocados kommen.
➔ s. Kreuzallergie S. 220

Wussten Sie schon?
Avocados reifen nie am Baum. Auch ungepflückt fallen sie in hartem Zustand auf den Boden und reifen dann erst. Wenn Sie also im Geschäft eine bereits weiche Avocado finden, sollten Sie diese gerade nicht kaufen. Denn sie lagert schon länger und konnte womöglich doch nicht sachgerecht reifen. Kaufen Sie lieber eine ganz harte Avocado und lassen sie zuhause unter optimalen Bedingungen reif werden.

BAMBUS SPROSSE

Bambussprossen müssen gekocht werden. Roh sind sie unverträglich.

Verwendung:
Eingelegt, als Gemüsebeilage, in Salaten, Soßen, Currys

Gesundheit:
Bambussprossen enthalten viel Kieselsäure und sind somit gut für Haut, Haare, Nägel, Magen-Darm und für die Nerven.

Tipp:
Wenn beim Kochen Chilischoten beigefügt werden, mildert das die Bitterstoffe, die bei manchen Sorten sehr stark schmecken.

Nicht verträglich / verträglich bei:

Gluten-Unverträglichkeit	☺
Histamin-Intoleranz	☺
Fruktose-Malabsorption	☺
Laktose-Intoleranz	☺

Bambussprossen sind häufig in asiatischen Gerichten enthalten.

Wussten Sie schon?
Aus Bambus werden auch Baugerüste, Musikinstrumente und Papier hergestellt.

BANANE

Verwendung:
Dessertbananen: Roh, in Obstsalaten, Desserts, Müsli, Muffins, Kuchen, Milchshakes, getrocknet als Chips, Likör
Gemüse- oder Kochbananen sind nicht zum Rohverzehr geeignet. Sie können gebacken, gekocht oder frittiert werden.

Gesundheit:
Bananen sind nahrhaft und leicht verdaulich. Deshalb sind sie eine gute Nahrungsergänzung für Babys, Kranke und geschwächte Senioren. Weiterhin sind sie ein wertvoller Lieferant von Mineralien und Vitaminen, insbesondere Kalium, Magnesium, Phosphor, Vitamin B_6 und Biotin. Zudem sind sie aufgrund ihrer basischen Wirkung zum Säure-Basen-Ausgleich geeignet.

Nicht verträglich / verträglich bei:

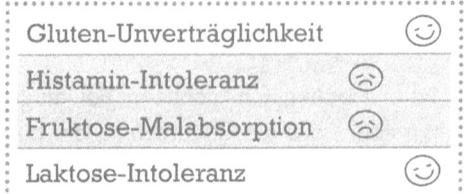

Gluten-Unverträglichkeit	☺
Histamin-Intoleranz	☹
Fruktose-Malabsorption	☹
Laktose-Intoleranz	☺

Ersatz: Jedes verträgliche Obst. Avocados beinhalten auch viel Kalium.

Die Kochbanane enthält kein Gluten. Bananenmehl kann somit als Mehlersatz bei **Gluten-Unverträglichkeit** genutzt werden.
➜ s. Gluten-Unverträglichkeit und Zöliakie S. 17
➜ s. Frei von... Gluten S. 212

Bananen beinhalten viel biogene Amine, sind also bei **Histamin-Intoleranz** weniger geeignet.
➜ s. Histamin-Intoleranz S. 19

Der Fruktosegehalt von Bananen ist sehr hoch. Aufgrund des günstigen Glukose-Fruktose-Verhältnisses sind sie bei **Fruktose-Malabsorption** dennoch in Maßen geeignet.
➜ s. Fruktose-Malabsorption S. 21

Bei Allergikern gegen Gräser oder Latex kann es auch zu **Kreuzreaktionen** kommen.
➜ s. Kreuzallergie S. 220

Wussten Sie schon?
Warum ist die Banane krumm? Der Fruchtstand der Staude wird beim Wachstum der Bananen immer schwerer. Er senkt sich nach unten und wächst zur Erde hin. Die einzelnen Bananenfrüchte aber wachsen nach oben, der Sonne entgegen. Deshalb werden sie krumm.

BÄRLAUCH

Die Saison für Bärlauch dauert je nach Region von März, wenn die ersten frischen Blätter austreiben, über die Blüte im Mai, bis spätestens Anfang Juli, nach Ausreifung der Samen. Da der Bärlauch beim Erhitzen seine Wirkung verliert, wird er am besten roh verzehrt.

Verwendung:
Roh als Brotbelag, in Salaten, Kräuterquark, Semmelknödeln, Kräuterbutter, Soßen, Suppen, zu Nudelgerichten, als Pesto

Gesundheit:
Dem Bärlauch werden seit langer Zeit starke Heilkräfte zugeschrieben. So soll er entschlackend und entgiftend für den

Magen-Darm-Trakt sein sowie blutreinigende Eigenschaften besitzen.
Auch bei hohem Blutdruck und Arteriosklerose wirkt er lindernd.

Tipp:
Die Blätter des Bärlauchs sehen denen der giftigen Maiglöckchen ähnlich. Diese sind jedoch fester. Außerdem ist der Bärlauch leicht an seinem typischen Knoblauchgeruch zu erkennen.

Nicht verträglich / verträglich bei:

Gluten-Unverträglichkeit	☺
Histamin-Intoleranz	☺
Fruktose-Malabsorption	☺
Laktose-Intoleranz	☺

Ersatz: Zwiebeln, Frühlingszwiebeln, Schnittlauch, Knoblauch, andere Frühlingskräuter wie Löwenzahn, Spitzwegerich, Sauerampfer.

Wussten Sie schon?
Seinen Namen hat der Bärlauch der Überlieferung nach deshalb, weil sich die Bären nach ihrem langen Winterschlaf genüsslich über diese ersten frischen Frühjahrsvitamine hermachen.

BASILIKUM

Basilikum ist frisch, getrocknet und tiefgefroren erhältlich.

Verwendung:
Als Gewürz in Pesto, zu Salaten, Tomaten, Nudelgerichten, Fisch, Fleisch, Geflügel, Pizza, als Tee

Gesundheit:
Basilikum ist auch eine wertvolle Heilpflanze: Sie hilft z. B. bei Migräne und Verdauungsproblemen und findet wegen eines östrogenähnlichen Inhaltsstoffes auch in der Frauenheilkunde Verwendung.
In der Schwangerschaft sollte von übermäßigem Genuss von Basilikum (auch in Tees) abgesehen werden, da dem enthaltenen Eugenol eine leicht erbgutverändernde Wirkung nachgesagt wird.

Nicht verträglich / verträglich bei:

Gluten-Unverträglichkeit	☺
Histamin-Intoleranz	☺
Fruktose-Malabsorption	☺
Laktose-Intoleranz	☺

Basilikum kommt in sehr vielen Gewürzmischungen und in Fertiggerichten, Soßen, Pasten u. ä. vor. Vorsicht bei allgemeiner Auszeichnung: „Gewürz". Auch dann kann Basilikum enthalten sein.

Wussten Sie schon?
Der Name kommt aus dem Griechischen basilikos (königlich) und bedeutet soviel wie königliche Heilpflanze. Daraus leitet sich seine deutsche Bezeichnung ab: Königskraut.

BENZOE SÄURE
E 210

→ s. Zusatzstoffe und E-Nummern S. 228

BIRNE

Birnen sind aufgrund ihres geringen Säuregehaltes sehr bekömmlich. Reife Früchte verströmen ein köstliches Aroma.

Zubereitungsarten:
Roh, Kompott, Marmelade, Dörrobst, Kuchen, Desserts, Most, Schnaps, Saft, zu Wild, mit Käse, Birnendicksaft, Birnenkraut

Gesundheit:
Birnendicksaft ist eine Alternative zu raffiniertem Zucker. Wegen des hohen Zuckergehaltes sollte jedoch auch dieser nur in Maßen genossen werden.

Nicht verträglich / verträglich bei:

Gluten-Unverträglichkeit	☺
Histamin-Intoleranz	☹
Fruktose-Malabsorption	☹
Laktose-Intoleranz	☺

Insbesondere bei Reformhausprodukten kann Birnendicksaft als Süßungsmittel enthalten sein.

Ersatz: Alle verträglichen Obstsorten.

Birnen enthalten viel biogene Amine und sind bei **Histamin-Intoleranz** nur bedingt geeignet. Die individuelle Toleranzgrenze kann vorsichtig ausprobiert werden.
➔ s. Histamin-Intoleranz S. 19

Birnen sind bei **Fruktose-Malabsorption** weniger geeignet.
➔ s. Fruktose-Malabsorption S. 21

Wussten Sie schon?
Birnen produzieren das Reifungsgas Ethylen. Unreife Früchte kann man mit Frischhaltefolie bedeckt ein paar Tage stehen lassen. Dann sind sie reif.

BLAUBEERE
Heidelbeere

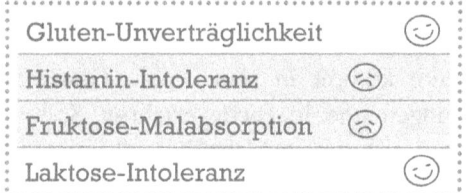

Am besten schmecken sie noch sonnenwarm im Wald direkt vom Strauch gegessen.

Verwendung:
Roh, mit Milch oder Sahne, in Desserts, Kuchen, Muffins, im Müsli, Marmelade, Saft, Schnaps, Likör, Wein

Gesundheit:
Wie alle dunklen Beeren enthalten Heidelbeeren viel Eisen.
Getrocknete Heidelbeeren oder ein Tee daraus helfen gegen Durchfall. Frische Beeren können dagegen Durchfall provozieren.

Tipp:
Befeuchten Sie Heidelbeerflecken mit ein wenig Sprudelwasser oder etwas Zitronensaftkonzentrat. Danach lassen sich die Flecken oft einfach mit warmem Wasser auswaschen.

Nicht verträglich / verträglich bei:

Gluten-Unverträglichkeit	☺
Histamin-Intoleranz	☺
Fruktose-Malabsorption	☹
Laktose-Intoleranz	☺

Ersatz: Alle verträglichen Beeren und anderes Obst.

Blaubeeren sind bei **Fruktose-Malabsorption** weniger geeignet.
➜ s. Fruktose-Malabsorption S. 21

BLEICH SELLERIE

Der Bleichsellerie, auch Stangen- oder Staudensellerie genannt, ist leicht verdaulich und sein Geschmack ist angenehm würzig, zwar milder als der des Knollenselleries, aber doch typisch sellerieartig. Für das würzige Aroma sind vor allem die ätherischen Öle verantwortlich.

Zubereitungsarten:
Roh mit Dip, in Salaten, als Beilagengemüse geschmort, gedünstet, überbacken

Gesundheit:
Durch seine harntreibende Wirkung ist er hilfreich bei Ödemen und Bluthochdruck. Zudem wirkt er gegen Appetitlosigkeit und Blähungen.

Nicht verträglich / verträglich bei:

Gluten-Unverträglichkeit	☺
Histamin-Intoleranz	☺
Fruktose-Malabsorption	☺
Laktose-Intoleranz	☺

Sellerie kommt in vielen Gewürzmischungen, Suppen, Fertigsoßen etc. vor.

Ersatz: Alle verträglichen Gemüse. Geschmacklich ist Fenchel ein wenig ähnlich.

SELLERIE (und daraus hergestellte Erzeugnisse) gehört zu den Zutaten, die häufig Unverträglichkeitsreaktionen auslösen und ist deshalb **KENNZEICHNUNGSPFLICHTIG.**

Wussten Sie schon?
Sellerie wird eine aphrodisierende Wirkung nachgesagt. Auch Homer glaubte wohl an die luststeigernde Wirkung des echten Selleries, hat er ihn doch schon vor drei Jahrtausenden als Lieblingsgemüse der Zauberin Kalypso in seiner Odyssee besungen.

BLUMEN KOHL

Zubereitungsarten:
Roh als Salat, als Beilagengemüse gedünstet, geschmort, überbacken, Suppe

Gesundheit:
Blumenkohl eignet sich wegen seiner Bekömmlichkeit sogar als Schonkost. Zudem beinhaltet er viel Vitamin C und B.

Nicht verträglich / verträglich bei:

Gluten-Unverträglichkeit	☺
Histamin-Intoleranz	☺
Fruktose-Malabsorption	☺
Laktose-Intoleranz	☺

Blumenkohl ist in vielen Gemüsemischungen (z. B. Leipziger Allerlei) und Suppen enthalten.

Ersatz: Alle verträglichen Kohlsorten und andere Gemüse.

Wussten Sie schon?
Es gibt auch grüne und violette Sorten.

BOHNE, DICKE
Saubohne, Ackerbohne

Gegessen werden nur die Samen, die eine weißliche, grünliche, bräunliche, rote oder violettschwarze Farbe haben können.

Zubereitungsarten:
Suppen, Eintöpfe, als Püree, klassisch „mit Speck", in Salaten

Gesundheit:
Dicke Bohnen sind ein guter Lieferant für nicht-tierische Proteine.

Nicht verträglich / verträglich bei:

Gluten-Unverträglichkeit	☺
Histamin-Intoleranz	☺
Fruktose-Malabsorption	☺
Laktose-Intoleranz	☺

Bohnenmehl wird verarbeiteten Nahrungsmitteln wegen seiner bindenden Eigenschaften zugesetzt.

BOHNE

Von der grünen Bohne oder auch Gartenbohne kann man zwei verschiedene Nahrungsmittel ernten. Als Gemüse wird sie verwendet, wenn sie vor der eigentlichen Fruchtreife geerntet wird. Hingegen belässt man, um weiße Bohnen zu ernten, die Bohnenhülsen solange an der Pflanze, bis die Samen ausgereift sind. In den Handel kommen sie dann meist in getrockneter Form.

Verwendung:
Gekocht als Gemüsebeilage z. B. mit Butter oder mit Speck umwickelt, als Salat, in Suppen und Eintöpfen

Gesundheit:
Bohnen sollten nicht roh verzehrt werden, da das gesundheitsschädliche Phasin erst durch Kochen zerstört wird.
Ein Tee aus Bohnenhülsen wirkt harntreibend und kann bei Nieren- und Blasenleiden eingesetzt werden.

Tipp:
Zur besseren Bekömmlichkeit kann man geschmacklich passende Kräuter wie Bohnenkraut, Rosmarin, Koriander oder Kümmel hinzufügen.

Nicht verträglich / verträglich bei:

Gluten-Unverträglichkeit	☺
Histamin-Intoleranz	☺
Fruktose-Malabsorption	☹
Laktose-Intoleranz	☺

Ersatz für grüne Bohnen: Jedes verträgliche Gemüse.

Ersatz für weiße Bohnen: Dicke Bohnen, Sojabohnen, Kidneybohnen

Der Fruktosegehalt ist bei grünen Bohnen recht hoch. Sie sind bei **Fruktose-Malabsorption** nur bedingt geeignet. Weiße Bohnen (Samen) enthalten kaum Fruktose.
➔ s. Fruktose-Malabsorption S. 21

Wussten Sie schon?
Die Bohne stammt aus den Wäldern und dem Hochland Mittel- und Südamerikas. Wie den anderen „Einwanderern", Kartoffel und Tomate, begegnete man der Bohne in Europa zunächst skeptisch, bevor sie im Laufe des 17. Jahrhunderts ihren festen Platz in der europäischen Küche fand.

Nicht verträglich / verträglich bei:

Gluten-Unverträglichkeit	☺
Histamin-Intoleranz	☺
Fruktose-Malabsorption	☺
Laktose-Intoleranz	☺

Bohnenkraut ist häufig in Gewürzmischungen enthalten. Es kann auch versteckt in Wurst, Pasteten, Fertigsuppen, Fertigsoßen etc. enthalten sein.

Ersatz: Thymian schmeckt recht ähnlich.

BOHNEN KRAUT

Verwendung:
Als Gewürz hauptsächlich zu Gemüse, Pilzen, Bratkartoffeln, in Suppen, auch zu Fleisch und Fisch

> **TIPP:** Bohnenkraut kann man gut einfrieren und auch trocknen.

Gesundheit:
Hülsenfrüchte werden durch die Zugabe von Bohnenkraut verträglicher. Es ist verdauungsfördernd, appetitanregend und verhindert Blähungen. Im Mörser zerstampft hilft Bohnenkraut gegen Schwellungen und Wespenstiche. Als Tee wirkt es gegen Husten und Verschleimung der Bronchien.

BRENN NESSEL

Verwendung:
Roh in Salaten, als Blattgemüse, Tee, Suppe

Gesundheit:
Die Brennnessel ist eine hervorragende Stoffwechsel-Pflanze. Vor allem als Frühjahrskur spült sie die Schlacken aus dem Körper. Durch ihre harntreibende Wirkung ist sie auch zur Entwässerung und bei Blasenproblemen geeignet. Brennnesselsamen geben Kraft und wirken gut bei Erschöpfung.

> **TIPP:** Gegen Läuse im Garten hilft ein Brennnesselsud, der dem Gießwasser beigemischt wird.

Nicht verträglich / verträglich bei:

Gluten-Unverträglichkeit	☺
Histamin-Intoleranz	☺
Fruktose-Malabsorption	☺
Laktose-Intoleranz	☺

Brennnessel kann in Kräuterteemischungen enthalten sein.

Wussten Sie schon?
Warum brennt die Brennnessel?
Das liegt an den kleinen Härchen am Blattrand, die mit dem Nesselgift gefüllt sind. Bei Berührung wird das Gift auf die Haut freigegeben und verursacht das typische Brennen und Jucken.
Bei der Zubereitung als Nahrungsmittel verliert die Brennnessel ihre brennende Eigenschaft durch Erhitzen oder auch durch kräftiges Drücken in einem Tuch. Auch in getrocknetem Zustand brennt sie nicht mehr.

BROKKOLI

Verwendung:
Roh in Salaten oder zum Dip, gedünstet als Beilagengemüse, in Suppen, Aufläufen, Quiches, zu Nudelgerichten, auf Pizza

Gesundheit:
Brokkoli ist leicht bekömmlich und enthält viel Phosphor, Magnesium, B-Vitamine und Vitamin C. Das enthaltene Senföl ist gut für Herz und Kreislauf und hilft bei Atemwegserkrankungen. Auch bei Magenschleimhautentzündung ist es wirksam gegen den Erreger Helicobacter pylori.

TIPP:
Wenn man eine Prise Zucker ins Kochwasser gibt, bleibt Brokkoli schön grün.

Nicht verträglich / verträglich bei:

Gluten-Unverträglichkeit	☺
Histamin-Intoleranz	☺
Fruktose-Malabsorption	☹
Laktose-Intoleranz	☺

Ersatz: Jedes verträgliche Gemüse. Andere Kohlgemüse schmecken ähnlich, doch meist kräftiger.

Brokkoli hat einen recht hohen Fruktosegehalt und ist deshalb bei **Fruktose-Malabsorption** nur bedingt geeignet.
➔ s. Fruktose-Malabsorption S. 21

Wussten Sie schon?
Es gibt spezielle Brokkolizüchtungen, die besonders viel von dem als krebsvorbeugend geltenden Senföl Glucosinolat enthalten. Über diese Züchtungen bzw. die daraus hervorgegangenen Pflanzen gibt es sogar einen Patentstreit.

BROMBEERE

Verwendung:
Roh zu Desserts, Eis, Quarkspeisen, als Kuchenbelag, in süßen Aufläufen, Marmelade, Saft, Likör, Wein, Schnaps

Gesundheit:
Brombeeren enthalten wie alle dunklen Beeren viel Eisen. Tee aus den Blättern hilft gegen akuten Durchfall und bei verschleimten Atemwegen.

Tipp:
Brombeeren reifen nach dem Pflücken kaum mehr nach und nur die reifen Früchte schmecken wirklich süß. Daher werden sie erst bei Vollreife geerntet. Frische Früchte sollten fest und dick sein und glänzen. Weiche Beeren mit matter Farbe sind häufig nicht mehr ganz frisch.

Nicht verträglich / verträglich bei:

Gluten-Unverträglichkeit	☺
Histamin-Intoleranz	☺
Fruktose-Malabsorption	☹
Laktose-Intoleranz	☺

Brombeeren und Brombeerblätter können in Kräuterteemischungen enthalten sein.

Ersatz: Alle verträglichen Beeren und anderes Obst.

Brombeeren sind bei **Fruktose-Malabsorption** weniger geeignet.
➔ s. Fruktose-Malabsorption S. 21

Gesundheit:
Eine Kur mit Buchweizentee kann helfen, Durchblutungsstörungen und Krampfadern zu verhindern – wichtig für Menschen, die viel stehen müssen.

Nicht verträglich / verträglich bei:

Gluten-Unverträglichkeit	☺
Histamin-Intoleranz	☺
Fruktose-Malabsorption	☺
Laktose-Intoleranz	☺

Bei **Gluten-Unverträglichkeit** kann er ein wertvoller Ersatz für glutenhaltige Getreide sein.
➔ s. Gluten-Unverträglichkeit und Zöliakie S. 17
➔ s. Frei von... Gluten S. 212

Wussten Sie schon?
Der Name Buchweizen kommt daher, weil die Samen eine ähnliche Form haben wie Bucheckern.

BUCH WEIZEN

Buchweizen gehört zu den sogenannten Pseudogetreiden. Er ist ernährungsphysiologisch hochwertig und enthält kein Gluten.

Verwendung:
Für Grütze, Pfannkuchen, Bratlinge, Piroggen, Klöße, Süßgebäck, Brei, als Beimischung für Brot, ins Müsli oder geröstet (Kasha)

BUTTER MILCH

Die Basis für Buttermilch ist die Milchflüssigkeit, die bei der Butterherstellung aus Rahm übrig bleibt. Durch Zusetzung von Milchsäurebakterien entsteht Buttermilch.
➔ s. Sauermilchprodukte S. 162

Verwendung:
Als Getränk, als Basis für Sauermilchkäse, in Brot und anderen Backwaren, in Soßen, Suppen, Desserts, Eis

Gesundheit:
Da das Fett der Milch für die Butter benötigt wird, ist Buttermilch natürlicherweise sehr fett- und damit kalorienarm. Die anderen wertvollen Nährstoffe der Milch sind jedoch weitgehend enthalten.

Nicht verträglich / verträglich bei:

Gluten-Unverträglichkeit	☺
Histamin-Intoleranz	☺
Fruktose-Malabsorption	☺
Laktose-Intoleranz	☹

Buttermilch kann z. B. in Mixgetränken, Shakes, Desserts, Soßen und Brotaufstrichen enthalten sein.

Die Milchsäurebakterien wandeln die in der Milch vorhandene Laktose teilweise in Milchsäure um. In Buttermilch ist also deutlich weniger Laktose enthalten als in Milch. Deshalb wird sie bei leichter **Laktose-Intoleranz** häufig recht gut vertragen.
➔ s. Laktose-Intoleranz S. 25

MILCH (und daraus hergestellte Erzeugnisse) gehört zu den Zutaten, die häufig Unverträglichkeitsreaktionen auslösen und ist deshalb **KENNZEICHNUNGSPFLICHTIG.**

Wussten Sie schon?
Heißt das Produkt „Buttermilch" darf bis zu 10 % Wasser und 15 % Magermilch beigemengt werden. „Reine Buttermilch" dagegen ist tatsächlich 100 % Buttermilch.

CANDIDA ALBICANS

➔ s. Der Darm S. 218

CAROB

Carob ist Mehl aus den Früchten des Johannisbrotbaumes.

Verwendung:
Als Dickungsmittel

Tipp:
Carob wird auch als sogenannter Kakaoersatz verwendet. Allerdings schmeckt es ganz anders – fruchtig, karamellig, malzig. Wer einen kakao- oder schokoladenähnlichen Geschmack erwartet, wird wahrscheinlich enttäuscht sein.

Gesundheit:
Zu den Mahlzeiten eingenommenes Pulver kann den Cholesterinspiegel sowie den Blutzuckerspiegel senken. Weiterhin wird

Carob nachgesagt, die Fettverbrennung anzuregen und somit zur Gewichtsreduktion beizutragen.

Nicht verträglich / verträglich bei:

Gluten-Unverträglichkeit	☺
Histamin-Intoleranz	☺
Fruktose-Malabsorption	☺
Laktose-Intoleranz	☺

Carob kann in Soßen, Fertigsuppen, Speiseeis, Schmelzkäse, Backwaren, Pudding, Süßwaren und in sogenannten „Light"-Produkten u. v. m. enthalten sein.

Wussten Sie schon?
Die Legende sagt, dass Johannes der Täufer sich von den Früchten des Johannisbrotbaumes ernährt haben soll. Daher kommt der Name.

CARRA GEEN
E 407

→ s. Zusatzstoffe und E-Nummern S. 230

CASHEW KERN

Cashewkerne werden auch Cashewnüsse genannt. Die weniger bekannte birnenförmige gelbe oder rote Frucht des Kaschubaumes, auch Cashewapfel genannt, ist leicht verderblich und wird in den Erzeugerländern direkt nach der Ernte verarbeitet. Hier bekommt man sie in getrockneter Form.

Verwendung:
Als Knabberei gesalzen, mit landestypischen Gewürzen oder mit Honig, in Currys und Soßen, zu Desserts und Salaten, aus den Früchten Marmelade und Schnaps

Gesundheit:
Wie alle Samen und Nüsse sind Cashewnüsse reich an pflanzlichen Eiweißen, Vitaminen und Mineralstoffen. Besonders hoch ist der Gehalt an Magnesium und Vitamin B_1. Allerdings haben Cashewnüsse durch ihren hohen Fettgehalt auch sehr viele Kalorien.

Nicht verträglich / verträglich bei:

Gluten-Unverträglichkeit	☺
Histamin-Intoleranz	☹
Fruktose-Malabsorption	☺
Laktose-Intoleranz	☺

Cashewnüsse werden in Süß- und Backwaren, Knabberartikeln und Desserts verwendet.

Ersatz: Alle verträglichen Nüsse und Samen.
➜ s. Frei von... Nüssen S. 214

Cashewnüsse enthalten viel biogene Amine und sind deshalb bei **Histamin-Intoleranz** nur entsprechend der individuellen Toleranzgrenze zu genießen.
➜ s. Histamin-Intoleranz S. 19

CASHEWNÜSSE sind Schalenfrüchte. Diese (und daraus hergestellte Erzeugnisse) gehören zu den Zutaten, die häufig Unverträglichkeitsreaktionen auslösen und sind deshalb **KENNZEICHNUNGSPFLICHTIG.**

Wussten Sie schon?
Der Kern ist in der eigentlichen Frucht des Cashewbaumes. Die große Scheinfrucht ist hingegen nur ein verdickter Fruchtstiel.

CHAMPIGNON

Der Champignon ist ein beliebter, schmackhafter Speisepilz. Er kommt überall in Europa auch wild vor, im Handel werden jedoch meist gezüchtete Pilze angeboten. Den Champignon gibt es in verschiedenen Farben und Größen u. a. in weiß, braun und rosa. Champignons erhält man das ganze Jahr frisch, in Dosen, tiefgefroren oder getrocknet.

Zubereitungsarten:
Roh im Salat, gebraten, geschmort, in Soßen, in Risotto und Nudelgerichten, als Suppe

Tipp:
Champignons sollten nicht mit Wasser gewaschen werden, sondern nur mit einem Pinsel gesäubert oder mit einem feuchten Papier abgerieben werden.
Beim Sammeln von Champignons ist Vorsicht geboten, denn er ist leicht zu verwechseln mit zwei tödlich giftigen Pilzen: Dem Grünen Knollenblätterpilz und dem Weißen Knollenblätterpilz.

Nicht verträglich / verträglich bei:

Gluten-Unverträglichkeit	☺
Histamin-Intoleranz	☺
Fruktose-Malabsorption	☺
Laktose-Intoleranz	☺

Champignons können in Wurst, Käse, Fertiggerichten, Fertigsoßen enthalten sein.

Ersatz: Alle verträglichen Pilze.

Wussten Sie schon?
Wenn gekochte Pilzgerichte nach dem Abkühlen im Kühlschrank aufbewahrt werden, können sie bedenkenlos wieder aufgewärmt (mindestens 70 °C!) und verzehrt werden.

CHICORÉE

Chicorée ist ein Blattgemüse, das im Dunkeln aus der Wurzel der Zichorie gezogen wird. Deshalb entwickeln die Blätter kein

Chlorophyll und bleiben blassgelb. Das ist notwendig, da sich sonst auch der im Chicorée enthaltene Bitterstoff stark entwickeln würde.

Zubereitungsarten:
Roh als Salat (z. B. mit frischen Orangenschnitzen), mit Dip, geschmort, gefüllt, überbacken, als Auflauf

Gesundheit:
In den Wintermonaten ist der Chicorée ein wertvoller Lieferant für Vitamine und andere Nährstoffe.
Der Zichorie werden in der Volksheilkunde vielfältige Wirkungen zugeschrieben, so z. B. bei Appetitmangel, Verdauungsstörungen und Blähungen oder bei Leber- und Gallenleiden.
Der Ersatzkaffee aus Zichorien beinhaltet kein Koffein und keine psychowirksamen Inhaltsstoffe.

Nicht verträglich / verträglich bei:

Gluten-Unverträglichkeit	☺
Histamin-Intoleranz	☺
Fruktose-Malabsorption	☺
Laktose-Intoleranz	☺

Chicorée wird kaum von der Nahrungsmittelindustrie verarbeitet. Ein verstecktes Vorkommen ist nicht zu erwarten.

Ersatz: Alle verträglichen Gemüse und Salate. Ähnlich schmeckt z. B. Radicchio.

Wussten Sie schon?
Der Chicorée als Gemüse ist wohl einer zufälligen Entdeckung durch einen Gärtner zu verdanken. Er lagerte Zichorienwurzeln über den Winter ein. Im Frühjahr hatten diese Wurzeln ausgetrieben. Der Gärtner probierte der Neugierde halber diese so frisch und lecker aussehenden Triebe und fand sie äußerst delikat.

CHILI

Der rote **Chili cayenne** gehört zu den sehr scharfen Chilis. Gemahlen kommt er als sogenannter Cayenne-Pfeffer in den Handel, der allerdings nichts mit Pfeffer im eigentlichen Sinn zu tun hat.
Der orangefarbene oder rote **Chili habanero** gehört zu den extrem scharfen Sorten. Er hat jedoch neben der Schärfe auch ein fruchtiges Aroma, das man allerdings nur bei rohem Verzehr oder bei eingelegten Früchten genießen kann, da es beim Kochen verloren geht.
Der mittelscharfe **Chili jalapeño** wird grün geerntet, reift dann nach und wird rot.

Verwendung:
Als scharfes Gewürz insbesondere in der karibischen, mexikanischen oder asiatischen Küche, roh, als Antipasti, zu Salaten, in Soßen, Suppen

Gesundheit:
Chili hat eine durchblutungs- und verdauungsfördernde Wirkung, ist im allgemeinen Anregend und kann bei Energiemangel helfen.
Das im Chili enthaltene Capsaicin kurbelt den Stoffwechsel, bzw. die Energieproduktion und Wärmeabgabe an. Wer seine Gerichte scharf würzt, kommt also nicht umsonst ins Schwitzen. Dabei wird auch die Fettverbrennung angeregt.

Capsaicin-Präparate werden außerdem bei Schmerzen im Bereich der Wirbelsäule oder bei rheumatischen Beschwerden angewendet. Sie fördern auch hier die Durchblutung, sind schmerzlindernd und wärmend.

Tipp:
Der Genuss von Chili sollte in kleineren Mengen beginnen, damit der Magen daran gewöhnt wird. Chili wird im Allgemeinen jedoch besser vertragen als z. B. Pfeffer.
Bei allen Chilis kann man die Schärfe stark reduzieren, wenn man die weißen Zwischenhäutchen und die Kerne entfernt.

Nicht verträglich / verträglich bei:

Gluten-Unverträglichkeit	☺
Histamin-Intoleranz	☺
Fruktose-Malabsorption	☺
Laktose-Intoleranz	☺

Chili kann in Fertiggerichten, Würzmischungen, asiatischen und anderen Würzpasten etc. enthalten sein.

Ersatz: Andere Chilisorten, Pfeffer.

Wussten Sie schon?
Chilis sind die scharfen Verwandten der Gemüsepaprika. Wobei es eigentlich anders herum ist. Die süßen Varianten sind aus den scharfen gezüchtet worden. Weltweit gibt es hunderte verschiedener Sorten.
Die Schärfe von Früchten – also auch von Chilis – kann gemessen werden und wird in Scoville-Einheiten angegeben. Sie ist abhängig von dem Gehalt an Capsaicin, welches auf der Zunge Schmerz auslöst und so die Empfindung von Schärfe hervorruft.

CHINAKOHL

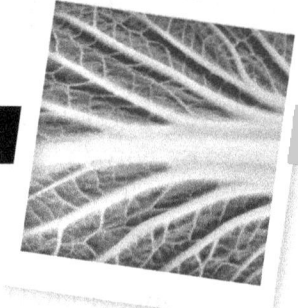

Zubereitungsarten:
Roh als Salat (auch in Kombination mit Obst, z. B. Orangen, Äpfeln und Rosinen), als Dipgemüse, gedünstet, überbacken, geschmort, gebraten, in Suppen, als Gemüseroulade, in Aufläufen

Gesundheit:
Er ist leicht verdaulich und gut bekömmlich. Als Wintergemüse liefert er in den kalten Monaten wertvolle Vitamine.

Nicht verträglich / verträglich bei:

Gluten-Unverträglichkeit	☺
Histamin-Intoleranz	☺
Fruktose-Malabsorption	☺
Laktose-Intoleranz	☺

Fertigsalate und Dosensuppen können z. B. Chinakohl enthalten.

Ersatz: Alle verträglichen Gemüse und Salate. Weißkohl und Kohlrabi schmecken ähnlich.

Wussten Sie schon?
Ursprünglich kommt Chinakohl tatsächlich aus China. Er ist vermutlich eine Kreuzung zwischen Pak Choi und einer Rübe. Trotz des Namens ist er mit den europäischen Kohlarten nur entfernt verwandt.

CITRONAT
Sukkade

Citronat ist die kandierte Schale einer speziellen sehr großen Zitronenart, der Zedratzitrone. Die unreifen Früchte werden in einem aufwendigen Prozess zu Zitronat verarbeitet.

Verwendung:
In Weihnachtsgebäck wie Lebkuchen und Stollen, Früchtebrot, Königskuchen

Gesundheit:
Durch den hohen Zuckergehalt enthält Citronat viele Kalorien.

TIPP:
Ganze Stücke, die erst kurz vor der Verwendung klein geschnitten werden, haben den Vorteil, dass sie aromatischer sind, da die ätherischen Öle langsamer entweichen.

Nicht verträglich / verträglich bei:

Gluten-Unverträglichkeit	☺
Histamin-Intoleranz	☺
Fruktose-Malabsorption	☺
Laktose-Intoleranz	☺

CRANBERRY

Die Cranberry, auf deutsch Moosbeere, ist eine der Preiselbeere verwandte fast kirschgroße Beere. Roh schmeckt sie herb und sauer.

Verwendung:
Getrocknet und gesüßt zum Müsli, in Desserts oder zum Knabbern, Marmelade, Saft, in Gebäck

Gesundheit:
Cranberry wird insbesondere zur Vorbeugung von wiederholten Blasenentzündungen eingesetzt. Darüber hinaus soll sie bei Herz-Kreislaufkrankheiten und bei Entzündungen im Mundraum hilfreich sein.

Nicht verträglich / verträglich bei:

Gluten-Unverträglichkeit	☺
Histamin-Intoleranz	☺
Fruktose-Malabsorption	☺
Laktose-Intoleranz	☺

Cranberrys können u. a. in Müslis, Mixgetränken, Knabbermischungen etc. enthalten sein.

Ersatz: Preiselbeeren schmecken verarbeitet ähnlich.

Wussten Sie schon?
Im Handel wird die Cranberry oft als Kulturpreiselbeere angeboten. Dies ist irreführend, denn die Cranberry ist keine Preiselbeere.

DATTEL

Verwendung:
Frisch oder getrocknet als Obst, in Salaten, Soßen, Reis- und Couscousgerichten, Müsli, Brot, Kuchen, Früchtebrot

Gesundheit:
Datteln sind sehr gesund, ein hervorragender Energielieferant und zudem leicht verdaulich, was sie zu einer guten Kost auch für Ausdauersportler, Rekonvaleszente und Senioren macht. Getrocknet sind sie nahezu unbegrenzt haltbar und insbesondere in den Wintermonaten ein wertvoller Lieferant vieler Nährstoffe, die in sehr großen Mengen enthalten sind.
Wegen des hohen Fruchtzuckergehalts, welcher einen niedrigen glykämischen Index aufweist, sind sie auch für **Diabetiker** in Maßen geeignet.

Nicht verträglich / verträglich bei:

Gluten-Unverträglichkeit	☺
Histamin-Intoleranz	☺
Fruktose-Malabsorption	☹
Laktose-Intoleranz	☺

Ersatz: Alle verträglichen Trockenfrüchte.

Der Fruktosegehalt von Datteln ist sehr hoch. Aufgrund des günstigen Glukose-Fruktose-Verhältnisses sind sie bei **Fruktose-Malabsorption** dennoch in Maßen geeignet.
➔ s. Fruktose-Malabsorption S. 21

Wussten Sie schon?
Einige Datteln vor dem Zubettgehen sollen zu einem tiefen Schlaf verhelfen.

DILL

Dill sieht dem Fenchel sehr ähnlich, unterscheidet sich jedoch durch den typischen Geruch. Vom Dill werden sowohl die Früchte (oft als Samen bezeichnet) und die Blätter (frisch oder getrocknet) verwendet.

Verwendung:
Als Gewürz insbesondere zu Fisch und Gurken, für eingelegte „saure" Gurken, zu Kartoffeln, in Salaten, Kräuterquark, in Kräuteressig, Brot

Gesundheit:
Dill wirkt wohltuend bei Blähungen, appetitanregend, krampflösend und verhilft zu einem warmen Gefühl im Bauch.

Tipp:
Mit den großen Blüten lässt sich ein wunderbar duftender Sommerstrauß für die Küche gestalten.

Nicht verträglich / verträglich bei:

Gluten-Unverträglichkeit	☺
Histamin-Intoleranz	☺
Fruktose-Malabsorption	☺
Laktose-Intoleranz	☺

Dill kann in Gewürzmischungen enthalten sein.

DINKEL

Dinkel ist eine Urform des Weizens, dessen heutige Ausprägung aus Züchtungen hervorgegangen ist, die eine bessere Widerstandsfähigkeit und höhere Erträge ermöglicht. Grünkern ist das unreif geerntete und gedarrte Dinkelkorn.

Verwendung:
Wie Weizenmehl für jede Art von Gebäck, in Suppen, Aufläufen, als Bratling, Getreidekaffee

Gesundheit:
Ein warmes Dinkelkissen ist eine Wohltat für verspannte Muskeln und schmerzende Gelenke.

Tipp:
Dinkel besitzt die gleichen günstigen Backeigenschaften wie Weizen. Eventuell muss etwas mehr Triebmittel (z. B. Hefe, Backpulver etc.) hinzugefügt werden.

Nicht verträglich / verträglich bei:

Gluten-Unverträglichkeit	☹
Histamin-Intoleranz	☺
Fruktose-Malabsorption	☺
Laktose-Intoleranz	☺

Dinkel kann in Backmischungen und in Mischbroten enthalten sein.

Dinkel wird häufig besser vertragen als Weizen. Allerdings enthalten Dinkel und Grünkern auch Gluten und sind bei **Gluten-Unverträglichkeit** nicht geeignet.
→ s. Gluten-Unverträglichkeit und Zöliakie S. 17
→ s. Frei von... Gluten S. 212

DINKEL ist ein glutenhaltiges Getreide. Diese (und daraus hergestellte Erzeugnisse) gehören zu den Zutaten, die häufig Unverträglichkeitsreaktionen auslösen und sind deshalb **KENNZEICHNUNGSPFLICHTIG.**

Wussten Sie schon?
Das Wort Muckefuck für Getreidekaffee kommt vom Französischen „mocca fault", was falscher Kaffee bedeutet.

DORADE

Die Dorade oder Goldbrasse – zu erkennen an dem goldenen Streifen quer über der Nase und den goldenen Flecken auf den Backen – ist wegen ihres weißen, festen und äußerst schmackhaften Fleisches ein beliebter Speisefisch.

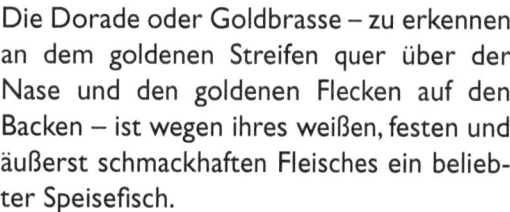

Zubereitungsarten:
Gekocht, gebacken, gebraten, gegrillt – als Filet oder im Ganzen

Gesundheit:
Wie alle Seefische ist die Dorade ein guter Lieferant für Proteine und Jod.

Tipp:
Frischer Fisch ist an den glänzend roten Kiemen und den klaren Augen zu erkennen.

Nicht verträglich / verträglich bei:

Gluten-Unverträglichkeit	☺
Histamin-Intoleranz	☺
Fruktose-Malabsorption	☺
Laktose-Intoleranz	☺

FISCH (und daraus hergestellte Erzeugnisse) gehört zu den Zutaten, die häufig Unverträglichkeitsreaktionen auslösen und ist deshalb **KENNZEICHNUNGSPFLICHTIG.**

Wussten Sie schon?
Es gibt keine männlichen oder weiblichen Doraden. Sie sind immer zweigeschlechtlich. Im Laufe des Lebens wechseln sie das Geschlecht. Zuerst sind sie männlich, später werden sie weiblich.

EISBERG SALAT
Bummerlsalat, Krachsalat

Der Eisbergsalat ist eine Zuchtform des Kopfsalates und stammt ursprünglich aus den USA. Er ist knackiger als der Kopfsalat und deutlich länger haltbar.

Verwendung:
Roh als Salat, auf Hamburgern

Tipp:
Wegen des dichten Wuchses können kaum Schmutz und Schädlinge zwischen die Blätter gelangen. Daher ist das Waschen praktisch unnötig.

Nicht verträglich / verträglich bei:

Gluten-Unverträglichkeit	☺
Histamin-Intoleranz	☺
Fruktose-Malabsorption	☺
Laktose-Intoleranz	☺

Ersatz: Alle verträglichen Salate, Chinakohl.

Wussten Sie schon?
Der Name Eisbergsalat geht angeblich auf die ursprüngliche Transportmethode zurück. Als es noch keine Kühlcontainer gab, wurde der Salat mit einem Berg von Eis gekühlt transportiert.

Ersatz: Alle verträglichen Salate. Feldsalat und Radicchio haben z. B. eine ähnlich herbe Note.

Wussten Sie schon?
Auch der sogenannte Frisée-Salat ist ein Endiviensalat. Er ist jedoch milder im Geschmack.

ENDIVIENSALAT

Der Endiviensalat ist ein richtiger Wintersalat, der sogar leichten Frost gut verträgt.

Zubereitungsarten:
Roh als Salat, gedünstet als Blattgemüse, in Suppen

Gesundheit:
Durch den hohen Anteil an Ballaststoffen und durch den Bitterstoff Intybin fördert Endiviensalat die Verdauung. Durch die feste Konsistenz der Blätter muss man ihn gut kauen. Beides sind gute Eigenschaften für eine schlankmachende Mahlzeit.

Tipp:
Seine äußeren dunkelgrünen Blätter sind relativ bitter im Geschmack und werden deshalb häufig nicht verwendet. Die zarten gelblich grünen Blätter im Inneren sind herzhaft köstlich und harmonieren hervorragend mit Obst, z. B. Mandarinen oder Äpfeln.

Nicht verträglich / verträglich bei:

Gluten-Unverträglichkeit	☺
Histamin-Intoleranz	☺
Fruktose-Malabsorption	☺
Laktose-Intoleranz	☺

ENTE

Entenfleisch ist von dunkler Farbe und intensivem Geschmack. Häufig wird nur die Brust zubereitet. Der Geschmack harmoniert gut mit Früchten. Deshalb wird Ente gerne mit einer Orangen- oder Cassissoße serviert.

Zubereitungsarten:
Gebraten, in Currys, Suppen, als Pastete, auch (Stopf-) Leberpastete

Nicht verträglich / verträglich bei:

Gluten-Unverträglichkeit	☺
Histamin-Intoleranz	☺
Fruktose-Malabsorption	☺
Laktose-Intoleranz	☺

TIPP:
Als Ganzes brät man die Ente am besten im Backofen, damit das Fett abtropfen kann.

Wussten Sie schon?
Das bekannteste Entengericht ist wohl die Pekingente. Dieses traditionsreiche chinesische Gericht ist ein Hochgenuss. Die Enten werden speziell dafür gezüchtet und entsprechend ernährt. Für die Pekingente wird die Haut mit Honig und Ingwer präpariert. Das macht sie so glatt und knusprig.

ERBSE

Frische Erbsen schmecken saftig und süß. Ein Großteil wird jedoch getrocknet, in Dosen oder tiefgefroren angeboten. Bei reifen Früchten werden die Samen gegessen. Die besonders süßen Zuckerschoten sind vorzeitig geerntete Erbsen.

Zubereitungsarten:
Als Gemüse, in Suppen, als Püree, in Salaten, Ragouts, Nudelgerichten, Reisgerichten, geröstet oder mit Wasabi als Knabberei

Gesundheit:
Wie alle Hülsenfrüchte enthalten sie viel Purin. **Gicht**kranke sollten also nicht zu viel Erbsen essen. Ansonsten sind sie eine gute Eiweißquelle und enthalten insbesondere viele B-Vitamine, Mineralstoffe (vor allem Kalium und Magnesium) und Spurenelemente wie Phosphor und Eisen sowie wertvolle Ballaststoffe.

Nicht verträglich / verträglich bei:

Gluten-Unverträglichkeit	☺
Histamin-Intoleranz	☺
Fruktose-Malabsorption	☺
Laktose-Intoleranz	☺

Ersatz: Andere Hülsenfrüchte haben einen ähnlichen Nährwert.

Wussten Sie schon?
Die Ursprünge der Vererbungslehre wurden anhand von Erbsen entdeckt und erforscht. Im Jahr 1866 publizierte der Pfarrer Georg Mendel das erste Mal seine Forschungsergebnisse zur einfachen Vererbung, d. h. von Merkmalen, die nur durch ein Gen bestimmt werden. Diese sind als die „Mendelschen Regeln" in die Geschichte eingegangen. Pfarrer Mendel kreuzte Erbsen mit rosafarbenen und weißen Blüten und beschrieb die sogenannte rezessive und dominante Art der Vererbung von Merkmalen.

ERDBEERE

Heute bekommt man Erdbeeren fast das ganze Jahr im Supermarkt. Am besten schmecken jedoch die einheimischen frisch geernteten Früchte, denn unreif geerntete Früchte bekommen später kein Aroma mehr hinzu.

Verwendung:
Roh, Marmelade, Soßen, auf Kuchen, Wein, Likör, zu Desserts, in Milchprodukten, Süßwaren

Gesundheit:
Erdbeeren enthalten sehr viel Vitamin C, sogar mehr als Citrusfrüchte.

Tipp:
Mit einem Spritzer Zitronen- oder Orangensaft schmecken Erdbeeren noch süßer.

Nicht verträglich / verträglich bei:

Gluten-Unverträglichkeit	☺
Histamin-Intoleranz	☹
Fruktose-Malabsorption	☹
Laktose-Intoleranz	☺

Erdbeeren wirken als Histaminliberator, d. h. sie bewirken, dass körpereigenes Histamin freigesetzt wird. Sie sollten also bei **Histamin-Intoleranz** nur mit Vorsicht genossen werden.
➜ s. Histamin-Intoleranz S. 19

Erdbeeren sind bei **Fruktose-Malabsorption** weniger geeignet.
➜ s. Fruktose-Malabsorption S. 21

Wussten Sie schon?
Es gibt sogar weiße Erdbeeren. Sie sind nur ca. 2 cm groß, dafür aber besonders süß und saftig.

ERD NUSS

Erdnüsse sind keine Nüsse, sondern die Früchte der Erdnusspflanze. Ähnlichkeit mit Nüssen hat die Erdnuss durch ihren hohen Eiweiß- und Fettgehalt.

Verwendung:
Roh, geröstet, gewürzt, in Currys, Brot, Süßgebäck, Erdnussbutter, Erdnussöl, Erdnusssoße

Gesundheit:
Insbesondere für Veganer können Erdnüsse wertvolle Proteine liefern. Zudem enthalten sie viel Phosphor, Magnesium, B-Vitamine sowie Vitamin E.

Nicht verträglich / verträglich bei:

Gluten-Unverträglichkeit	☺
Histamin-Intoleranz	☺
Fruktose-Malabsorption	☺
Laktose-Intoleranz	☺

Erdnüsse können z. B. in Süßwaren, Backwaren, Schokolade und Müsli vorkommen.

Vorsicht: Erdnüsse besitzen ein sehr hohes allergenes Potenzial. Für Menschen mit **Erdnussallergie** können schon kleinste Mengen fatale Folgen haben, wenn z. B. die Atemwege gefährlich zuschwellen. Die Eiweiße, die die allergische Reaktion auslösen, können auch in Erdnussöl enthalten sein.

Ersatz: Alle verträglichen Nüsse, Samen und Hülsenfrüchte. Grüne Erbsen schmecken als Snack recht ähnlich, besonders wenn sie gewürzt oder mit Wasabi überzogen sind.

Bei einer Allergie gegen Gräserpollen oder Latex kann es zu **Kreuzreaktionen** beim Verzehr von Erdnüssen kommen.
➜ s. Kreuzallergie S. 220

Allergien können durch erhöhten Konsum des entsprechenden Nahrungsmittels getriggert werden. Es zeigt sich u. a. am Beispiel der Erdnuss, dass Allergien gegen Nahrungsmittel häufiger werden, wenn der Verzehr in der Gesamtbevölkerung stark steigt. So hat die Zahl der Betroffenen mit einer Erdnussallergie in den USA signifikant zugenommen. Dort wird weltweit am meisten Erdnussbutter gegessen.

ERDNÜSSE (und daraus hergestellte Erzeugnisse) gehört zu den Zutaten, die häufig Unverträglichkeitsreaktionen auslösen und ist deshalb **KENNZEICHNUNGSPFLICHTIG.**

Wussten Sie schon?
Die Erdnuss stammt ursprünglich aus Südamerika. Dort wird sie schon seit sehr langer Zeit angebaut.

Tipp:
Vor dem Zubereiten der Kastanien empfiehlt es sich, die Schale kreuzweise einzuritzen. Dann lassen sie sich besser schälen. Auch die pelzige Innenhaut muss vollständig entfernt werden.

Nicht verträglich / verträglich bei:

Gluten-Unverträglichkeit	☺
Histamin-Intoleranz	☺
Fruktose-Malabsorption	☺
Laktose-Intoleranz	☺

Wussten Sie schon?
Aufgrund ihres hohen Stärkegehalts galt die Esskastanie früher auch als Grundnahrungsmittel. Sie ist lange haltbar. So konnte für den Winter ein Vorrat angelegt werden.

ESSKAS TANIE

Esskastanien oder Maroni sind die Früchte der Edelkastanie. Die ähnlich aussehenden Samen der Rosskastanie, welche keine Kastanie im botanischen Sinn ist, sind für den Menschen nicht genießbar.

Zubereitungsarten:
Gekocht, im Feuer oder auf dem Grill geröstet, im Ofen gebacken, karamellisiert, als Füllung für Wildgeflügel, als Püree, in Kuchen, Kleingebäck

Gesundheit:
Kastanien enthalten viel Zucker und sind damit sehr kalorienreich.
Sie sollen wohltuend bei Magenbeschwerden sein. Ein Tee aus den getrockneten Blättern kann bei Erkrankungen der oberen Atemwege helfen.

FEIGE

Feigen sind die Früchte des Feigenbaumes, eine der ältesten domestizierten Naturpflanzen. Die Früchte haben eine grüne bis dunkelviolette Schale. Das Fruchtfleisch ist weiß bis tief violett-rot.

Verwendung:
Roh und frisch, getrocknet, karamellisiert, Marmelade, Sirup, als Antipasti mit Käse, in Salat, zu Reis- oder Fleischgerichten, alkoholische Getränke

Gesundheit:
Die Frucht hat natürliche Zuckeranteile wie Glukose und Fruktose, die an Mineralstoffe gebunden sind. Außerdem wirken Feigen Stress abbauend und stärken Herz und Kreislauf. Ein Trunk aus 1/8 l frisch gepresstem Orangensaft und einigen Esslöffeln Feigensirup ist wunderbar beruhigend und stärkend. Getrocknete Feigen enthalten sehr viel Nährstoffe und auch viele Ballaststoffe. Sie können sich bei Verstopfung als sehr hilfreich erweisen. Auch bei Husten (als Beigabe zu Hustentee) wirken sie lindernd.

Tipp:
Feigen reifen nur am Baum. Deshalb ist beim Einkauf darauf zu achten, dass die Früchte weich und elastisch sind.

Nicht verträglich / verträglich bei:

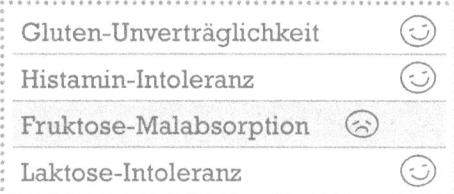

Gluten-Unverträglichkeit	☺
Histamin-Intoleranz	☺
Fruktose-Malabsorption	☹
Laktose-Intoleranz	☺

Wie alle Trockenfrüchte und z. B. auch Nüsse können getrocknete Feigen von dem Schimmelpilz Aspergillus niger befallen werden, was bei Allergikern zu Problemen führen kann.

Ersatz: Andere verträgliche (getrocknete) Früchte, Datteln schmecken ein wenig ähnlich.

Der Fruktosegehalt von Feigen ist sehr hoch. Aufgrund des günstigen Glukose-Fruktose-Verhältnisses sind sie bei **Fruktose-Malabsorption** dennoch in Maßen geeignet.
➔ s. Fruktose-Malabsorption S. 21

Bei einer Allergie gegen Birkenpollen oder Latex kann es zu **Kreuzreaktionen** beim Verzehr von Feigen kommen.
➔ s. Kreuzallergie S. 220

Wussten Sie schon?
Der Feigenbaum wächst überall, wo es warm genug ist. Selbst in den wintermilden

Gebieten Mitteleuropas verbreitet er sich mehr und mehr.

FELD SALAT

Vogerlsalat, Nüsslisalat, Rapunzel

Der Feldsalat ist ein hervorragendes Wintergemüse mit feinherbem nussigem Aroma. Er verträgt bis zu -10 °C Frost.

Zubereitungsarten:
Als Salat, Suppe

Gesundheit:
Im Winter liefert er wichtige Nährstoffe. Er enthält viel Vitamin A und C, Eisen sowie Folsäure, welche ihn für Schwangere sehr wertvoll macht.

TIPP:
Etwas ungewöhnlich und sehr lecker: Feldsalat mit Granatapfel und Ziegenkäse.

Nicht verträglich / verträglich bei:

Gluten-Unverträglichkeit	☺
Histamin-Intoleranz	☺
Fruktose-Malabsorption	☺
Laktose-Intoleranz	☺

Feldsalat kann in fertigen Salatmischungen enthalten sein.

Ersatz: Alle anderen verträglichen Salate und Gemüse.

Wussten Sie schon?
Schon zur Zeit des Wanderfeldbaus, als man viele Wildkräuter bestimmten Göttern, Geistern und Dämonen zuordnete, schrieb man dem Feldsalat die Aufgabe zu, vor dem „bösen Winterdämon", dem „bösen Scharbock", zu schützen. Damit ist Skorbut, eine Vitamin-C-Mangelerkrankung, gemeint.

FENCHEL

Von Fenchel verwendet man die Samen, die Blätter und als Gemüse die unterirdisch wachsende Knolle.
Frischer Fenchel ist an einer festen, weißen bis hellgrünen Knolle, deren Blattgrün frisch und ohne welke Blätter ist, zu erkennen.

Zubereitungsarten:
Die Knolle: Roh im Salat, gedünstet, gegrillt, gebraten, in Soßen, Suppen, zu Nudelgerichten, in Aufläufen, zu Fisch und Meeresfrüchten
Die Samen: Als Gewürz z. B. in Brot, Soßen, Currys, Süßwaren, als Tee

Gesundheit:
Das dem Fenchel eigene intensive, leicht süßliche Aroma verdankt er dem enthaltenen ätherischen Öl. Auch die wohltuende Wirkung von Fencheltee bei Erkältungskrankheiten, Blähungen und Bauchschmerzen liegt darin begründet. Fenchel wirkt bei stillenden Müttern milchtreibend.

TIPP:
In Kombination mit Zitrusfrüchten bekommt das spezielle Aroma des Fenchels eine spritzige Note.

Nicht verträglich / verträglich bei:

Gluten-Unverträglichkeit	☺
Histamin-Intoleranz	☺
Fruktose-Malabsorption	☺
Laktose-Intoleranz	☺

Fenchel kann z. B. in Brot, Gewürzmischungen, Süßwaren oder Tees enthalten sein.

Ersatz: Alle verträglichen Gemüse. Ein ähnliches Aroma haben Bleichsellerie und Pastinaken. Auch die Gewürze Anis und Sternanis gehen in diese Richtung.

Wussten Sie schon?
Fenchel ist eine uralte Gewürz- und Heilpflanze. Schon im 9. Jahrhundert pflanzten Benediktinermönche die Pflanze nördlich der Alpen in ihren Klostergärten an. Auch die alten Kulturen Arabiens und Chinas kannten den Fenchel. Dort wurde er bei Lungen-, Blasen- und Nierenleiden angewandt.

FONIO

Fonio oder Foniohirse ist ein glutenfreies Getreide, das ursprünglich aus Afrika stammt. Die Körner sind sehr klein.
➔ s. Gluten-Unverträglichkeit und Zöliakie S. 17
➔ s. Frei von... Gluten S. 212

Zubereitungsarten:
Als Mehl für Backwaren, als Couscous, Brei, in Aufläufen, als Sättigungsbeilage

Gesundheit:
Fonio ist gut bekömmlich und reich an Proteinen.

Tipp:
Aufgrund des fehlenden Klebereiweißes Gluten ist Fonio allein zum Brotbacken nicht geeignet. Es muss mit anderen Mehlsorten gemischt werden.

Nicht verträglich / verträglich bei:

Gluten-Unverträglichkeit	☺
Histamin-Intoleranz	☺
Fruktose-Malabsorption	☺
Laktose-Intoleranz	☺

FORELLE

Die Forelle ist ein Süßwasserfisch, mit festem, sehr aromatischem Fleisch. Sie gehört zu den beliebtesten Speisefischen. Im Handel werden größtenteils Zucht-Forellen angeboten. Sie sind frisch oder tiefgekühlt erhältlich.

Zubereitungsarten:
Gedünstet, gebraten, gebacken, geräuchert, „blau"

Gesundheit:
Forellen sind fettarm und reich an Proteinen.

Tipp:
Die sogenannte Lachsforelle ist eine gezüchtete Regenbogenforelle. Das lachsfarbene Fleisch entsteht durch dem Futter zugegebene Farbstoffe.

Nicht verträglich / verträglich bei:

Gluten-Unverträglichkeit	😊
Histamin-Intoleranz	😊
Fruktose-Malabsorption	😊
Laktose-Intoleranz	😊

FISCH (und daraus hergestellte Erzeugnisse) gehört zu den Zutaten, die häufig Unverträglichkeitsreaktionen auslösen und ist deshalb **KENNZEICHNUNGSPFLICHTIG.**

Wussten Sie schon?
Bei trübem Wasser oder sogar bei Verletzungen der Augen kann sich die Bachforelle immer noch orientieren – und zwar mit dem Seitenlinienorgan. Es verläuft, wie bei allen Fischen, an der Flanke vom Kopf bis zur Schwanzwurzel. Sichtbar sind aber nur die winzigen Öffnungen in denen die hochempfindlichen Sinneszellen sitzen, die Wasserbewegungen wahrnehmen.

GANS

Gänsefleisch ist dunkel und aromatisch. Man isst es klassisch im Herbst zu St. Martin und zu Weihnachten.

Verwendung:
Gebraten, gefüllt, geräuchert, in Pastete, Gänseschmalz

Gesundheit:
Gänsefleisch ist sehr kalorienreich und hat von allen Geflügelsorten den höchsten Fettgehalt. Außerdem beinhaltet es viel Eiweiß, Eisen, Zink, sowie Vitamin B_2 und B_6.
Um den Fettgehalt einer Gansmahlzeit möglichst zu reduzieren, sollte die Gans beim Braten angestochen werden, damit das Fett abtropft. Auch von der Soße sollte das Fett abgeschöpft werden.

TIPP:
Beifuß hilft, das Fett besser zu verdauen.

Das ausgelassene Fett einer gebratenen Gans lässt sich zu köstlichem Gänseschmalz verarbeiten. Dieses kann man als Brotaufstrich oder würziges Bratfett verwenden.

Nicht verträglich / verträglich bei:

Gluten-Unverträglichkeit	☺
Histamin-Intoleranz	☺
Fruktose-Malabsorption	☺
Laktose-Intoleranz	☺

Wussten Sie schon?
Auch Schwäne gehören zu den Gänsen. Im Mittelalter kamen sie genauso selbstverständlich auf den Tisch wie diese.

Tipp:
Gänseeier eignen sich wegen ihrer Größe auch sehr gut zum Ausblasen und Anmalen z. B. an Ostern.

Nicht verträglich / verträglich bei:

Gluten-Unverträglichkeit	☺
Histamin-Intoleranz	☺
Fruktose-Malabsorption	☺
Laktose-Intoleranz	☺

Ersatz: Enteneier, Hühnereier, Wachteleier, Straußeneier, Eiersatz aus dem Reformhaus.

Wussten Sie schon?
Jede Eierschale (nicht nur bei Gänseeiern) umgibt ein Schutzhäutchen, das das Ei vor Mikroorganismen schützt. Durch Waschen mit Wasser wird dieses Häutchen zerstört. Deshalb werden Eier, die abgespült wurden, innerhalb kürzester Zeit schlecht.

GÄNSEEI

Gänseeier können bis zu 200 g schwer werden und schmecken aromatischer als Hühnereier.

Verwendung:
Als Ersatz für Hühnereier, gekocht, gebraten, Rührei, zum Backen

Gesundheit:
Gänseeier verderben schneller als andere Eier und sind nicht für eine längere Lagerung geeignet. Wegen der Gefahr einer Salmonelleninfektion sollten Gänseeier nur durchgegart verzehrt werden.

GAR NELE
Nordseegarnele

Garnele ist ein Sammelbegriff für verschiedene Krustentiere. Sie werden wegen ihres feinen Aromas als Delikatesse geschätzt. Insbesondere in Norddeutschland werden Garnelen häufig fälschlicherweise „Krabben" genannt.

Verwendung:
Gekocht, gegrillt, überbacken, im Salat, kalt mit Dip, auf Pizza, in Currys, Nudelgerichten

Gesundheit:
Garnelen enthalten viel Eiweiß und wenig Kalorien.
Aufgrund ihres hohen Puringehaltes, sollten **Gicht**-Kranke nur sehr wenig Garnelen essen.

Tipp:
Tiefgefrorene Garnelen sollten vor der Zubereitung vollständig aufgetaut und trocken getupft sein. Sonst schwimmen sie zu sehr im eigenen Saft.

Nicht verträglich / verträglich bei:

Gluten-Unverträglichkeit	☺
Histamin-Intoleranz	☹
Fruktose-Malabsorption	☺
Laktose-Intoleranz	☺

Wegen der leichten Verderblichkeit sind geschälten Garnelen häufig **Konservierungsstoffe** zugesetzt, die ihrerseits **Unverträglichkeitsreaktionen** auslösen können.
Eine Unverträglichkeit gegen Garnelen geht häufig mit einer gleichzeitigen Unverträglichkeit gegen andere Krustentiere wie z. B. Hummer, Krabbe oder Languste einher.

Meeresfrüchte, zu denen die Garnelen gehören, sind Histaminliberatoren. Garnelen sollten deshalb bei **Histamin-Intoleranz** nur unter vorsichtigem Austesten der individuellen Toleranzschwelle genossen werden.
➔ s. Histamin-Intoleranz S. 19

Bei Hausstaubmilbenallergie kann es zu **Kreuzreaktionen** mit Krebstieren kommen. Menschen die gegen Hausstaubmilben allergisch sind, können beim Verzehr von Garnelen zu allergischen Symptomen neigen, selbst wenn sie sie vorher noch nie gegessen haben.
➔ s. Kreuzallergie S. 220

Allergien können durch erhöhten Konsum des entsprechenden Nahrungsmittels getriggert werden. Es zeigt sich u. a. am Beispiel der Garnelen, dass Allergien gegen bestimmte Nahrungsmittel zunehmen, wenn der Verzehr in der Gesamtbevölkerung stark steigt. Früher waren Garnelen in Deutschland eine seltene Delikatesse. Heute sind sie allgegenwärtig: auf Pizza, in Nudelgerichten, beinahe auf jedem Vorspeisenbüffet. Die Zahl der Betroffenen mit einer Allergie gegen Garnelen u. ä. ist signifikant gestiegen.

GARNELEN sind Krebstiere. Diese (und daraus hergestellte Erzeugnisse) gehören zu den Zutaten, die häufig Unverträglichkeitsreaktionen auslösen und sind deshalb **KENNZEICHNUNGSPFLICHTIG.**

Wussten Sie schon?
Im unscheinbar grau-braunen Panzer und im Fleisch der Garnelen befindet sich eine Vorstufe des roten Farbstoffes, der die Tiere beim Garen je nach Sorte von zartrosa bis kräftig rot-orange einfärbt.

GARTEN KRESSE

In der Küche verwendet man vor allem die intensiv und scharf, ein wenig wie Senf schmeckenden Keimlinge der Gartenkresse.

Verwendung:
Roh, frisch im Salat, in Kräuterquark, als Brotbelag, Suppe

Gesundheit:
Insbesondere im Winter kann die Gartenkresse wertvolle Vitamine und andere Nährstoffe liefern.
Aufgrund der harntreibenden Wirkung ist sie hilfreich bei Harnwegsinfektionen. Sie regt die Verdauung sowie den Stoffwechsel an. Bei Frühjahrsmüdigkeit ist Gartenkresse belebend.

Tipp:
Gartenkresse kann man ganz leicht zuhause auf dem Fensterbrett ziehen. Die Samen werden dazu auf ein feuchtes Küchenpapier gelegt und feucht gehalten. Schon nach einer guten Woche kann geerntet werden.

Nicht verträglich / verträglich bei:

Gluten-Unverträglichkeit	☺
Histamin-Intoleranz	☺
Fruktose-Malabsorption	☺
Laktose-Intoleranz	☺

Ersatz: Alle verträglichen Sprossen und Kräuter. Rettich- oder Radieschensprossen haben auch eine gewisse Schärfe.

Wussten Sie schon?
Unter dem Namen Pfefferkraut gibt es eine in Nordwesteuropa beheimatete Kresseart, die als Würzkraut ähnlich schmeckt und mehrjährig im Garten angebaut werden kann. Der Geschmack ist noch ein wenig intensiver als bei der Gartenkresse. Deshalb werden die jungen frischen Triebe bevorzugt.

GERSTE

Als Nahrungsmittel für den Menschen spielt die Gerste in Europa eine untergeordnete Rolle. Häufig wird sie als Tierfutter verwendet.

Verwendung:
In der Vollwertküche (Gries, Graupen, Mehl), bei der Bier- und Whiskeyherstellung, in Getreidekaffee

Nicht verträglich / verträglich bei:

Gluten-Unverträglichkeit	☹
Histamin-Intoleranz	☺
Fruktose-Malabsorption	☺
Laktose-Intoleranz	☺

Gerste enthält Gluten und ist bei **Gluten-Unverträglichkeit** wenig geeignet.
➔ s. Gluten-Unverträglichkeit und Zöliakie S. 17
➔ s. Frei von... Gluten S. 212

GERSTE ist ein glutenhaltiges Getreide. Diese (und daraus hergestellte Erzeugnisse) gehören zu den Zutaten, die häufig Unverträglichkeitsreaktionen auslösen und sind deshalb **KENNZEICHNUNGSPFLICHTIG.**

Wussten Sie schon?
Die Gerste ist eines der ältesten Getreide und entsprechend weit verbreitet. Angepasst an die verschiedensten klimatischen Bedingungen haben sich unterschiedliche Sorten entwickelt. Sie kann z. B. am Rande von Trockengebieten wie in Äthiopien und Vorderasien gedeihen und in Tibet sogar auf einer Höhe von bis zu 4000 Metern.

GLUTEN

→ s. Gluten-Unverträglichkeit und Zöliakie S. 17
→ s. Frei von... Gluten S. 212

GRA NAT APFEL

Im Inneren der ledrigen Schale befinden sich Kammern voller Samen, die mit Fruchtfleisch umhüllt sind. Diese fleischigen Samen sind eine köstliche Delikatesse.

Verwendung:
Roh, in Soßen für Desserts und Eis, Grenadine Sirup – in alkoholischen und nichtalkoholischen Cocktails, zu Geflügel- oder Fleischgerichten

Gesundheit:
Auch als Heilpflanze ist der Granatapfel schon lange bekannt. Er enthält neben viel Vitamin B_1 und B_6, Kalium, Phosphor sowie wertvolle Polyphenole. Diese sind wohl hauptsächlich verantwortlich für die ihm nachgesagte positive Wirkung bei Bluthochdruck, Gefäßerkrankungen und Prostatakrebs.

Tipp:
Die in der Frucht befindliche Gerbsäure verursacht auf Kleidung bräunliche Flecken, die kaum mehr auswaschbar sind.
Diese Eigenschaft machte man sich seit Alters her zum Färben insbesondere von Teppichen zu Nutze. Aus den verschiedenen Bestandteilen des Baumes und der Frucht lassen sich Farben von Gelb über Rot, Braun, Blau bis Schwarz gewinnen.

Nicht verträglich / verträglich bei:

Gluten-Unverträglichkeit	☺
Histamin-Intoleranz	☺
Fruktose-Malabsorption	☹
Laktose-Intoleranz	☺

Ein verstecktes Vorkommen ist unwahrscheinlich. Das Vermeiden fällt daher relativ leicht.

Ersatz: Jedes verträgliche Obst. Geschmacklich ähnlich sind z. B. Brombeere oder Johannisbeere.

Granatapfel ist bei **Fruktose-Malabsorption** weniger geeignet.
→ s. Fruktose-Malabsorption S. 21

Wussten Sie schon?
Der Granatapfel gilt seit Jahrhunderten in vielen Kulturen als Symbol der ewigen Jugend und Unsterblichkeit, der Fruchtbarkeit aber auch der Macht, des Blutes und Todes.

GRAPE FRUIT

Die Grapefruit ist eine Zitrusfrucht mit gelber bis pink-rötlicher Schale. Das Fruchtfleisch hat meist eine ähnliche Farbe wie die Schale. Der Geschmack ist säuerlich bis herb aber auch süß.

Verwendung:
Roh, in Obstsalat, zu pikanten Salaten, in Soßen, Saft, Marmelade, Likör, als Sorbet und Eiscreme

Gesundheit:
Neben viel Vitamin C enthalten Grapefruits weitere gesundheitsfördernde Inhaltsstoffe. Die Flavonoide der Grapefruit fördern nach neueren Studien den Fettabbau sowie die Insulinempfindlichkeit und können so dazu beitragen, den Cholesterinspiegel zu senken und Diabetes zu lindern.
Andererseits sollen Grapefruits auch den Abbau von Fremdstoffen in der Leber beeinträchtigen, was bei gleichzeitiger Medikamenteneinnahme zu einer gefährlich erhöhten Dosierung im Blut führen kann.

> **TIPP:**
> Ähnlich wie Grapefruits schmecken Pomelos. Sie sind größer und nicht so bitter.

Nicht verträglich / verträglich bei:

Gluten-Unverträglichkeit	☺
Histamin-Intoleranz	☹
Fruktose-Malabsorption	☺
Laktose-Intoleranz	☺

Grapefruits enthalten wie alle Zitrusfrüchte viel biogene Amine und wirken darüber hinaus auch als Histaminliberator. Sie sind bei **Histamin-Intoleranz** wenig geeignet.
➜ s. Histamin-Intoleranz S. 19

Der Fruktosegehalt von Grapefruits ist hoch. Durch das günstige Glukose-Fruktose-Verhältnis sind Grapefruits bei **Fruktose-Malabsorption** trotzdem recht gut verträglich.
➜ s. Fruktose-Malabsorption S. 21

Wussten Sie schon?
Der englische Name Grapefruit bedeutet Traubenfrucht. Wie bei den Weintrauben wachsen und reifen auch die Blüten und Früchte der Grapefruit eng beieinander.

GRÜNKOHL
Braunkohl

Grünkohl ist ein Wintergemüse, das erst nach dem ersten Frost geerntet so richtig schmeckt. Saison ist daher von ca. November bis März.

Verwendung:
Gedünstet, geschmort, in Aufläufen, Suppe, Eintöpfen

Gesundheit:
Grünkohl versorgt den Körper insbesondere im Winter mit sehr vielen wichtigen Nährstoffen. Der Gehalt an Eiweiß sowie vielen Mineralien, Vitaminen und Spurenelementen ist höher als bei den meisten Gemüsesorten. Er enthält z. B. ca. doppelt so viel Vitamin C wie Orangen.
Grünkohl enthält viel Vitamin K, welches bei der Blutgerinnung eine wichtige Rolle spielt. Menschen, die **blutverdünnende Medikamente** einnehmen müssen, sollten mit dem Konsum von Grünkohl sehr vorsichtig sein, da die Wirkung der Medikamente gehemmt werden kann.
Auch bei **Gicht** sollte nicht zu viel Grünkohl gegessen werden. Er enthält viel Purin.

Nicht verträglich / verträglich bei:

Gluten-Unverträglichkeit	☺
Histamin-Intoleranz	☺
Fruktose-Malabsorption	☹
Laktose-Intoleranz	☺

Ersatz: Wirsing hat ein ähnliches Aroma.

Grünkohl hat für ein Gemüse relativ viel Fruktose. Er ist also bei **Fruktose-Malabsorption** nur bedingt geeignet.
➜ s. Fruktose-Malabsorption S. 21

Wussten Sie schon?
In vielen norddeutschen Städten ist das alljährliche Grünkohl-Essen eine gesellschaftliche Tradition. Ebenso wie die geselligen Kohlfahrten, bei denen man nach jedem Kohlessen denjenigen mit dem größten Appetit zum „Kohlkönig" kürt.

GUARKERN MEHL
E 412

Guarkernmehl besteht aus einem Teil des Samens des Guarbaumes, welcher gemahlen und erhitzt wurde. Es vergrößert das Volumen der Nahrungsmittel und erhöht die Wasserbindung. Dadurch bleiben z. B. Backwaren länger frisch. Es eignet sich auch als veganer Ersatz für Gelatine.

Verwendung:
Hauptsächlich in der Nahrungsmittelindustrie als Verdickungsmittel, Geliermittel und Füllstoff

Gesundheit:
In geringen Dosen gilt Guarkernmehl als unbedenklich. Allerdings kann man von zuviel Guarkernmehl Blähungen und Bauchschmerzen bekommen.

> **TIPP:**
> Guarkernmehl eignet sich aufgrund der klebenden Eigenschaft auch als Ei-Ersatz.

Nicht verträglich / verträglich bei:

Gluten-Unverträglichkeit	☺
Histamin-Intoleranz	☺
Fruktose-Malabsorption	☺
Laktose-Intoleranz	☺

Guarkernmehl wird u. a. verwendet in Soßen, Suppen, Brot und Backwaren, Milchshakes, Konserven (insbesondere Kastanien), Marmeladen, Speiseeis und Desserts. Es kann auch unter der Bezeichnung Guaran, Guar oder Guarmehl auf der Zutatenliste aufgeführt sein. Auch in der Arzneimittelindustrie findet es Verwendung.

Allergiker sollten allgemein vorsichtig beim Verzehr von Guarkernmehl sein, da es im Verdacht steht, die Entstehung von Allergien zu begünstigen und selbst auch zu allergischen Reaktionen führen kann.

Bei einer Sojaallergie können **Kreuzreaktionen** beim Verzehr von Guarkernmehl vorkommen.
➜ s. Kreuzallergie S. 220

Wussten Sie schon?
Oft wird das Verdickungsmittel in energiereduzierten Lebensmitteln, sogenannten

"Light"-Produkten", eingesetzt, um ihnen bei wenig Kalorien eine sahnige, cremige Konsistenz zu verleihen.

GUAVE

Die Guave riecht herrlich – und schmeckt auch hervorragend, ein bisschen nach Quitte, Birne und Erdbeere. Sie ist eine grüne oder auch gelbliche, apfelförmige Frucht. Das Fruchtfleisch ist hell, rosa bis rot oder gelb.

Verwendung:
Roh, in Obstsalat, Saft, Eis, in süßen und herzhaften Soßen, Chutneys, Marmelade, zu Salaten, als Kuchenbelag

Gesundheit:
Guaven haben mit den höchsten Vitamin C Gehalt aller Früchte.
Traditionell werden Früchte und Blätter der Guave bei Magen-Darm-Krankheiten, zur Wunddesinfektion sowie als narkotisierende Droge und gegen Schmerzen eingesetzt.

Tipp:
Da Guaven sehr schnell nachreifen, sollte man sie nicht übereinander geschichtet lagern. Sie bekommen sonst Druckstellen und verderben.

Lässt man einige Guaven offen stehen, verbreiten sie einen exotischen Duft im ganzen Raum.

Nicht verträglich / verträglich bei:

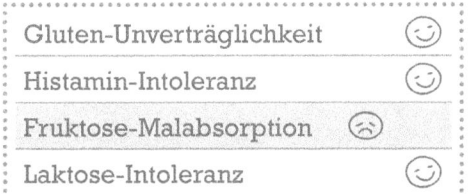

Guave kann z. B. in Multivitaminsäften enthalten sein.

Ersatz: Quitten und Birnen insbesondere in Kombination mit z. B. Feigen ergeben ein ähnliches Aroma.

Aufgrund ihres hohen Fruktosegehaltes sind Guaven bei **Fruktose-Malabsorption** wenig geeignet.
➔ s. Fruktose-Malabsorption S. 21

Wussten Sie schon?
Man kann die Guave auch in unserem Klima als Kübelpflanze ziehen. Sie blüht im Frühjahr und in guten Sommern kann man sogar reife Früchte ernten. Zum Überwintern muss sie jedoch ins Haus.

GURKE

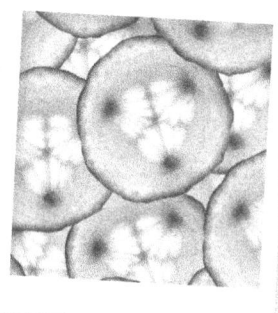

Gurken bestehen zu gut 95 % aus Wasser. Die restlichen 4 % enthalten jedoch wertvolle Nährstoffe.

Verwendung:
Roh im Salat, mit Dip, in Joghurtsoßen (Lassi, Tsatziki), Saft, Suppe, als Konserve ("Saure Gurken")

Gesundheit:
Gurken wirken harntreibend sowie entwässernd und fördern damit eine gute Spülung des Harntraktes.
Zudem sind sie sehr gut für die Haut. Die meisten Wirkstoffe sitzen direkt unter der Schale. Deshalb erreicht man die größte Wirkung, wenn die Innenseite der Schale direkt auf die Haut aufgelegt wird. So kann

zur Faltenglättung, Beruhigung und Kühlung der Haut beigetragen werden.

> **TIPP:**
> Das klassische Gewürz zu Gurke ist Dill.

Nicht verträglich / verträglich bei:

Gluten-Unverträglichkeit	☺
Histamin-Intoleranz	☺
Fruktose-Malabsorption	☺
Laktose-Intoleranz	☺

Gurke kann auch in kalten Suppen wie z. B. Gaspacho enthalten sein.
Bei einer Allergie gegen Traubenkraut oder Beifuß können **Kreuzreaktionen** beim Verzehr von rohen Gurken entstehen.
➔ s. Kreuzallergie S. 220

Wussten Sie schon?
Die meisten Nährstoffe sitzen bei der Gurke direkt unter der Schale. Deshalb sollten Gurken möglichst nicht geschält werden – gut abwaschen genügt.

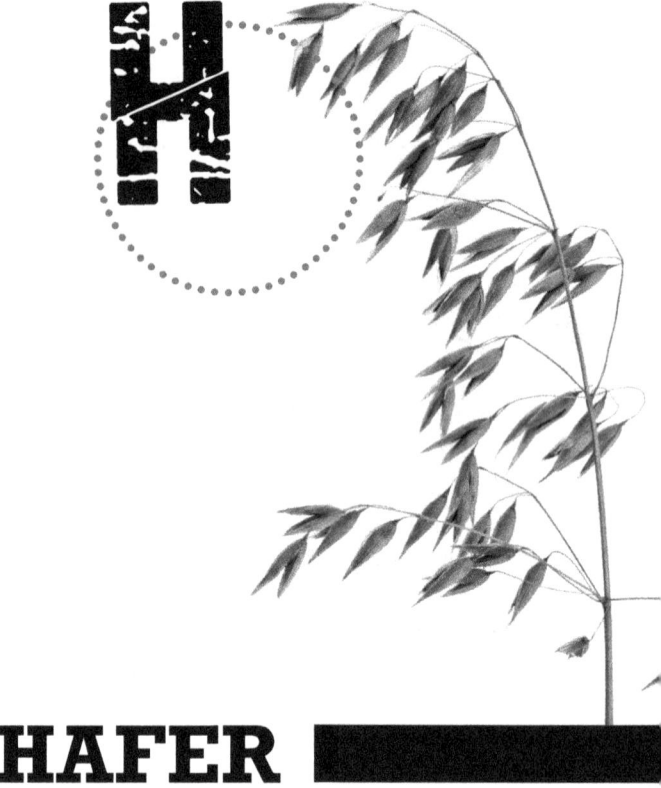

HAFER

Hafer ist eines der nährstoffreichsten einheimischen Getreide.

Verwendung:
Müsli, Brei, auf und in Backwaren, Hafermilch, Babynahrung

Gesundheit:
Haferschleim ist bekannt als reizarme Schonkost. Insgesamt hat Hafer eine beruhigende und regulierende Wirkung auf den Magen-Darm-Trakt.
Insbesondere für Vegetarier ist er eine gute Eiweißquelle.
Der Puringehalt ist bei Hafer hoch. Bei **Gicht** ist er weniger empfehlenswert.

Tipp:
Vollkorn-Haferflocken haben den größten ernährungsphysiologischen Wert.

Nicht verträglich / verträglich bei:

Gluten-Unverträglichkeit	☹
Histamin-Intoleranz	☺
Fruktose-Malabsorption	☺
Laktose-Intoleranz	☺

Der Glutengehalt ist bei Hafer niedriger als bei anderen glutenhaltigen Getreiden. Dennoch ist er bei **Gluten-Unverträglichkeit** weniger geeignet.

→ s. Gluten-Unverträglichkeit und Zöliakie S. 17
→ s. Frei von… Gluten S. 212

HAFER ist ein glutenhaltiges Getreide. Diese (und daraus hergestellte Erzeugnisse) gehören zu den Zutaten, die häufig Unverträglichkeitsreaktionen auslösen und sind deshalb **KENNZEICHNUNGSPFLICHTIG.**

Wussten Sie schon?
Der Hafer gelangte mit den Römern nach Britannien und blieb im Gegensatz zu diesen dauerhaft. In Form von Porridge als nahrhaftes, energiereiches Frühstück lieben ihn die Inselbewohner bis heute.

HAGEBUTTE

Hagebutten sind die Früchte der Heckenrose. Sie wachsen überall an Wald-, Wiesen- und Feldrändern.

Verwendung:
Marmelade, Mus, Tee, Saft, Wein, Likör

Gesundheit:
Hagebutten sind reich an Nährstoffen. Sie haben einen extrem hohen Vitamin C-Gehalt. Bei der Herstellung von Mus sollten sie daher nicht erhitzt werden.
Das Carotinoid Lycopin verleiht ihnen ihre schöne rote Farbe. Lycopin zählt zu den sekundären Pflanzenstoffen und ist ein guter Radikalfänger. Es soll außerdem vorbeugend gegen Krebs wirken.
Hagebuttentee hilft bei Erkältungskrankheiten sowie Zahnfleischentzündungen und stärkt allgemein das Immunsystem.

Tipp:
Der kernige Inhalt der Hagebutten, genauer gesagt die Härchen, jucken heftig auf der Haut. Kinder stecken sie sich darum gerne gegenseitig als „Juckpulver" in den Kragen. Deshalb sollte man beim Putzen der Hagebutten besser Handschuhe tragen.

Nicht verträglich / verträglich bei:

Gluten-Unverträglichkeit	☺
Histamin-Intoleranz	☺
Fruktose-Malabsorption	☹
Laktose-Intoleranz	☺

Hagebutten können in vielen Früchtetees enthalten sein.

Hagebutten haben einen sehr hohen Fruktosegehalt und sind bei **Fruktose-Malabsorption** weniger geeignet.
→ s. Fruktose-Malabsorption S. 21

Wussten Sie schon?
Die leuchtend roten Früchte machen sich schön in einem herbstlichen Strauß.

HAI

In Deutschland wird Hai am häufigsten in Form von Schillerlocken angeboten. Diese sind gehäutete und geräucherte Stücke vom Dornhai, welche sich beim Räuchern zu „Locken" aufdrehen. Der Name soll tatsächlich auf die Perücken, wie sie zu Zeiten Schillers getragen wurden, anspielen.
Auch unter der Bezeichnung Seeaal wird Dornhaifleisch angeboten.

Verwendung:
Haifischsteak,
Haifischflossensuppe,
Schillerlocken

Der Dornhai ist vom Aussterben bedroht.

Gesundheit:
Haie stehen am Ende der Nahrungskette. Dadurch werden zahlreiche Schadstoffe in ihrem Körper angereichert. Insbesondere die Werte für Quecksilber sind teilweise so stark erhöht, dass mehrere Mahlzeiten mit Haifleisch zu einer toxikologisch relevanten Belastung im Körper führen können.

Nicht verträglich / verträglich bei:

Gluten-Unverträglichkeit	☺
Histamin-Intoleranz	☺
Fruktose-Malabsorption	☺
Laktose-Intoleranz	☺

FISCH (und daraus hergestellte Erzeugnisse) gehört zu den Zutaten, die häufig Unverträglichkeitsreaktionen auslösen und ist deshalb **KENNZEICHNUNGSPFLICHTIG.**

Wussten Sie schon?
Es gibt viele Haiarten. Nicht von allen wird auch das Fleisch von der Fischereiindustrie verwertet. Häufig werden den lebenden Haien lediglich die teuer verkäuflichen Flossen abgeschnitten. Dann werden die verstümmelten Tiere wieder ins Wasser geworfen, wo sie elend verenden.

Eine außergewöhnliche Spezialität aus Island ist Hákarl. Es wird aus dem Grönlandhai hergestellt, dessen Fleisch erst durch die Fermentierung überhaupt essbar wird. Der Geruch und Geschmack ist sehr intensiv (nach Ammoniak) und nicht jedermanns Sache.

HASE

Hasen haben dunkles, rotbraunes Fleisch, das feinfaserig, saftig und im Geschmack sehr würzig ist. Frisches Hasenfleisch sollte einen matten Glanz aufweisen und es dürfen keine dunklen Flecken oder Ränder sichtbar sein.
Während der Jagdsaison im Herbst sind auch frische Hasen im Angebot.

Zubereitungsarten:
Geschmort, gebraten, Pastete

Gesundheit:
Wildfleisch ist grundsätzlich fettarm. Ansonsten entsprechen die Nährwerte in ungefähr dem Fleisch aus Zuchthaltung.

Tipp:
Die besten Stücke des Hasen sind Rücken und Keulen. Am zartesten wird das Fleisch, wenn es in Rotwein oder Milch mariniert

und mit den typischen Wildkräutern wie Lorbeer, Wacholder und Piment gewürzt wird.

Nicht verträglich / verträglich bei:

Gluten-Unverträglichkeit	☺
Histamin-Intoleranz	☺
Fruktose-Malabsorption	☺
Laktose-Intoleranz	☺

Wussten Sie schon?
Ein amüsantes geschichtliches Detail am Rande: Bei den Germanen war der Hase ein mit Zauberkraft ausgestattetes Symbol der Fruchtbarkeit. Man glaubte, dass sein Fleisch die Lust und die Fruchtbarkeit fördere, weshalb Papst Zacharias im Jahr 725 den Genuss von Hasenfleisch mit der Begründung verbot: „Es machet den Menschen geil".

HASELNUSS

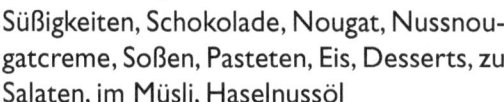

Verwendung:
Roh oder geröstet als Knabberei, in Backwaren, Süßigkeiten, Schokolade, Nougat, Nussnougatcreme, Soßen, Pasteten, Eis, Desserts, zu Salaten, im Müsli, Haselnussöl

Gesundheit:
Durch den hohen Fettgehalt haben Haselnüsse viele Kalorien. Sie enthalten jedoch auch viele gesunde Nährstoffe. Insbesondere sind sie ein hervorragender Lieferant für Vitamin E.

Historische Heilkundige wie Plinius, Vergil, Dioskurides und Hildegard von Bingen empfahlen die Haselnuss gegen Husten, Impotenz und Lungenentzündung. Haselblätter (blutreinigend, blutstillend, fiebersenkend) eignen sich zur Teezubereitung.

Nicht verträglich / verträglich bei:

Gluten-Unverträglichkeit	☺
Histamin-Intoleranz	☺
Fruktose-Malabsorption	☺
Laktose-Intoleranz	☺

Ersatz: In vielen Rezepten lassen sich Haselnüsse durch Mandeln ersetzen.

Häufig tritt bei einer Allergie gegen Birkenpollen eine **Kreuzallergie** gegen Haselnüsse auf. Möglicherweise lassen sich die Beschwerden durch Kochen oder Backen der Haselnüsse mildern oder sogar ganz vermeiden. Auch bei einer Latexallergie kann es zu **Kreuzreaktionen** kommen.
➔ s. Kreuzallergie S. 220

HASELNÜSSE sind Schalenfrüchte. Diese (und daraus hergestellte Erzeugnisse) gehören zu den Zutaten, die häufig Unverträglichkeitsreaktionen auslösen und sind deshalb **KENNZEICHNUNGSPFLICHTIG.**

Wussten Sie schon?
Im alten Volksglauben galt ein Zweig der Haselnuss als Zauber und Unheil abwehrendes Mittel. Der Haselstrauch sollte vor Hexen (Hexenhasel) und bösen Geistern schützen. Er war den Kelten und Wikingern heilig. So ist auch die Rute von Knecht Ruprecht, welcher St. Nikolaus begleitete, in ihrer

ursprünglichen Bedeutung zu verstehen. Mit einer Haselrute sollten die Kinder nicht bestraft, sondern, im Gegenteil, gesegnet und vor Unheil bewahrt werden.

HEFE
Bäckerhefe, Bierhefe

Nicht verträglich / verträglich bei:

Gluten-Unverträglichkeit	☺
Histamin-Intoleranz	☺
Fruktose-Malabsorption	☺
Laktose-Intoleranz	☺

Hefen sind mikroskopisch kleine, einzellige Pilze, die sich rasch vermehren können. Sie bauen Kohlenhydrate (z. B. Stärke, Zucker) zu Alkohol und CO_2 ab. Die dabei frei werdende Energie verwenden die Hefepilze für den eigenen Stoffwechsel. Heute verwendet man ausschließlich Reinzuchthefen, die in gepresster oder getrockneter Form in den Handel kommen.

Natürliche Hefepilze kommen beinahe überall vor. Man kann sie kaum vermeiden.

Verwendung:
Zum Backen, bei der Wein- und Bierherstellung

Gesundheit:
Hefe ist reich an Mineralstoffen, Spurenelementen, Enzymen und Vitaminen (insbesondere B-Vitamine). Sie ist gut für Haut und Haare, für die Darmflora und das Immunsystem.

Tipp:
Damit ein Teig gelingt, benötigt die Hefe optimale Bedingungen. Kälte oder Salz mag sie gar nicht. Bei Raumtemperatur ohne Zugluft und mit genügend Nahrung in Form von Stärke geht der Teig jedoch zuverlässig auf.

Viele Fertigprodukte können Hefe oder Hefeextrakt enthalten, z. B. Suppen, Würzmittel, Brühen, Soßen, vegetarischer Brotaufstrich, Brot und andere Backwaren, Tiefkühlpizza, Essig, Mayonnaise, eingelegtes Gemüse (Saure Gurken, Peperoni, Sauerkraut), unerhitzte Fruchtsäfte, Wein, Bier, echter Kefir. Hefe wird auch in Nahrungsergänzungsmitteln und in der Pharmaindustrie verwendet.

Hefe enthält viel Glutamat. Wird dieser Geschmacksverstärker bei verarbeiteten Nahrungsmitteln in Form von Hefe oder Hefeextrakt beigefügt, ist er nicht als solcher deklarationspflichtig. Bei Menschen mit einer Unverträglichkeit gegen **Glutamat** kann auch Hefeextrakt zu Symptomen führen.

Ersatz: Beim Backen kann Hefe durch andere Triebmittel ersetzt werden, wie Backferment, Backpulver oder reinen Sauerteig.

Hefe selbst enthält kein Histamin. Kommen jedoch während des Produktionsprozesses bestimmte Bakterien hinzu, kann in hefehaltigen Produkten (z.B. Backwaren) viel Histamin entstehen. Hefeextrakt hingegen enthält grundsätzlich viel Histamin und ist bei Histamin-Intoleranz wenig geeignet.

Wussten Sie schon?
Da die Hefe erst 1857 von Louis Pasteur entdeckt wurde, kommt sie trotz ihrer bedeutenden Rolle für den Brauvorgang in dem berühmten deutschen Reinheitsgebot gar nicht vor.

HEILBUTT

Das weiße Fleisch des Heilbutts ist sehr zart und gilt als Delikatesse.

Zubereitungsarten:
Gekocht, gedünstet, gebacken, gebraten, gegrillt, geräuchert

Nicht verträglich / verträglich bei:

Gluten-Unverträglichkeit	☺
Histamin-Intoleranz	☺
Fruktose-Malabsorption	☺
Laktose-Intoleranz	☺

Frischer Heilbutt enthält kaum Histamin. Aber geräucherter Heilbutt kann sehr viel Histamin enthalten und ist bei **Histamin-Intoleranz** wenig geeignet..
➜ s. Histamin-Intoleranz S. 19

FISCH (und daraus hergestellte Erzeugnisse) gehört zu den Zutaten, die häufig Unverträglichkeitsreaktionen auslösen und ist deshalb **KENNZEICHNUNGSPFLICHTIG.**

Wussten Sie schon?
Der Heilbutt ist ein Raubfisch, der am Meeresgrund in bis zu 2000 m Tiefe lebt. Er wird bis zu 3 m lang und bis 400 kg schwer. Da die Bestände stark geschrumpft sind und der Heilbutt nicht mit den üblichen Fangmethoden gefischt werden kann, ist das Angebot relativ gering.

HELLIM

Hellim ist die türkische Bezeichnung für Halloumi, einen ursprünglich aus Schafsmilch hergestellten Käse – ähnlich dem Mozzarella. Heute wird er auch aus Kuh- und Ziegenmilch hergestellt, auch gemischt.

Zubereitungsarten:
Gebraten, gegrillt, gekocht, zur Füllung von Ravioli oder Datteln, als Vorspeise z. B. mit Zitronensaft und Minze gewürzt

Tipp:
Hellim ist bei uns in arabischen oder türkischen Lebensmittelläden und auch in manchen Supermärkten erhältlich.

Nicht verträglich / verträglich bei:

Gluten-Unverträglichkeit	☺
Histamin-Intoleranz	☺
Fruktose-Malabsorption	☺
Laktose-Intoleranz	☹

Da der Hellim bei der Herstellung 90 Minuten gekocht wird, ist er für manche Betroffene mit einer **Milcheiweißallergie** (nicht zu verwechseln mit Laktose-Intoleranz) besser verträglich, da die Proteine weitgehend zerstört wurden.
➜ s. Laktose-Intoleranz S. 25

Ein verstecktes Vorkommen von Hellim ist unwahrscheinlich.

MILCH (und daraus hergestellte Erzeugnisse) gehört zu den Zutaten, die häufig Unverträglichkeitsreaktionen auslösen und ist deshalb **KENNZEICHNUNGSPFLICHTIG.**

HERING

Der Hering ist einer der fettreichsten Speisefische und sehr nahrhaft.

Zubereitungsarten:
Frisch („grün"), geräuchert, eingelegt, Brathering, in Salat, Konserven, gesalzen

Gesundheit:
Hering zeichnet sich durch seinen hohen Gehalt an Vitamin B_{12} und Omega-3-Fettsäuren aus.

Tipp:
Salzheringe legt man je nach Verwendungszweck vor dem Zubereiten in Wasser oder in Milch, um den starken Salzgeschmack auszuschwemmen.

Nicht verträglich / verträglich bei:

Gluten-Unverträglichkeit	☺
Histamin-Intoleranz	☺
Fruktose-Malabsorption	☺
Laktose-Intoleranz	☺

Hering kann u. a. auch als Rollmops, Sild und Sill bezeichnet werden.

FISCH (und daraus hergestellte Erzeugnisse) gehört zu den Zutaten, die häufig Unverträglichkeitsreaktionen auslösen und ist deshalb **KENNZEICHNUNGSPFLICHTIG.**

Wussten Sie schon?
Kein anderer Fisch hat in der Geschichte eine so große wirtschaftliche und politische Bedeutung gehabt wie der Hering. Im Mittelalter hat er die Menschen oftmals vor Hungersnöten bewahrt. Schon um das Jahr 1000 soll Bischof Otto von Bamberg das Salzen von Heringen zum Haltbarmachen „entdeckt" haben. Damit wurde eine neue Phase der Fischwirtschaft und der Seefahrt eingeleitet: Die Haltbarkeit gesalzener Fische erlaubte längere und weitere Seereisen als vorher.

HIM BEERE

Die natürliche Süße der Himbeere ist gepaart mit einer leichten Säure. Am besten schmecken sie noch sonnenwarm, frisch gepflückt. Noch aromatischer sind die wilden Waldhimbeeren. Da sie sehr schnell weich werden, sind Himbeeren nicht lange haltbar.

Verwendung:
Roh, Marmelade, Saft, in Desserts, Kuchen, Schnaps, Likör, Sirup, Soßen, Essig

Gesundheit:
Die Blätter der Himbeere enthalten Gerbstoffe, die gegen Durchfall und bei Entzündungen wirken.

Tipp:
Himbeeren eignen sich sehr gut zum Einfrieren. Reife und intakte Früchte auf einem Tablett verfrosten und dann in Gefrierboxen oder -beutel füllen.

Nicht verträglich / verträglich bei:

Gluten-Unverträglichkeit	☺
Histamin-Intoleranz	☹
Fruktose-Malabsorption	☹
Laktose-Intoleranz	☺

Himbeeren können z. B. in Marmeladen, roter Grütze, Soßen, Essig etc. enthalten sein. Ein verstecktes Vorkommen ist unwahrscheinlich.

Ersatz: Alle verträglichen Beeren.

Himbeeren enthalten viel biogene Amine und sind deshalb bei **Histamin-Intoleranz** nur bedingt geeignet.
➔ s. Histamin-Intoleranz S. 19

Aufgrund des hohen Fruktosegehaltes sind Himbeeren bei **Fruktose-Malabsorption** weniger geeignet.
➔ s. Fruktose-Malabsorption S. 21

Wussten Sie schon?
Auch Himbeeren, die Sie im Handel erhalten, sind weitgehend naturbelassen. Durch ihre hohe Empfindlichkeit können sie nicht beliebig mit Pestiziden gespritzt werden, da die Beeren sonst kaputt gingen.

HIRSCH

Hirschfleisch ist dunkel und rotbraun. Der edelste Teil ist der Rücken, an dessen Unterseite sich die zarten Filets befinden, gefolgt von den Keulen und den „Blättern" (Schultern). Zur Jagdsaison im Herbst und Winter ist auch frisches Hirschfleisch erhältlich.

Zubereitungsarten:
Geschmort, gebraten, geräuchert, in Pasteten, Schinken, Wurst, Schinken

Gesundheit:
Wildfleisch ist grundsätzlich fettarm.

Tipp:
Fleisch von Tieren älter als ein Jahr, legt man über Nacht in Milch oder Buttermilch ein, um das Aroma zu verfeinern. Geschmacklich wird das Hirschfleisch perfekt ergänzt durch die Säure von Obst wie Preiselbeeren, Sauerkirschen oder Johannisbeeren.

Nicht verträglich / verträglich bei:

Gluten-Unverträglichkeit	☺
Histamin-Intoleranz	☺
Fruktose-Malabsorption	☺
Laktose-Intoleranz	☺

Ein verstecktes Vorkommen von Hirschfleisch ist nicht zu erwarten.

Wussten Sie schon?
Mit der Niedergarmethode (ca. 80 °C) wird das Fleisch so schonend gegart, dass das sogenannte Spicken mit Fett nicht nötig ist. Das Fleisch bleibt auch so schön saftig.

HIRSE

Hirse ist ein bekömmliches und glutenfreies Getreide, das derzeit infolge seiner guten ernährungsphysiologischen Eigenschaften eine Renaissance erlebt, nachdem es lange meist als Vogelfutter bekannt war.

Verwendung:
In Backwaren, Müsli, Aufläufen, Bratlingen, Brei, Pfannkuchen, als Beilage

Gesundheit:
Hirse ist aus gutem Grund in der Vollwertküche sehr beliebt. Sie enthält viele gesunde Nährstoffe wie Magnesium, Eisen, Phosphor, Zink und Kupfer.
Hirse ist eines der wenigen basenbildenden Getreide.

Nicht verträglich / verträglich bei:

Gluten-Unverträglichkeit	☺
Histamin-Intoleranz	☺
Fruktose-Malabsorption	☺
Laktose-Intoleranz	☺

Hirse kann auch in Müsliriegeln enthalten sein.

Hirse eignet sich gut als Ersatz für glutenhaltige Getreide.
➔ s. Gluten-Unverträglichkeit und Zöliakie S. 17
➔ s. Frei von... Gluten S. 212

Wussten Sie schon?
Bier, das mit Hirse hergestellt wurde, ist glutenfrei und somit auch bei Gluten-Unverträglichkeit bekömmlich.

HONIG

Honig ist ein reines Naturprodukt, das von Bienen erzeugt wird. Es gibt Honig, der von verschiedenen Blüten stammt und solchen, der überwiegend aus einer bestimmten Blütensorte stammt. Sie schmecken unterschiedlich und haben auch unterschiedliche Farben. So ist z. B. Tannenhonig dunkel und besonders würzig im Geschmack.

Verwendung:
Brotaufstrich, als Süßungsmittel (Ersatz für Zucker) in Kuchen, Desserts, Soßen, Tee, Bonbons und anderen Süßwaren, Getränken, wie Likör, Met

Gesundheit:
Auch wenn Honig durch seinen Gehalt an Vitaminen, Mineralstoffen und Enzymen ein gesünderes Süßungsmittel als raffinierter Zucker ist, besteht er doch zum größten Teil aus Zucker und sollte in Maßen genossen werden.
Babys unter einem Jahr sollten keinen Honig essen. Das Magen- und Darmsystem von Säuglingen bis zu 12 Monaten ist noch nicht voll ausgereift. Deshalb ist es möglich, dass Sporen von Bakterien (Clostridium botulinum), die auch in Honig vorhanden sein können, in seltenen Fällen Krankheiten (Säuglingsbotulismus) auslösen.
In der Naturheilkunde vieler Kulturen spielt Honig eine bedeutende Rolle. Ein Honigpflaster lässt zum Beispiel Wunden besser heilen. Auch bei Halserkrankungen wirkt er, z. B. in heißer Milch oder Tee aufgelöst, wohltuend.

TIPP:
Auskristallisierten Honig kann man einfach durch Verrühren mit etwas warmem Wasser wieder verflüssigen.

Nicht verträglich / verträglich bei:

Gluten-Unverträglichkeit	☺
Histamin-Intoleranz	☺
Fruktose-Malabsorption	☹
Laktose-Intoleranz	☺

Honig wird bei verarbeiteten Nahrungsmitteln als Süßungsmittel verwendet, was aus der Zutatenliste ersichtlich ist.

Ersatz: Zucker, Rohrzucker, Ahornsirup, Agavendicksaft, Birnendicksaft, Birnenkraut, Reissirup, Traubenzucker, Stevia.

Aufgrund des hohen Fruktose-Gehaltes ist Honig bei **Fruktose-Malabsorption** wenig geeignet.
➔ s. Fruktose-Malabsorption S. 21

Wussten Sie schon?
Ungefähr 20.000 Bienenflüge sind für 150 g Honig nötig. Pro Tag macht eine Biene ungefähr 40 Ausflüge und besucht beinahe 4.000 Blüten.

HONIG MELONE

Die Honigmelone ist eine Zuckermelone und wie beide Namen schon sagen, schmeckt sie besonders süß.

Verwendung:
Roh, als Smoothie, Suppe (Kaltschale), Antipasti, in Obstsalat, Bowle, pikanten Salaten, Currys und Soßen

Gesundheit:
Wie alle Obstsorten beinhaltet die Honigmelone viele wichtige Nährstoffe. Besonders hoch ist der Gehalt an Vitamin A. 100 g enthalten fast den Tagesbedarf an Vitamin A eines Erwachsenen.

Tipp:
Honigmelonen reifen kaum nach. Eine reife Honigmelone duftet intensiv und die Schale gibt auf Druck mit dem Daumen leicht nach. Verströmt sie keinen Duft ist sie noch nicht reif.

Nicht verträglich / verträglich bei:

Gluten-Unverträglichkeit	☺
Histamin-Intoleranz	☺
Fruktose-Malabsorption	☺
Laktose-Intoleranz	☺

Der Fruktose-Gehalt von Honigmelonen ist im Vergleich zu anderen Obstsorten nicht sehr hoch. Auch das Glukose-Fruktose-Verhältnis ist günstig. Dadurch werden sie auch bei **Fruktose-Malabsorption** häufig gut vertragen.
➔ s. Fruktose-Malabsorption S. 21

Durch den Verzehr von Melonen können bei Allergien gegen Beifuß, Gräser, Traubenkraut oder Latex **Kreuzreaktionen** ausgelöst werden.
➔ s. Kreuzallergie S. 220

Wussten Sie schon?
Honigmelonen sind Kürbisgewächse und wachsen rankend auf dem Boden.

HUHN

Zubereitungsarten:
Gekocht, gedünstet, geschmort, gebacken, gebraten, gegrillt, geräuchert, in Wurst, Pasteten

Gesundheit:
Hühnerfleisch ist in der Regel leicht verdaulich und gut bekömmlich.
Eine frisch gekochte Hühnerbrühe kann als leichte und doch kräftigende Nahrung gut in der Rekonvaleszenz eingesetzt werden.

Tipp:
Das Fleisch von Hühnern aus biologischer Freilandhaltung ist aromatischer und fester. Wenn Hühner artgerecht gehalten und gefüttert werden, ist das Fleisch weitestgehend frei von Hormonen sowie Antibiotika.

Nicht verträglich / verträglich bei:

Gluten-Unverträglichkeit	☺
Histamin-Intoleranz	☺
Fruktose-Malabsorption	☺
Laktose-Intoleranz	☺

Ersatz: In vielen Rezepten kann Hühnerfleisch durch Putenfleisch ersetzt werden.

Wussten Sie schon?
Auch hinter dem Begriff Poularde steht Hühnerfleisch. Poularden sind etwas ältere und schwerere Masthähnchen, die erst nach ca. 12 Wochen mit einem Gewicht von ca. 1,5 – 2,5 kg geschlachtet werden.

HÜHNEREI

Das Hühnerei besteht aus dem Eiweiß oder Eiklar und dem Eigelb. Das Hühnereiweiß ist nicht zu verwechseln mit dem Nährstoff Eiweiß, den Proteinen, die sich aus Aminosäuren zusammensetzen. Interessanterweise beinhalten Eier nur ca. 7% Proteine. Viele andere Nahrungsmittel enthalten bedeutend mehr Eiweiß.

Verwendung:
Als sogenanntes „weiches" oder „hartes" Ei, Rührei, Spiegelei, Omelette, in Kuchen, Meringuen, Brot, Nudeln, Quiches, Pasteten, Aufläufen, Mayonnaise, Desserts, Wurstwaren, Likör

Bei verarbeiteten Nahrungsmitteln wird Ei häufig wegen seiner lockernden (insbesondere das Eiklar) und bindenden, klebenden (insbesondere das Eigelb) Eigenschaften eingesetzt.

Gesundheit:
In Eiern sind viele wertvolle Nährstoffe enthalten.
Eier enthalten viel Cholesterin, jedoch zeigen Studien, dass sich der Verzehr von Eiern wohl kaum auf den Cholesterinspiegel im Blut auswirkt.

Tipp:
Eier dürfen nicht gewaschen werden, da sonst das Schutzhäutchen, das jedes Ei umgibt und vor Keimen schützt, beschädigt wird. Dann verderben Eier auch im Kühlschrank sehr schnell.

Nicht verträglich / verträglich bei:

Gluten-Unverträglichkeit	☺
Histamin-Intoleranz	☺
Fruktose-Malabsorption	☺
Laktose-Intoleranz	☺

Ersatz: Gänseeier, Enteneier, Straußeneier, Wachteleier. Ei-Ersatz aus dem Reformhaus kann überall, wo die bindende und lockernde Wirkung des Eis erwünscht ist, verwendet werden. Auch Bananen und Guarkernmehl können die bindende Wirkung des Eies ersetzen.
➔ s. Frei von... Ei S. 213

EIER (und daraus hergestellte Erzeugnisse) gehören zu den Zutaten, die häufig Unverträglichkeitsreaktionen auslösen und sind deshalb **KENNZEICHNUNGSPFLICHTIG.**

Wussten Sie schon?
Die Farbe des Dotters ist abhängig von der Ernährung der Tiere. Carotinhaltiges Futter intensiviert die gelbe bis orangene Farbe.

Die Frage, was zuerst da war, das Ei oder das Huhn, lässt sich recht einfach beantworten. Da die heutigen Hühner von den eierlegenden Dinosauriern abstammen, war das Ei eindeutig zuerst da.

HUMMER

In Europa ist der Hummer eine teure Delikatesse. In Amerika z. B. ist er wegen seines häufigeren Vorkommens nicht ganz so teuer. Das weiße Fleisch des Hummers hat einen sehr charakteristischen Geschmack.

Zubereitungsarten:
Gekocht, gegrillt

Tipp:
Einen Spritzer Zitronensaft oder etwas aufgeschlagene Butter – mehr braucht es nach Ansicht vieler Genießer nicht für einen perfekten Hummer.
Höchstens noch ein Glas Weißwein.

Nicht verträglich / verträglich bei:

Gluten-Unverträglichkeit	☺
Histamin-Intoleranz	☹
Fruktose-Malabsorption	☺
Laktose-Intoleranz	☺

Hummer ist bei **Histamin-Intoleranz** weniger geeignet, da er wie alle Meeresfrüchte als Histaminliberator wirkt.
➔ s. Histamin-Intoleranz S. 19

Bei einer Hausstaubmilbenallergie kann es zu **Kreuzreaktionen** beim Verzehr von Hummer kommen. Auch zwischen verschiedenen Meeresfrüchten können **Kreuzallergien** entstehen.
➔ s. Kreuzallergie S. 220

HUMMER ist ein Krebstier. Diese (und daraus hergestellte Erzeugnisse) gehören zu den Zutaten, die häufig Unverträglichkeitsreaktionen auslösen und sind deshalb **KENNZEICHNUNGSPFLICHTIG.**

Wussten Sie schon?
Man unterscheidet den kanadischen (Homarus americanus) und den exklusiveren europäischen oder bretonischen Hummer (Homarus vulgaris). Der kanadische hat eine graubraune bis dunkelbraune Farbe und der norwegische Hummer ist blau. Gekocht sind beide Sorten rot. Besonders vollfleischig sind Hummer im Sommer zur Zeit des Panzerwechsels.

INGWER

Ingwer ist heute hauptsächlich als Gewürz für exotische Speisen bekannt. Er wurde jedoch auch hierzulande schon im Mittelalter zu Würz- und Heilzwecken verwendet. Ingwer schmeckt frisch, etwas zitrusartig und scharf.

Verwendung:
Als Gewürz, in Bonbons, in Backwaren, kandiert, getrocknet, eingelegt, als Konfekt, Likör, Tee

Gesundheit:
Ingwer steckt voller Vitamine, Mineralien und Spurenelemente. Schon deshalb ist der Verzehr sehr gut für die Gesundheit.

Als Heilpflanze angewendet, stärkt er das Immunsystem, als Tee (mit Palmzucker und Limettensaft) hilft er bei Erkältungskrankheiten. Ebenso wird er bei Muskelschmerzen, Migräne und rheumatischen Krankheiten wird er eingesetzt. Der Wirkstoff Acetylsalicylsäure wirkt entzündungshemmend und schmerzlindernd. Auch bei Übelkeit und Reisekrankheit hilft ein Stückchen frischer Ingwer.
Schwangere und Menschen mit einem Gallenleiden oder zu hohem Blutdruck sollten jedoch auf Ingwer verzichten.

Tipp:
Wird Ingwer vor der Zugabe zu der zu würzenden Speise kurz in der trockenen Pfanne gebraten bis er seinen Duft verbreitet, wird das Aroma besonders harmonisch.

Nicht verträglich / verträglich bei:

Gluten-Unverträglichkeit	☺
Histamin-Intoleranz	☺
Fruktose-Malabsorption	☺
Laktose-Intoleranz	☺

In Würzmischungen (z. B. Curry) und Getränken (z. B. Glühwein), kann Ingwer enthalten sein.

Ersatz: Die Schärfe lässt sich auch mit Pfeffer oder Chili erreichen.

Wussten Sie schon?
Ingwer kam von Indien über Griechenland ins antike Europa. So ist der alte Name „Zingiber" den indischen Sprachen dieser Zeit entlehnt.

JAKOBSMUSCHEL

Die Jakobsmuschel, auch Pilgermuschel genannt, ist eine der größten und schmackhaftesten essbaren Muscheln. Ihr weißes, festes Fleisch hat einen zarten, harmonischen, nussigen Geschmack, der nicht unbedingt typisch für Muscheln ist. Der orangefarbene Rogen (Corail) gilt als besondere Delikatesse.

Zubereitungsarten:
Gebraten, gedünstet, gratiniert, als Carpaccio, Tartar

TIPP:
Tiefgefrorene Jakobsmuscheln sehr schonend im Kühlschrank auftauen.

Gesundheit:
Jakobsmuscheln sind reich an Vitamin B_{12}. Aufgrund des hohen Puringehaltes sind Jakobsmuscheln bei **Gicht** wenig geeignet.

Nicht verträglich / verträglich bei:

Gluten-Unverträglichkeit	☺
Histamin-Intoleranz	☺
Fruktose-Malabsorption	☺
Laktose-Intoleranz	☺

Bei einer Hausstaubmilbenallergie kann es zu **Kreuzreaktionen** kommen. Menschen, die gegen Hausstaubmilben allergisch sind, können beim Verzehr von Jakobsmuscheln zu allergischen Reaktionen neigen, auch wenn sie vorher noch nie welche gegessen haben.
➔ s. Kreuzallergie S. 220

JAKOBSMUSCHELN sind Weichtiere. Diese (und daraus hergestellte Erzeugnisse) gehören zu den Zutaten, die häufig Unverträglichkeitsreaktionen auslösen und sind deshalb **KENNZEICHNUNGSPFLICHTIG.**

Wussten Sie schon?
Die Jakobsmuschel ist das Wahrzeichen des Heiligen Jakobus und dient den Pilgern auf dem Jakobsweg nach Santiago de Compostela als Wegzeichen.

JOGHURT

Joghurt entsteht, wenn man Milch bestimmte Milchsäurebakterien zugibt.
➜ s. Sauermilchprodukte S. 162

Verwendung:
Frisch „natur", mit Früchten, zu Müsli, in Desserts, Brot und anderen Backwaren, Soßen, Süßwaren, Eis

Gesundheit:
Joghurt beinhaltet alle Nährstoffe der Milch.

Tipp:
Frischen Joghurt, von dem man weiß, was drin ist, kann man zuhause selbst ansetzen. Man benötigt lediglich Joghurt-Bakterien aus dem Reformhaus, oder auch nur einige Löffel Naturjoghurt, und Milch. Leichter und vor allem sicherer gelingt er, wenn man eine sogenannte Joghurtmaschine benutzt, die jedoch nichts weiter tut, als die Temperatur konstant zu halten.

Nicht verträglich / verträglich bei:

Gluten-Unverträglichkeit	☺
Histamin-Intoleranz	☺
Fruktose-Malabsorption	☺
Laktose-Intoleranz	☹

Unerwartet kann Joghurt z. B. in Salatsoßen, Getränken, Brotaufstrichen, Backwaren und Süßwaren enthalten sein.

Ersatz: Außer Joghurt aus Kuhmilch gibt es solchen auch aus Schafs- und/oder Ziegenmilch und aus Sojamilch.

Der Laktosegehalt variiert bei Joghurt, je nach Bakterien und Zubereitungsart. Bei **Laktose-Intoleranz** empfiehlt es sich daher, die individuelle Verträglichkeit einzelner Produkte vorsichtig auszuprobieren.
➜ s. Laktose-Intoleranz S. 25

MILCH (und daraus hergestellte Erzeugnisse) gehört zu den Zutaten, die häufig Unverträglichkeitsreaktionen auslösen und ist deshalb **KENNZEICHNUNGSPFLICHTIG.**

Wussten Sie schon?
Es gibt Joghurt, dem zusätzlich Milcheiweiß oder Geliermittel zugefügt wird, um die Standfestigkeit zu erhöhen. Dies ist deklarationspflichtig.

JOHANNISBEERE

Es gibt rote, schwarze und weiße Johannisbeeren, die sich deutlich im Geschmack unterscheiden. Die Weiße ist am süßesten, die Rote schmeckt sauer und die Schwarze hat einen würzig aromatischen, leicht bitterlichen Geschmack.

Verwendung:
Roh, auf Kuchen, in Muffins, als Saft, Wein, Likör, Gelee, Marmelade, in roter Grütze, Dessertsoße, zu Fleischgerichten, in Rotkraut

Gesundheit:
Johannisbeeren enthalten viel Eisen. Die

schwarze Johannisbeere enthält sehr viel Vitamin C, wirkt allgemein anregend, harntreibend und verdauungsfördernd.

Tipp:
Schwarzer Johannisbeersaft mit heißem Wasser aufgegossen ist im Winter eine wohltuende und wärmende Vitamin C-Kur.

Nicht verträglich / verträglich bei:

Gluten-Unverträglichkeit	☺
Histamin-Intoleranz	☺
Fruktose-Malabsorption	☹
Laktose-Intoleranz	☺

In gemischten Fruchtsäften, Smoothies, Riegeln, Gebäck oder Desserts können Johannisbeeren enthalten sein.

Wegen ihres hohen Fruktose-Gehaltes sind Johannisbeeren bei **Fruktose-Malabsorption** weniger geeignet. Weiße Johannisbeeren weisen jedoch ein günstiges Glukose-Fruktose-Verhältnis auf.
➜ s. Fruktose-Malabsorption S. 21

KABELJAU
Dorsch

Die älteren, größeren Fische werden als Kabeljau bezeichnet, die jüngeren als Dorsch. Es handelt sich jedoch um den gleichen Fisch.

Zubereitungsarten:
Gekocht, gedünstet, gebraten, in Suppen und Aufläufen

Gesundheit:
Der berühmte Lebertran wurde ursprünglich aus der Leber des Kabeljaus gewonnen. Er enthält insbesondere viel Vitamin A und D sowie Omega-3-Fettsäuren. Heute ist er

zum Glück als Kapseln erhältlich. So kann der unangenehme Geschmack umgangen werden.

Eine Überdosierung ist zu vermeiden, da sie zu Osteoporose führen kann.

Tipp:
Die Rote Liste der Weltnaturschutzorganisation IUCN stuft Kabeljau als „gefährdet" ein.

Gesunde Bestände gibt es noch in der Nordost-Arktis und der östlichen Ostsee.

Nicht verträglich / verträglich bei:

Gluten-Unverträglichkeit	☺
Histamin-Intoleranz	☺
Fruktose-Malabsorption	☺
Laktose-Intoleranz	☺

FISCH (und daraus hergestellte Erzeugnisse) gehört zu den Zutaten, die häufig Unverträglichkeitsreaktionen auslösen und ist deshalb **KENNZEICHNUNGSPFLICHTIG.**

Wussten Sie schon?
Von alters her war bei den nordischen Völkern getrockneter Kabeljau (der Name Dorsch kommt von Dörrfisch) eine wichtige Handelsware. Um den Fisch haltbar zu machen, wird er aufgeschnitten, gesalzen und getrocknet. Vor dem Verzehr wird er gewässert und dann wie frischer Fisch verarbeitet.

KÄSE

Käse kann auf verschiedene Weise hergestellt werden. Man unterscheidet grundsätzlich zwischen Sauermilchkäse, welcher zu den sogenannten Sauermilchprodukten gehört und Labkäse. Der weitaus größte Teil der Käsesorten ist Labkäse.

→ s. Sauermilchprodukte S. 162
→ s. Labkäse S. 107

Verwendung:
Als Brotbelag, zum Gratinieren, zu Nudelgerichten, in Soße, Käsefondue, Raclette, Kochkäse, Dip

Tipp:
Viele Käsereien veröffentlichen auf ihrer Website Informationen, welches Lab (tierisch oder mikrobiell) in welchem Käse verwendet wird.

Nicht verträglich / verträglich bei:

Gluten-Unverträglichkeit	☺
Histamin-Intoleranz	☹
Fruktose-Malabsorption	☺
Laktose-Intoleranz	☹

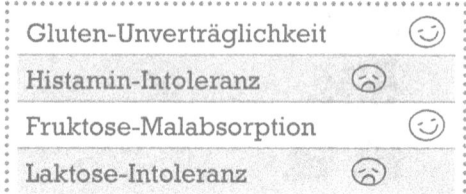

Für beide Käsetypen gilt, dass hauptsächlich die Kasein-Proteine im Käse enthalten sind. Die Molkenproteine verbleiben in der Molke. Die Milcheiweiße werden außerdem durch die Gerinnung und den Reifungsprozess verändert.

→ s. Milch S. 124
→ s. Frei von... Milch S. 210

Ersatz: Käse aus verträglichen Milchsorten.

Käse enthält umso mehr Histamin, je länger er gereift ist. Bei **Histamin-Intoleranz**

sollte vorsichtig ausprobiert werden, welchen Käse man möglicherweise in welchen Mengen verträgt. Je jünger der Käse, desto weniger Histamin ist enthalten.
→ s. Histamin-Intoleranz S. 19

Bei einer leichten **Laktose-Intoleranz** wird Käse möglicherweise vertragen, denn die Laktose verbleibt größtenteils in der Molke. Aus diesem Grund ist in Käse wenig und in länger gereiftem Käse häufig keine Laktose enthalten, da sie im Laufe der Zeit von Bakterien abgebaut wird.
→ s. Laktose-Intoleranz S. 25

MILCH (und daraus hergestellte Erzeugnisse) gehört zu den Zutaten, die häufig Unverträglichkeitsreaktionen auslösen und ist deshalb **KENNZEICHNUNGSPFLICHTIG.**

Wussten Sie schon?
Wie kommen die Löcher in den Käse?
Die Bakterien produzieren während des Reifungsprozesses Gase. Da diese durch die Käserinde nicht entweichen können, sammeln sie sich in „Luftblasen" – den späteren Löchern im Käse.

Gesundheit:
Kaffee enthält Koffein, wirkt anregend und kann kurzfristig die Konzentration und Leistungsfähigkeit steigern. Er regt die Produktion von Magensaft an und macht somit Appetit.

Nicht verträglich / verträglich bei:

Gluten-Unverträglichkeit	☺
Histamin-Intoleranz	☺
Fruktose-Malabsorption	☺
Laktose-Intoleranz	☺

Ersatz: Koffeinhaltiger Tee (grüner oder schwarzer), Getreidekaffee (koffeinfrei).

Wussten Sie schon?
Die Röstung beeinflusst Geschmack, Verträglichkeit und Wirkung des Kaffees. Für eine hohe Qualität wird länger bei niedrigeren Temperaturen geröstet, damit sich das individuelle Aroma des Rohkaffees entfalten kann.

KAFFEE

Kaffee wird aus den gerösteten Bohnen der Kaffeepflanze hergestellt.

Verwendung:
Als Heißgetränk, Eiskaffee, in Schokolade, Süßwaren, Desserts, Likör, Cocktails

KAKAO

Kakao wird aus den Samen des Kakaobaumes hergestellt. Kakao ist die Grundsubstanz von Schokolade und in dieser Form in vielen Nahrungsmitteln enthalten.

Verwendung:
Als Getränk mit Milch oder Wasser, Schokolade, Kuchen, Desserts, Soße, Süßwaren

Gesundheit:
Kakao und damit Schokolade enthält Alkaloide und Endorphine. Sie wirken anregend und stimmungsaufhellend. Schon seit den Zeiten der alten südamerikanischen Völker wird auch die aphrodisierende Wirkung von Kakao hoch geschätzt.

Achtung: Bei den gängigen Instant-Kakaopulvern ist sehr viel Zucker zugesetzt.

Tipp:
Die Azteken würzten ihre Trinkschokolade mit Piment, Nelken, Chili und Vanille. Diese und ähnliche Kombinationen werden auch heute wieder goutiert.

Nicht verträglich / verträglich bei:

Gluten-Unverträglichkeit	☺
Histamin-Intoleranz	☹
Fruktose-Malabsorption	☺
Laktose-Intoleranz	☺

Ersatz: Es gibt viele klassische Schokoladenprodukte auch aus Carob, das aus den Früchten des Johannisbrotbaumes hergestellt wird. Der Geschmack ist allerdings nicht mit Schokolade zu vergleichen.

Kakao und damit auch Schokolade enthällt viel biogene Amine und wirkt zudem als Histaminliberator. Schokolade ist bei **Histamin-Intoleranz** mit Vorsicht zu genießen.
➜ s. Histamin-Intoleranz S. 19

KAKTUSFEIGE

Kaktusfeigen sind keine Feigen. Sie haben mit ihnen lediglich den Namen gemein. Kaktusfeigen sind die hühnereigroßen Früchte einer Kakteenart, die heute auch im gesamten Mittelmeerraum verbreitet ist. Die saftig-süße Frucht ist auch unter der Bezeichnung Distelfeige, Feigenopuntie, Indische Feige, Kaktusbirne, Nopal oder Stachelfeige bekannt. Das Fruchtfleisch ist mitsamt den Kernen essbar.

Verwendung:
Roh, die Sprossen (Nopalitos) als Gemüse, Marmelade, Likör

Gesundheit:
Die saftigen Früchte sind gute Durstlöscher und angesichts des sehr hohen Glukoseanteils (Traubenzucker) schnelle Energiespender. Sie beinhalten sehr viele Antioxidantien und helfen so, die Zellen zu schützen.
Aus den Kernen der Kaktusfeige wird das Kaktusfeigenkernöl hergestellt, das in Anti-Aging-Kosmetika sowie Haut- und Haarpflegemitteln eingesetzt wird.

Tipp:
Die Früchte haben Dornen und Widerhaken; die Schale sollte keinesfalls mitgegessen werden. Kaktusfeigen reifen nicht nach. Je weicher sie sind und je weicher die Dornenhärchen, desto reifer sind die Früchte.

Nicht verträglich / verträglich bei:

Gluten-Unverträglichkeit	☺
Histamin-Intoleranz	☺
Fruktose-Malabsorption	☺
Laktose-Intoleranz	☺

Ersatz: Melonen, Kiwis und Feigen sind ähnlich in Geschmack und Saftigkeit.

Wussten Sie schon?
Schon die Azteken wussten Geschmack und Heilwirkung der Kaktusfeige zu schätzen und züchteten daher dornenärmere Sorten.

Nicht verträglich / verträglich bei:

Gluten-Unverträglichkeit	☺
Histamin-Intoleranz	☺
Fruktose-Malabsorption	☺
Laktose-Intoleranz	☺

Bei einer Allergie gegen Kühe oder gegen Kuhmilch kann es zu **Kreuzreaktionen** mit allergischen Symptomen beim Verzehr von Kalbfleisch kommen.
➔ s. Kreuzallergie S. 220

Wussten Sie schon?
Das echte „Wiener Schnitzel" ist aus Kalbfleisch. Ist es aus Schweinefleisch zubereitet, darf es sich nur „Wiener Art" nennen.

KALB

Kalbfleisch ist das Fleisch von bis zu 8 Monate alten Rindern. Es wird in Deutschland durch die Richtlinien der „Handelsklassen für Rindfleisch" definiert.

Verwendung:
Gebraten, geschmort, gekocht, in Wurst, Bratwurst, Sülze, Suppen, Pasteten, Ragouts

Gesundheit:
Kalbfleisch ist leicht bekömmlich, enthält viel Eiweiß und wenig Fett.

Tipp:
Beim Metzger ihres Vertrauens erhalten Sie Kalbfleisch mit Herkunfts- und Fütterungsnachweis. So lassen sich Belastungen durch Antibiotika und Hormone weitestgehend ausschließen.

KAMEL MILCH

Kamelmilch ist die Milch von Kamelstuten und kann als Ersatz bei manchen Kuhmilchunverträglichkeiten dienen. Hinsichtlich der geltenden Hygienevorschriften ist es kaum möglich, unbehandelte Milch zu verkaufen. Deshalb ist Kamelmilch in Deutschland noch selten erhältlich.
➔ s. Einkaufstipps S. 246

Verwendung:
Wie Milch, in Hautpflegeprodukten, als Trinkkur

Gesundheit:
Kamelmilch-Eiweiße ähneln denen, die bei der Kuhmilch Unverträglichkeiten auslösen, wenig. Somit ist Kamelmilch als Ersatz bei Kuhmilchunverträglichkeit oft geeignet.
Sie kann immunstärkend wirken und soll auch bei Krankheiten wie Autismus, Diabetes und Nahrungsmittelallergie helfen.
Äußerlich kann sie in Cremes zur Behandlung von Hautkrankheiten wie Psoriasis eingesetzt werden.

> **TIPP:**
> Auf einigen Kamelfarmen in Deutschland kann man Kamelmilch vor Ort probieren.

Nicht verträglich / verträglich bei:

Gluten-Unverträglichkeit	☺
Histamin-Intoleranz	☺
Fruktose-Malabsorption	☺
Laktose-Intoleranz	☹

Auch Kamelmilch enthält Laktose und ist bei **Laktose-Intoleranz** wenig geeignet.
➔ s. Laktose-Intoleranz S. 25

Wussten Sie schon?
Es gibt auch Schokolade aus Kamelmilch.

KAMILLE

Kamille ist eine altbekannte Heilpflanze mit vielfältiger Wirkung. Von der Kamille werden insbesondere die Blüten und das ätherische Öl verwendet.

Verwendung:
Tee, Tinktur

Gesundheit:
Kamille wirkt entzündungshemmend, krampflösend, bei Blähungen und allgemein bei Magen-Darm-Beschwerden. Sie wird auch zur Wundheilung, bei Entzündungen in Mund und Rachen sowie in Dampfinhalationen bei Erkältungskrankheiten verwendet.

Tipp:
Kamillenblüten kann man für die Hausapotheke im Sommer auch wild sammeln und dann trocknen.
Die teurere Apothekenware ist auf Reinheit geprüft.

Nicht verträglich / verträglich bei:

Gluten-Unverträglichkeit	☺
Histamin-Intoleranz	☺
Fruktose-Malabsorption	☺
Laktose-Intoleranz	☺

Bei einer Allergie gegen Beifußpollen kann es zu einer **Kreuzreaktion** bei Kontakt mit Kamille oder beim Genuss von Kamillentee kommen.
➔ s. Kreuzallergie S. 220

Wussten Sie schon?
Die echte Kamille lässt sich von anderen Kamillenarten durch ihren hohlen Blütenboden unterscheiden. Bei anderen Arten ist er gefüllt. Auch der charakteristische Duft ist der echten Kamille vorbehalten. Die Hundskamille z. B. riecht sehr viel schärfer.

KAMUT

Kamut ist eine alte Weizensorte, die wohl ursprünglich aus Ägypten stammt. Die Körner sind deutlich größer als beim modernen Weizen und der Nährstoffgehalt ist höher.

Verwendung:
Wie Weizen oder Dinkel zum Backen, in Aufläufen, Bratlingen, als Sprossen, als Beilage wie Reis

Gesundheit:
Kamut beinhaltet viel Vitamin E und Selen.

Tipp:
Kamut ist als Korn und gemahlen in gut sortierten Lebensmittel-Fachgeschäften sowie in Reformhäusern erhältlich.

Nicht verträglich / verträglich bei:

Gluten-Unverträglichkeit	☹
Histamin-Intoleranz	☺
Fruktose-Malabsorption	☺
Laktose-Intoleranz	☺

Ersatz: Alle verträglichen Getreide und deren glutenfreie Alternativen.

Aufgrund der Ursprünglichkeit, die kaum durch Kreuzungen verändert wurde, ist Kamut oft besser verträglich als Weizen. Kamut enthält jedoch auch Gluten und ist bei **Gluten-Unverträglichkeit** wenig geeignet.
➔ s. Gluten-Unverträglichkeit und Zöliakie S. 17
➔ s. Frei von... Gluten S. 212

KAMUT ist ein glutenhaltiges Getreide. Diese (und daraus hergestellte Erzeugnisse) gehören zu den Zutaten die häufig Unverträglichkeitsreaktionen auslösen und ist deshalb **KENNZEICHNUNGSPFLICHTIG.**

Wussten Sie schon?
Kamut ist ein eingetragener Markenname für den Anbau der alten Hartweizensorte Khorasan. Es gibt ihn bisher nur im Bio-Anbau. Da das Getreide kaum auf Kunstdünger anspricht, ist es für die konventionelle Landwirtschaft uninteressant.

KANINCHEN

Kaninchenfleisch ist hell und zart. Es unterscheidet sich deutlich von dem dunklen kräftigen Hasenfleisch.

Zubereitungsarten:
Geschmort, gebraten

Tipp:
Kaninchen ist rund um das Jahr in Teilen und als ganzes Tier, auch tiefgefroren, erhältlich.

Nicht verträglich / verträglich bei:

Gluten-Unverträglichkeit	☺
Histamin-Intoleranz	☺
Fruktose-Malabsorption	☺
Laktose-Intoleranz	☺

Wussten Sie schon?
Die Bezeichnung Hase oder Kaninchen hängt von äußerlichen Merkmalen ab. So haben Hasen im Vergleich zum Kopf längere Ohren als Kaninchen. Hasen sind außerdem Einzelgänger, während Kaninchen in Gruppen leben.

KAPER

Kapern sind die eingelegten Blütenknospen des Kapernstrauches. Roh sind sie ungenießbar. Erst durch das Einlegen in Salzwasser oder in Essig und Öl entfalten sie das spezielle Aroma.

Verwendung:
Als Gewürz z. B. zu „Königsberger Klopsen" oder zu „Vitello tonnato", auf Pizza, in Pasta, Tartar, Remoulade, zu Fisch, Salaten

Gesundheit:
Kapern wirken appetitanregend und verdauungsfördernd. Auch bei Leber- und Milzbeschwerden sollen sie hilfreich sein.

Tipp:
Kapern harmonieren nur mit wenigen anderen Gewürzen. Zitrone und ein wenig Petersilie passen gut dazu.

Nicht verträglich / verträglich bei:

Gluten-Unverträglichkeit	☺
Histamin-Intoleranz	☹
Fruktose-Malabsorption	☺
Laktose-Intoleranz	☺

Ersatz: Kapuzzinerkressesamen haben ein ähnliches Aroma.

In Essig eingelegte Kapern können große Mengen an Histamin beinhalten und sind bei **Histamin-Intoleranz** wenig geeignet. Als Ersatz können in Salz eingelegte Kapern verwendet werden.
➔ s. Histamin-Intoleranz S. 19

Wussten Sie schon?
Der Kapernstrauch hat wunderschöne Blüten, wenn man die Knospen nicht vorher pflückt.

KARDAMOM

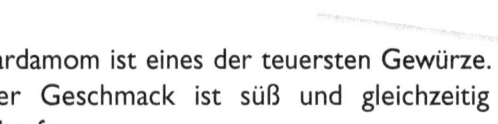

Kardamom ist eines der teuersten Gewürze. Der Geschmack ist süß und gleichzeitig scharf.

Verwendung:
Als Gewürz zu Fleisch, Fisch, Süßspeisen, in Gebäck, in Getränken

Gesundheit:
Kardamom wirkt appetitanregend und stimuliert leicht die Verdauung. Er ist hilfreich bei Blähungen. Seit alters her wird ihm auch aphrodisierende Wirkung nachgesagt.
Zur Bereitung eines Kardamom-Getränkes einfach zerstoßene Kapseln mit heißem Wasser oder Milch aufgießen und je nach Geschmack etwas süßen.

TIPP:
In arabischen Ländern wird Kaffee beim Aufbrühen durch Zugabe von Kardamomkapseln aromatisiert.

Nicht verträglich/verträglich bei:

Gluten-Unverträglichkeit	☺
Histamin-Intoleranz	☺
Fruktose-Malabsorption	☺
Laktose-Intoleranz	☺

Kardamom ist Bestandteil vieler Gewürzmischungen wie Garam Masala oder Würztees wie Chai-Tee. Er kann auch in Curry, Wurstwaren und Likören enthalten sein.

Wussten Sie schon?
In Europa wird in der Regel der grüne Kardamom verwendet. Grüner Kardamom ist süß und aromatisch im Geschmack und hat einen sehr angenehmen Duft.
Trotz des gleichen Namens wird der sogenannte schwarze Kardamom ausschließlich für würzige und deftige Speisen verwendet. Er hat ein frisches, würziges Aroma mit einer deutlichen Kampfernote.

KAROTTE

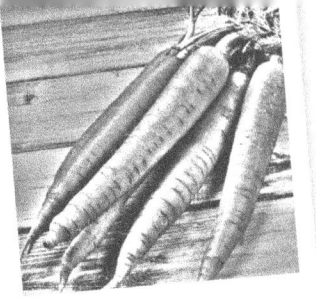

Verwendung:
Roh oder gedünstet als Gemüse, in Salat, Suppen, Aufläufen, Kuchen, Saft, Babybrei

Gesundheit:
Karotten sind insbesondere als Brei oder geraspelt ein leicht verdauliches Gemüse und deshalb für Babynahrung und Schonkost geeignet.
Karotten enthalten sehr viel Vitamin A. Dies ist wichtig für das Wachstum von Zellen, die Stärkung des Immunsystems und gut für Augen und Haut.

Tipp:
Karottenflecken (z. B. auf Babykleidung) gehen wieder raus, wenn das Kleidungsstück nach dem Waschen nass zum Bleichen in die Sonne gelegt wird.

Nicht verträglich/verträglich bei:

Gluten-Unverträglichkeit	☺
Histamin-Intoleranz	☺
Fruktose-Malabsorption	☺
Laktose-Intoleranz	☺

Ersatz: Kürbis und Pastinaken haben ein ähnlich süßliches Aroma.

Karotten enthalten für ein Gemüse relativ viel Fruktose, jedoch ist das Glukose-Fruktose-Verhältnis günstig. Sie sind bei **Fruktose-Malabsorption** in Maßen geeignet.
➔ s. Fruktose-Malabsorption S. 21

Bei einer Allergie gegen Birkenpollen oder Beifuß kann es zu einer **Kreuzreaktion** beim Verzehr von Karotten kommen.
➔ s. Kreuzallergie S. 220

KARPFEN

Karpfen ist ein Süßwasserfisch und als Speisefisch insbesondere in den Wintermonaten sehr beliebt.

Zubereitungsarten:
Gebacken, gekocht („blau"), geräuchert

Gesundheit:
Als Süßwasserfisch enthält Karpfen kaum Jod.

Tipp:
Für den Geschmack ist vor allem die Haltung in der Zeit vor der Zubereitung wichtig. Um den schlammigen Geschmack zu verlieren muss der Karpfen für 1–2 Wochen in frischem, fließendem Wasser gehalten werden.

Nicht verträglich / verträglich bei:

Gluten-Unverträglichkeit	☺
Histamin-Intoleranz	☺
Fruktose-Malabsorption	☺
Laktose-Intoleranz	☺

FISCH (und daraus hergestellte Erzeugnisse) gehört zu den Zutaten, die häufig Unverträglichkeitsreaktionen auslösen und ist deshalb **KENNZEICHNUNGSPFLICHTIG.**

Wussten Sie schon?
Es gibt auch schuppenfreie Karpfen. Sie werden Nackt- oder Lederkarpfen genannt.

KARTOFFEL

Weltweit gibt es mehrere Tausend Kartoffelsorten, u. a. mit gelber, roter und blauer Schale. Die Farbe des Fruchtfleisches reicht von weiß, hellgelb, gelb, rot bis blau-violett.

Zubereitungsarten:
Salzkartoffeln, Pellkartoffeln, Bratkartoffeln, Ofenkartoffeln, Kartoffelsalat, Püree, Suppe, Nocken, Kroketten, Pommes frites, Auflauf, Chips, Klöße, Gnocchi

Gesundheit:
Die Kartoffel enthält viele Vitamine und Mineralstoffe. Sie ist magenschonend und leicht verdaulich.
Die Kartoffel ist basisch und kann bei Stoffwechselproblemen ausgleichend wirken.
Ein Umschlag mit heißen Pellkartoffeln wirkt lindernd bei Halsschmerzen, rheumatischen Beschwerden oder Sehnenscheidenentzündung.

Tipp:
Kartoffeln sollten kühl und dunkel gelagert werden. Haben Kartoffeln durch Lichteinwirkung eine grüne Schale bekommen, ist der Gehalt des Giftstoffes Solanin deutlich angestiegen. Zwar wird er beim Kochen ausgeschwemmt, es wird jedoch trotzdem vom Verzehr abgeraten oder empfohlen, die Kartoffeln auf jeden Fall zu schälen.

Nicht verträglich / verträglich bei:

Gluten-Unverträglichkeit	☺
Histamin-Intoleranz	☺
Fruktose-Malabsorption	☺
Laktose-Intoleranz	☺

Kartoffel kann in Form von Kartoffelmehl bzw. Kartoffelstärke, welche zum Binden und Andicken benutzt werden, u. a. auch in Brot, Gebäck, Soßen, preisgünstigen Schokoladen, Medikamenten, Fischkonserven und Süßigkeiten enthalten sein.

Bei einer Allergie gegen Latex, Beifuß- oder Birkenpollen kann es zu einer **Kreuzreaktion** zu rohen Kartoffeln kommen.
➔ s. Kreuzallergie S. 220

Wussten Sie schon?
Aufgrund der Giftstoffe der Kartoffel, mit denen man bei sehr hohen Konzentrationen rauschartige Zustände hervorrufen kann, die jedoch auch Krankheit und Tod bringen können, wurde die Kartoffel anfangs in Europa als Hexenkraut bezeichnet, das von der Kirche mit Argwohn betrachtet und für das gemeine Volk sogar verboten wurde.

KEFIR

Kefir ist ein dickflüssiges, erfrischendes Milchgetränk. Der prickelnde Geschmack und das angenehm säuerliche Aroma entstehen aufgrund des Gärungsprozesses durch Hefe und Milchsäurebakterien. Es gibt Kefir aus Kuh-, Schafs- und Ziegenmilch.

Verwendung:
Als Getränk, als Dip, in Soßen, Mousse, Desserts, Kuchen, Brot, Süßspeisen

Kefir ist reich an Vitalstoffen. Er wirkt wie alle Sauermilchprodukte probiotisch und kann die Darmflora günstig beeinflussen.

Tipp:
Kefir lässt sich leicht selbst herstellen. Man übergießt die Kefirknolle mit Kuh-, Schafs- oder Ziegenmilch. Nach 24 Stunden entsteht ein an Inhaltsstoffen reiches, cremiges Milchgetränk.
Die Kefirknolle wird auch Kefirkörner, Kefirpilz oder tibetanischer Pilz genannt. Sie hat eine gummiartige Konsistenz und sieht aus wie ein kleiner Blumenkohl.

Nicht verträglich / verträglich bei:

Gluten-Unverträglichkeit	☺
Histamin-Intoleranz	☺
Fruktose-Malabsorption	☺
Laktose-Intoleranz	☹

Ersatz: Alle anderen verträglichen Sauermilchprodukte z. B. Buttermilch, Joghurt, Ayran.

Voll durch fermentierter Kefir enthält praktisch keine Laktose mehr, da der Milchzucker von den Bakterien abgebaut wurde und kann damit für Menschen mit **Laktose-Intoleranz** verträglich sein. Industriell hergestellter „Kefir mild" kann jedoch Laktose enthalten.
➔ s. Laktose-Intoleranz S. 25

MILCH (und daraus hergestellte Erzeugnisse) gehört zu den Zutaten, die häufig Unverträglichkeitsreaktionen auslösen und ist deshalb **KENNZEICHNUNGSPFLICHTIG.**

Wussten Sie schon?
Original Kefir enthält Alkohol, der durch alkoholische Hefegärung entsteht. Industriell hergestellter „Kefir mild" enthält keinen Alkohol, ist aber auch geschmacklich nicht mit dem Original zu vergleichen.

KERBEL

Kerbel ist ein Gewürz- und Heilkraut mit süßlichem Aroma, das leicht an Petersilie und Anis erinnert.

Verwendung:
Als Gewürz zu Fleisch, Geflügel, Gemüse, Kerbelcremesuppe, in „Frankfurter Grüne Soße", Dips, Kräuterquark, zu Salat, Omelett

Gesundheit:
Kerbel wird eine appetitanregende sowie die Verdauung regulierende und harntreibende Wirkung nachgesagt. Bei Augenentzündungen und auf Insektenstiche gerieben, lindert er den Juckreiz. Auch bei hartnäckigen Ekzemen soll er helfen.

> **TIPP:**
> Kerbel sollte möglichst frisch verwendet werden, da die Blätter schnell an Aroma verlieren.

Nicht verträglich / verträglich bei:

Gluten-Unverträglichkeit	☺
Histamin-Intoleranz	☺
Fruktose-Malabsorption	☺
Laktose-Intoleranz	☺

Kerbel kann in Gewürzmischungen, Brühen, Kräutersoßen, Suppen und vielen Fertiggerichten enthalten sein.

Ersatz: Süßdolde, sogenannter spanischer Kerbel, hat ein ähnliches, jedoch kräftigeres Aroma.

KICHERERBSE

Die Kichererbse ist eine Hülsenfrucht, von der insbesondere die Samen sowie die frisch gekeimten und blanchierten Sprossen verwendet werden. Sie ist bei uns getrocknet, als Konserve und als Mehl erhältlich.

Verwendung:
Als Beilage, in arabischen Gerichten wie Hummus, Falaffel, in Eintöpfen, Salaten, Gebäck

Gesundheit:
Kichererbsen werden wegen ihres hohen Nährstoff- und Ballaststoffgehaltes in der Vollwertküche geschätzt. Wie alle Hülsenfrüchte enthalten Kichererbsen viel pflanzliches Eiweiß. Darüber hinaus sind sie reich an Eisen und Vitamin E.

> **TIPP:**
> Geröstet und gesalzen sind Kichererbsen eine leckere Knabberei.

Nicht verträglich / verträglich bei:

Gluten-Unverträglichkeit	☺
Histamin-Intoleranz	☺
Fruktose-Malabsorption	☺
Laktose-Intoleranz	☺

Wussten Sie schon?
Der Name Kichererbse stammt von dem alten lateinischen Namen der Kichererbse „Cicer". Daraus wurde in der deutschen Sprache im Laufe der Zeit Kihhira und heute

Kicher. Mit der grünen Erbse (Pisum sativum) ist die Kichererbse jedoch nicht näher verwandt.

KIRSCHE

Verwendung:
Roh, auf Kuchen, in Desserts, Marmelade, Saft, eingekocht, Schnaps, Likör, Cherry Brandy

Gesundheit:
Kirschen enthalten viele Polyphenole, welche im Körper freie Radikale einfangen, und so die Zellen schützen.

Tipp:
Kirschen müssen reif gepflückt werden. Nur dann entfalten sie ihr volles Aroma.

Nicht verträglich / verträglich bei:

Gluten-Unverträglichkeit	☺
Histamin-Intoleranz	☺
Fruktose-Malabsorption	☹
Laktose-Intoleranz	☺

Der Fruktosegehalt von Kirschen ist sehr hoch. Aufgrund des günstigen Glukose-Fruktose-Verhältnisses sind sie bei **Fruktose-Malabsorption** dennoch in Maßen geeignet.
➜ s. Fruktose-Malabsorption S. 21

Birkenpollenallergiker sollten beim Verzehr von Kirschen und anderem Steinobst vorsichtig sein. Es können **Kreuzreaktionen** mit starken allergischen Symptomen vorkommen. Da das Allergen der Kirsche hitzelabil ist, sind gekochte oder gebackene Kirschen möglicherweise besser verträglich.
➜ s. Kreuzallergie S. 220

Wussten Sie schon?
Der Weltrekord im Kirschkernweitspucken beträgt derzeit 21,71 m.

KIWI

Verwendung:
Roh zum Auslöffeln, in Obstsalat, zu Geflügel-, Krabben- und Blattsalaten, auf Kuchen, in Desserts, Marmelade, Getränken, als Trockenobst z. B. zu Müsli

Gesundheit:
Kiwis sind reich an Vitaminen und Nährstoffen. Sie enthalten in etwa so viel Vitamin C wie Zitronen.
Kiwis können dazu beitragen, den Blutdruck zu senken und Spannungskopfschmerzen zu lindern. Auch bei Verstopfung können sie helfen.

Tipp:
Kiwis wachsen auch in unseren Breiten. Eine Pergola, mit Kiwis bepflanzt, erhält ein schönes schattenspendendes Blätterdach. Und nicht zu vergessen: Die leckeren Früchte!
Es müssen jedoch immer männliche und weibliche Pflanzen beieinander stehen, damit Früchte geerntet werden können.

Achtung: Wenn rohe Kiwis mit Milchprodukten zusammenkommen, wird die Speise schnell bitter. Bei Konserven oder kurz überbrühten Kiwis ist das nicht der Fall.

Nicht verträglich / verträglich bei:

Gluten-Unverträglichkeit	☺
Histamin-Intoleranz	☺
Fruktose-Malabsorption	☹
Laktose-Intoleranz	☺

Kiwi kann auch in Nahrungsergänzungsmitteln enthalten sein.

Ersatz: Alle verträglichen Obstsorten und Beeren.

Kiwis enthalten sehr viel Fruktose und sind bei **Fruktose-Malabsorption** wenig geeignet.
→ s. Fruktose-Malabsorption S. 21

Die Kiwi besitzt hohes allergenes Potenzial. Bei einer Allergie gegen Birken, Beifuß oder Latex kann es zu **Kreuzreaktionen** beim Verzehr von Kiwis kommen.
→ s. Kreuzallergie S. 220

Wussten Sie schon?
Die Kiwi heißt ursprünglich Chinesische Stachelbeere. In Neuseeland suchte man nach einem schlagkräftigeren Namen für eine bessere Vermarktung und benannte die Frucht nach dem neuseeländischen Nationaltier.

■ KNOB LAUCH

Knoblauchzehen verströmen einen intensiven Geruch, der sich bei frischem und getrocknetem Knoblauch deutlich unterscheidet. Beim Kochen verliert der Knoblauch seine Schärfe, er wird milder und bekömmlicher.

Verwendung:
Als Gewürz, in Soßen und Dips, Brotbelag, Kräuterquark, eingelegt in Essig oder Öl als Antipasti, als Suppe, in Wurst, Marinaden

Gesundheit:
Knoblauch gilt als eines der Nahrungsmittel, die einen Migräneanfall auslösen können.
Er soll Herz-Kreislauf-Krankheiten vorbeugen und kann den Blutdruck leicht senken. Diese Wirkungen werden jedoch am besten von frischem Knoblauch erzielt. Da die Wirkstoffe gleichzeitig für den typischen Knoblauchgeruch verantwortlich sind, sind geruchlose Knoblauchkapseln leider keine Alternative.

Tipp:
Um den Mundgeruch nach dem Verzehr von Knoblauch zu mildern, hilft das Kauen auf Petersilie, Basilikum, Anis oder etwas Milch.

Nicht verträglich / verträglich bei:

Gluten-Unverträglichkeit	☺
Histamin-Intoleranz	☺
Fruktose-Malabsorption	☺
Laktose-Intoleranz	☺

Knoblauch kann in Fertiggerichten, Würzmitteln, Soßen, Kräutersalz, Fertigsuppen, Wurst, Käse und pikanten Backwaren enthalten sein.

Ersatz: Bärlauch.

Wussten Sie schon?
Der Sage nach wuchs der Knoblauch dort, wo der Teufel beim Verlassen des Paradieses seinen linken Fuß hinsetzte.
UND: Wie jeder weiß, vertreibt Knoblauch Vampire.

KOHLRABI

Kohlrabi ist tatsächlich botanisch ein Kohl, obwohl er in Erscheinung und Geschmack eher an eine Rübe erinnert. Er schmeckt mild, nur leicht kohlartig und süßlich.

Verwendung:
Roh, zu Dips, in Salaten, Suppen, gedünstet, gratiniert

Gesundheit:
Kohlrabi enthält mehr Vitamin C als Zitrusfrüchte.

Tipp:
Das frische Blattgrün enthält mehr Nährstoffe als der Kohlrabi selbst. Es kann zu Salaten oder als spinatähnliches Gemüse verwendet werden.

Nicht verträglich / verträglich bei:

Gluten-Unverträglichkeit	☺
Histamin-Intoleranz	☺
Fruktose-Malabsorption	☺
Laktose-Intoleranz	☺

Kohlrabi kann in Fertig-Gemüse-Mischungen, z. B. Suppengemüse u. a. vorkommen.

Ersatz: Teltower Rübchen und Schwarzwurzeln haben ein ähnliches Aroma.

Kohlrabi haben für ein Gemüse einen relativ hohen Fruktosegehalt, jedoch ist das Glukose-Fruktose-Verhältnis günstig. Sie sind bei **Fruktose-Malabsorption** in Maßen geeignet.
➔ s. Fruktose-Malabsorption S. 21

Wussten Sie schon?
Es gibt auch violetten und blauen Kohlrabi.

KOKOSNUSS

Die Kokosnuss ist die Frucht der Kokospalme. Die braune, harte Schale ist von einer weiteren grünen Schale umhüllt. Im Inneren sind das weiße Fruchtfleisch und das klare Kokoswasser. Je älter die Kokosnuss ist, desto weniger Wasser und umso mehr Fruchtfleisch enthält sie.

Verwendung:
Roh, Kokosraspeln, Kokosmilch, Kokosfett, Kokoscreme, Kokosmakronen und anderes Süßgebäck, Eis, Desserts, in Currys und anderen asiatischen Gerichten, das Wasser als Durstlöscher

Gesundheit:
Durch den hohen Fettgehalt wird Kokos in der Hautpflege eingesetzt.

Tipp:
Vor dem Öffnen einer Kokosnuss werden zwei Keimlöcher, zu erkennen an der dunkleren Farbe, angebohrt und das Kokoswasser ausgegossen.

Nicht verträglich / verträglich bei:

Gluten-Unverträglichkeit	☺
Histamin-Intoleranz	☺
Fruktose-Malabsorption	☺
Laktose-Intoleranz	☺

Kokos kann auch in Süßwaren wie Riegeln oder Schokolade, in asiatischen Fertiggerichten und Currysoßen enthalten sein.

Kokosmilch eignet sich z. B. bei Gebäck oder Milchreis als Ersatz für Kuhmilch.

Wussten Sie schon?
Kokosmilch wird durch Auspressen des geraspelten Fruchtfleisches gewonnen und ist nicht zu verwechseln mit dem klaren, köstlich erfrischenden Kokoswasser. Dieses gibt es in Naturkostläden abgepackt zu kaufen.

KOPFSALAT

Zubereitungsarten:
Roh als Salat, als Suppe, auf Schnittchen

Gesundheit:
Den Strunk sollte man entfernen, da sich hier die meisten Schadstoffe ansammeln.
In den dunkleren Außenblättern hingegen befinden sich die meisten Vitamine und Nährstoffe, sie sollten deshalb durchaus mitgegessen werden.
Die Kräuterheilkunde schreibt den im Milchsaft des Salats enthaltenen Wirkstoffen eine stresslindernde, beruhigende und schlaffördernde Wirkung zu.

Tipp:
Kopfsalat hält sich umwickelt mit feuchtem Küchenkrepp im Kühlschrank zwei, drei Tage, verliert aber deutlich an Qualität. Andere Sorten wie Eisberg- oder Bataviasalat hingegen bleiben länger frisch.

Nicht verträglich / verträglich bei:

Gluten-Unverträglichkeit	☺
Histamin-Intoleranz	☺
Fruktose-Malabsorption	☺
Laktose-Intoleranz	☺

Ersatz: Alle anderen verträglichen Salate, Chinakohl, Blattgemüse (Spinat, Löwenzahn, Rote Bete Blätter).

KORIANDER

Von Koriander werden die Blätter und die Samen als Gewürz verwendet. Der Geschmack von beiden unterscheidet sich deutlich. Durch die Verbreitung der asiatischen Küche ist Koriandergrün auch bei uns sehr beliebt geworden und mittlerweile in jedem gut sortierten Supermarkt zu bekommen. Der Geschmack ist jedoch sehr eigen und nicht jedermanns Sache.

Verwendung:
Als Gewürz insbesondere zu asiatischen Speisen, als Brotgewürz

Gesundheit:
Koriandersamen als Gewürz genossen, sind leicht krampflösend sowie wohltuend bei

Blähungen. Korianderöl, das aus den Samen gewonnen wird, gilt als antibakteriell und hemmt das Wachstum von Pilzen.

Tipp:
Das Koriandergrün am besten frisch auf die bereits fertig gekochte Speise streuen. Der Geschmack verliert sich beim Kochen sehr schnell.

Nicht verträglich / verträglich bei:

Gluten-Unverträglichkeit	☺
Histamin-Intoleranz	☺
Fruktose-Malabsorption	☺
Laktose-Intoleranz	☺

Koriander kann in Gewürzmischungen, Fertiggerichten, Brot u. a. enthalten sein.

Bei einer Allergie gegen Birke, Beifuß oder Sellerie, kann es beim Verzehr von Koriander zu **Kreuzreaktionen** kommen.
➔ s. Kreuzallergie S. 220

KREBS

Lebend hat der Flusskrebs wie seine im Meer lebenden Verwandten, z. B. Hummer, Scampi und Langusten, eine unscheinbar bräunliche Farbe. Beim Kochen wird er leuchtend rot. Die fein zerstoßene Schale von gekochten Krebsen wird zum Andicken und Aromatisieren von Fischgerichten und Soßen verwendet.

Verwendung:
Gekocht, in Pasteten, Suppen, Soßen, Krebsbutter

Gesundheit:
Krebsessen ist ein Erlebnis für alle Sinne. Auch das ist gesund!

Tipp:
Frische Flusskrebse gibt es von Juni bis Dezember. Tiefgefroren sind sie das ganze Jahr erhältlich.

Nicht verträglich / verträglich bei:

Gluten-Unverträglichkeit	☺
Histamin-Intoleranz	☹
Fruktose-Malabsorption	☺
Laktose-Intoleranz	☺

In der Fischindustrie werden Reste von marinen Krebstieren auch in Fertiggerichten verarbeitet, z. B. in Fischstäbchen.

Süßwasserkrebse sind keine bekannten Histaminliberatoren. Die im Meer lebenden Krebstiere wirken jedoch als Histaminliberator und sollten bei **Histamin-Intoleranz** vorsichtig entsprechend der individuellen Toleranzgrenze genossen werden.
➔ s. Histamin-Intoleranz S. 19

Bei einer Allergie gegen Hausstaubmilben kann es beim Verzehr von Krebs zu **Kreuzreaktionen** kommen.
➔ s. Kreuzallergie S. 220

KREBSTIERE (und daraus hergestellte Erzeugnisse) gehören zu den Zutaten, die häufig Unverträglichkeitsreaktionen auslösen und sind deshalb **KENNZEICHNUNGSPFLICHTIG**.

Nicht verträglich / verträglich bei:

Gluten-Unverträglichkeit	☺
Histamin-Intoleranz	☺
Fruktose-Malabsorption	☺
Laktose-Intoleranz	☺

Wussten Sie schon?
Beim Krebs können verlorene Gliedmaßen wieder nachwachsen, da er mehrere Male den Panzer abstößt und durch einen neuen ersetzt.

Kreuzkümmel kann in Gewürzmischungen, asiatischen Gewürzpasten (Garam Masala), Käse, Wurst und Fertiggerichten enthalten sein.

KREUZ KÜMMEL

KÜM MEL

Kreuzkümmel, auch Cumin genannt, ist nicht zu verwechseln mit dem echten Kümmel. Sie schmecken vollkommen unterschiedlich.

Verwendung:
Als Gewürz insbesondere in asiatischen und orientalischen Speisen, zu Lamm, Gemüse, Linsen, Reis, Brot, in Likör

Gesundheit:
Kreuzkümmel und Kreuzkümmelöl werden in der Volksmedizin bei Magenschmerzen und Blähungen eingesetzt.

Tipp:
Am besten entfaltet Kreuzkümmel sein Aroma, wenn man ihn kurz in der trockenen Pfanne anröstet, bis er duftet und dann frisch zerstoßen den Speisen zugibt.

Kümmel ist ein Gewürz, das klassischerweise fetten, schweren oder blähenden Speisen zugesetzt wird.

Verwendung:
Als Gewürz zu Schweinebraten, Sauerkraut, Zwiebelkuchen, Fleisch, Gemüse, als Schnaps

Gesundheit:
Kümmel hilft, schwere Speisen zu verdauen, da er die Fettverdauung unterstützt. Kümmel wird zum Lösen von Krämpfen, Blähungen und Koliken eingesetzt.

Tipp:
Eine Massage mit Kümmelöl wirkt wohltuend bei Bauchschmerzen – nicht nur für Babys.

Nicht verträglich / verträglich bei:

Gluten-Unverträglichkeit	☺
Histamin-Intoleranz	☺
Fruktose-Malabsorption	☺
Laktose-Intoleranz	☺

Bei einer Allergie gegen Beifußpollen kann es beim Verzehr von Kümmel zu **Kreuzreaktionen** kommen. Eine Unverträglichkeit von Kümmel kann auch zu Kreuzreaktionen beim Verzehr von anderen Pflanzen und Gewürzen aus der Familie der Doldenblütler führen, wie Anis, Dill, Fenchel, Koriander und Liebstöckel.
➜ s. Kreuzallergie S. 220

Wussten Sie schon?
Kümmelöl gibt es auch als Kapseln zum Einnehmen.

KÜRBIS

Kürbis wird ab dem Spätsommer bis weit in den Herbst geerntet. Große Sorten können bis zu einem Zentner wiegen. In Lebensmittelläden und auf dem Markt sind viele verschiedene Sorten erhältlich, die sich in Größe, Farbe und Geschmack unterscheiden.

Verwendung:
Gekocht, in Aufläufen, Suppen, als Püree, gegrillt, gebacken, in Chutneys, sauer eingelegt, als Marmelade

Gesundheit:
Kürbisfleisch wirkt leicht entwässernd, beruhigend und aufbauend.

Äußerlich angewendet ist Kürbisfleisch wohltuend für die Haut. Es kann auch bei leichten Verbrennungen aufgetragen werden.

Tipp:
Den leuchtend orangefarbenen Hokkaido-Kürbis muss man nicht schälen.

Nicht verträglich / verträglich bei:

Gluten-Unverträglichkeit	☺
Histamin-Intoleranz	☺
Fruktose-Malabsorption	☺
Laktose-Intoleranz	☺

Ersatz: In vielen Rezepten kann Kürbis durch Kartoffeln, Möhren und Süßkartoffeln ersetzt werden.

Kürbis hat für ein Gemüse einen relativ hohen Fruktosegehalt, jedoch ist das Glukose-Fruktose-Verhältnis günstig. Er ist bei **Fruktose-Malabsorption** in Maßen geeignet.
➜ s. Fruktose-Malabsorption S. 21

Bei einer Gräser- oder Beifußpollenallergie kann es zu **Kreuzreaktionen** beim Verzehr von Kürbis kommen.
➜ s. Kreuzallergie S. 220

Wussten Sie schon?
„Halloween" kommt von „All Hallow's Eve", d. h. der Abend vor Allerheiligen.
Die Kelten glaubten, dass in der Nacht

vom 31. Oktober auf den 1. November der Sommer endet und der Winter beginnt. Im übertragenen Sinn findet in dieser Nacht die Begegnung zwischen Leben und Tod statt. Um sich vor den umherirrenden Geistern zu schützen, stellte man gruselige Fratzen in die Fenster. Heute noch wird diese Tradition als Halloween-Dekoration in Form eines ausgehöhlten Kürbisses gepflegt.

KÜRBIS KERN

Kürbiskerne werden aus dem Kürbis gewonnen, geschält und dann getrocknet oder geröstet. Kürbiskernöl wird aus gerösteten Kürbiskernen gepresst.

Verwendung:
In Backwaren, als Knabberei, in Müsli, zu Salat, Öl

Gesundheit:
Kürbiskerne helfen bei Erkrankungen des Harntraktes und bei Prostatabeschwerden.

TIPP:
Ein Schuss Kürbiskernöl macht die Kürbissuppe zur wahren Delikatesse.

Nicht verträglich / verträglich bei:

Gluten-Unverträglichkeit	☺
Histamin-Intoleranz	☺
Fruktose-Malabsorption	☺
Laktose-Intoleranz	☺

Kürbiskerne können in Knabbermischungen enthalten sein.

Ersatz: Sonnenblumenkerne, Pinienkerne, Sesam, Schwarzkümmel.

Bei einer Gräser- oder Beifußpollenallergie kann es zu **Kreuzreaktionen** beim Verzehr von Kürbis kommen.
➜ s. Kreuzallergie S. 220

Wussten Sie schon?
Für einen Liter Kürbiskernöl werden ca. 2,5 kg geröstete Kürbiskerne benötigt.

KURKUMIN
E 100

➜ s. Zusatzstoffe und E-Nummern S. 228

LABKÄSE

Der weitaus größte Teil der Käsesorten ist Labkäse, auch Süßmilchkäse genannt. Die Eiweißgerinnung der Milch erfolgt durch die Zugabe von Lab, einem Enzym, das traditionell aus dem Magen von Kälbern gewonnen wird. Um den Geschmack zu verfeinern, werden möglicherweise zusätzlich kleine Mengen an Milchsäurebakterien hinzugefügt. Häufig wird auch mikrobielles Lab verwendet, das in Fermentern mit Hilfe von Schimmelpilzen kultiviert wird. Käse, der mit solchem Lab hergestellt wurde, ist somit auch für Vegetarier geeignet. Insbesondere in England und den USA wird zudem gentechnisches Lab verwendet, das auch in Deutschland zugelassen ist.

Zu den Labkäsen aus Kuhmilch gehören:
Weichkäse: Brie, Camembert, Chaource, Gorgonzola, Herve, Langres, Limburger, Livarot, Maroilles, Mont d'Or, Munster, Neufchatel, Pont-l'Evêque, Romadur
Schnittkäse: Asiago d'allevo, Cheddar, Cheshire, Edamer, Esrom, Fourme d'Ambert, Greve, Gruyère, Gouda, Havarti, Herrgårdost, Jarlsberg, Leerdamer, Salers, Samsø, Stilton, Svecia, Trappistenkäse
Halbfeste Schnittkäse: Bleu d'Auvergne, Butterkäse, Edelpilzkäse, Mahón-Menorca, Passendale, Reblochon de Savoie, Saint-Nectaire, Steibuscher, Tetilla, Tilsiter, Tollenser, Weißlacker, Wilstermarsch
Hartkäse: Abondance, Allgäuer Bergkäse, Appenzeller, Beaufort, Comté, Emmentaler, Grana Padano, Montasio, Parmigiano Reggiano, Raclettekäse, Sbrinz, Tête de Moine
Filata-Käse: Mozzarella, Provolone valpadana

➔ s. Käse S. 88

LACHS

Der Lachs ist ein Forellenfisch, der im Süßwasser geboren wird, später ins Meer wandert und zum Laichen an den Geburtsort zurückkehrt. Das Fleisch ist rosa bis orangefarben, fest, grätenarm und aromatisch.

Zubereitungsarten:
Gedünstet, gebraten, gegrillt, geräuchert, graved (mit Kräutern mariniert), in Aufläufen, Suppen, Pasteten, als Sashimi

Gesundheit:
Wie andere fettreiche Fische ist Lachs reich an Omega-3-Fettsäuren. Darüber hinaus liefert er Vitamine (A und B), Jod und Eisen.

Der Puringehalt von Lachs ist hoch. Er ist somit bei **Gicht** weniger geeignet.

TIPP:
Frischer Fisch riecht nicht nach Fisch!

Nicht verträglich / verträglich bei:

Gluten-Unverträglichkeit	☺
Histamin-Intoleranz	☺
Fruktose-Malabsorption	☺
Laktose-Intoleranz	☺

Ersatz: Andere verträgliche Fische.

FISCH (und daraus hergestellte Erzeugnisse) gehört zu den Zutaten, die häufig Unverträglichkeitsreaktionen auslösen und ist deshalb **KENNZEICHNUNGSPFLICHTIG.**

Wussten Sie schon?
Für den Wildfang gibt es nur noch wenige gesunde Bestände. Lachs wird auch in Aquakultur gezüchtet.

LAMM

In Deutschland wird Schaffleisch hauptsächlich in Form von Lammfleisch konsumiert. Bei jungen Tieren hat sich der strenge Hammelgeschmack noch nicht ausgebildet.

Zubereitungsarten:
Gebraten, geschmort, gegrillt, als Ragout, Wurst (Merguez), zu Reis- und Couscousgerichten, in orientalischen Speisen

Gesundheit:
Die Nähr- und Inhaltsstoffe von Lammfleisch sind vergleichbar mit anderen Fleischsorten.

Tipp:
Das klassische Gewürz zu Lammfleisch ist Rosmarin. Die Aromen ergänzen sich zu einem köstlichen Ganzen.

Nicht verträglich / verträglich bei:

Gluten-Unverträglichkeit	☺
Histamin-Intoleranz	☺
Fruktose-Malabsorption	☺
Laktose-Intoleranz	☺

Lammfleisch kann z. B. auch in Dönerfleisch enthalten sein.

Wussten Sie schon?
Lammfett wird schon bei relativ hohen Temperaturen wieder fest. Wer dies nicht mag, muss Lammgerichte sehr heiß servieren und essen.

LAUCH
Porree

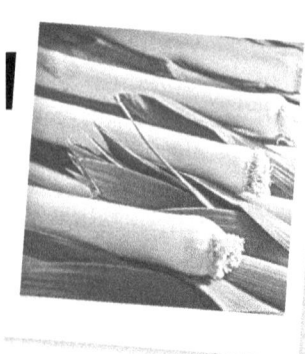

Lauch wird über den ganzen Winter geerntet. Dann ist sein Aroma schärfer als beim milden Sommerlauch.

Zubereitungsarten:
Gekocht, gedünstet, gratiniert, in Aufläufen, Quiches, Suppen, Schmorgerichten, roh in Salat

Gesundheit:
In den Wintermonaten ist Lauch eine gute Quelle für frische Vitamine und Nährstoffe. Lauch hat eine infektionshemmende, harntreibende und die Verdauung anregende Wirkung, kann allerdings auch Blähungen verursachen.

Tipp:
Die harten, grünen, ungenießbaren Blätter eignen sich hervorragend zum Kochen von Fleisch- oder Gemüsebrühe.

Nicht verträglich / verträglich bei:

Gluten-Unverträglichkeit	☺
Histamin-Intoleranz	☺
Fruktose-Malabsorption	☹
Laktose-Intoleranz	☺

Lauch kann enthalten sein in Gewürzmischungen, Brühen, Tiefkühl-Gemüsemischungen, Fertigsuppen und -soßen, Salaten.

Ersatz: Frühlingszwiebeln, Gemüsezwiebeln, Bärlauch, Schnittlauch.

Lauch hat einen relativ hohen Fruktosegehalt und ist deshalb bei **Fruktose-Malabsorption** nur bedingt geeignet.
➔ s. Fruktose-Malabsorption S. 21

LAVENDEL

Lavendel wird als Gewürz sowie als Aroma- und Heilpflanze eingesetzt.

Verwendung:
In mediterranen Gerichten wie Ratatouille, zu würzigem Fleisch (insbesondere Hammel), in Desserts, Eiscreme

Gesundheit:
Lavendel kann sowohl innerlich als auch äußerlich auf der Haut oder als Aromaöl angewendet werden. Das ätherische Öl wirkt beruhigend, entspannend und fördert das Einschlafen. Als Tee oder Tropfen wird Lavendel bei Verdauungsstörungen eingesetzt.

Tipp:
Ein Säckchen Lavendel im Wäscheschrank hält Motten fern.

Nicht verträglich / verträglich bei:

Gluten-Unverträglichkeit	☺
Histamin-Intoleranz	☺
Fruktose-Malabsorption	☺
Laktose-Intoleranz	☺

Lavendel kann in Gewürzmischungen enthalten sein. Traditionell ist er Bestandteil der bekannten Kräutermischung „Herbes de Provence".

Wussten Sie schon?
Lila blühende Lavendelfelder, soweit das Auge reicht, sind ein Wahrzeichen der Provence.

LEINSAMEN

Leinsamen sind die Samenkörner des Flachses. Aus der Flachspflanze wird Leinen produziert. Die Samen finden in der Ernährung und in der Heilkunde Anwendung.

Verwendung:
In Müsli, Brot, Müsliriegeln, Öl

Gesundheit:
Leinsamen enthalten viel Eiweiß, Mineralien, Eisen und Vitamin A. Sie werden als Quellstoff zur Stuhlregulierung eingesetzt und wirken bei Entzündungen im Magen-Darm-Trakt wohltuend.
Leinöl enthält ca. vier Mal soviel Omega-3-Fettsäuren wie Omega-6-Fettsäuren. Wegen des hohen Puringehaltes sind Leinsamen bei **Gicht** weniger geeignet.

TIPP: Reines Leinöl ist nur begrenzt haltbar.

Nicht verträglich / verträglich bei:

Gluten-Unverträglichkeit	☺
Histamin-Intoleranz	☺
Fruktose-Malabsorption	☺
Laktose-Intoleranz	☺

Ersatz: Andere hochwertige, nicht verarbeitete pflanzliche Öle.
Zur Stuhlregulierung: Flohsamen.

Wussten Sie schon?
Leinöl ist ein exzellenter Holzschutz; lebensmittelecht für Küchenplatten oder Schneidebrettchen. Draußen hält es selbst großen Wetterbelastungen stand.

LIEB STÖCKEL

Liebstöckel wird auch Maggikraut genannt, da Geruch, Geschmack und die Würzkraft sehr ähnlich sind.

Verwendung:
Als Gewürz in Suppen, Soßen, Braten, Salaten, zum Kochen von Rinderbrühe

Gesundheit:
In der Volksheilkunde wird die Wurzel des Liebstöckels gegen Blähungen und Verschleimung der Atemwege, zur Entwässerung und Förderung der Verdauung verwendet.

Nicht verträglich / verträglich bei:

Gluten-Unverträglichkeit	☺
Histamin-Intoleranz	☺
Fruktose-Malabsorption	☺
Laktose-Intoleranz	☺

Liebstöckel kann in Gewürzmischungen, Fertigsuppen und -soßen enthalten sein.

Ersatz: Selleriekraut hat ein ähnliches Aroma.

Wussten Sie schon?
Tatsächlich hat die Würzsoße Maggi nichts mit Liebstöckel zu tun. Das spezifische Aroma von Maggi entsteht durch ein spezielles biochemisches Verfahren, wobei

pflanzliche Eiweiße in die einzelnen Aminosäuren aufgeschlüsselt werden. Zusätzlich sind Salz, Hefeextrakt, Aroma und Geschmacksverstärker hinzugefügt. Liebstöckel ist nicht enthalten.

Zitrusfrüchte enthalten viel biogene Amine und sind darüber hinaus auch Histaminliberatoren. Damit sind sie bei **Histamin-Intoleranz** weniger geeignet.
➔ s. Histamin-Intoleranz S. 19

LIMETTE

Die Limette, auch Limone genannt, sieht aus wie eine grün-gelbe, runde Zitrone, ist jedoch saftiger, schmeckt aromatischer und sehr sauer.

Verwendung:
In Cocktails, Obstsalat, zu Meeresfrüchten, in Soßen, Desserts, Getränken, Sirup, Likör, Eis, Süßgebäck, Zuckerguss, Süßwaren

Gesundheit:
In Südostasien wird ein Tee mit Limetten, Ingwer und Palmzucker gegen Erkältungskrankheiten, zur allgemeinen Kräftigung und Stärkung des Immunsystems getrunken.

Tipp:
Das ätherische Öl in der Duftlampe oder im Massageöl reinigt den Raum, wirkt anregend, stimmungsaufhellend und wohltuend bei Ängsten.

Nicht verträglich / verträglich bei:

Gluten-Unverträglichkeit	☺
Histamin-Intoleranz	☹
Fruktose-Malabsorption	☺
Laktose-Intoleranz	☺

Ersatz: Zitronen.
Für die Säure in Speisen: Tamarindenpaste, synthetisches Zitronenaroma.

LINSE

Die verschiedenen Linsenarten unterscheiden sich in Größe, Farbe, Form und auch in der Garzeit. Sie sind entweder getrocknet oder als Konserve erhältlich.

Zubereitungsarten:
Als Eintopf, Bratling, Salat, Suppe, Püree

Gesundheit:
Linsen liefern viel pflanzliches Eiweiß sowie Nährstoffe wie Kalium, Phosphor und Eisen. Sie regen durch den hohen Ballaststoffgehalt die Verdauung an, können jedoch auch zu Blähungen führen.
Wegen des hohen Puringehaltes sind Linsen bei **Gicht** nicht zu empfehlen.

Tipp:
Die Garzeit von Linsen kann deutlich verkürzt werden, wenn man sie über Nacht einweicht.

Nicht verträglich / verträglich bei:

Gluten-Unverträglichkeit	☺
Histamin-Intoleranz	☺
Fruktose-Malabsorption	☺
Laktose-Intoleranz	☺

Ersatz: Kichererbsen, Bohnen, Soja.

Wussten Sie schon?
Linsen binden in ihren Wurzelknollen Stickstoff. Damit verbessern sie den Boden ganz ohne chemischen Dünger.

LITSCHI

Litschis sind Vielen nur aus asiatischen Restaurants, meist aus der Dose, bekannt. Der Geschmack ist nicht mit frischen Litschis zu vergleichen. Unter der recht rauen Schale befindet sich das saftige, schimmernde Fruchtfleisch, welches süßsäuerlich und ein wenig nach Muskat schmeckt. Der braune Kern ist ungenießbar.

Verwendung:
Roh, in Obstsalat, Desserts, in der chinesischen Küche in Reis- und Fleischgerichten, Wein

Gesundheit:
Litschis enthalten in etwa so viel Vitamin C wie Zitrusfrüchte. In der Traditionellen Chinesischen Medizin wird die Litschi wegen vielfältiger Wirkungen geschätzt.

Tipp:
Litschis dürfen warmen Gerichten erst ganz zum Schluss zugegeben werden, da sie durch die Hitze zäh werden.

Nicht verträglich / verträglich bei:

Gluten-Unverträglichkeit	☺
Histamin-Intoleranz	☺
Fruktose-Malabsorption	☹
Laktose-Intoleranz	☺

Ersatz: Eine hierzulande sehr exotische Frucht, die ähnlich schmeckt, ist Rambutan.

Der Fruktosegehalt von Litschis ist sehr hoch. Aufgrund des günstigen Glukose-Fruktose-Verhältnisses sind sie bei **Fruktose-Malabsorption** dennoch in Maßen geeignet.
➜ s. Fruktose-Malabsorption S. 21

Bei Birken- und Beifußpollenallergikern können **Kreuzreaktionen** beim Verzehr von Litschis auftreten.
➜ s. Kreuzallergie S. 220

Wussten Sie schon?
Um Litschis roh zu essen, puhlt man einfach die Schale ab wie bei einer Erdnuss oder einem Ei und knabbert das Fruchtfleisch vom Kern.

LOLLO ROSSO

Der Lollo Rosso ist ein Salat mit stark gekrausten dunkelroten Blättern. Er schmeckt aromatisch und leicht bitter. Die gelb-grüne Variante heißt Lollo bianco.

Verwendung:
Roh als Salat, zur Dekoration von Häppchen und Platten

Gesundheit:
Lollo Rosso enthält wie alle Salate gesunde Nährstoffe und viele Ballaststoffe.

Tipp:
Lollo Rosso Salat muss gut gewaschen werden, da sich in den krausen Blättern viel Erde ansammeln kann.

Nicht verträglich / verträglich bei:

Gluten-Unverträglichkeit	☺
Histamin-Intoleranz	☺
Fruktose-Malabsorption	☺
Laktose-Intoleranz	☺

Ersatz: Andere Blattsalate, Blattgemüse, Chinakohl.

LORBEER BLATT

Das Blatt des echten Lorbeers kann frisch und getrocknet als Gewürz verwendet werden. Getrocknete Lorbeerblätter sind in der Regel aromatischer und weniger bitter als frische.

Verwendung:
Als Gewürz zu Suppen, Soßen, Rind- und Wildgerichten, in Sauerkonserven, Sülze

Gesundheit:
Lorbeeressenzen wird eine wärmende und wohltuende Wirkung bei rheumatischen Erkrankungen zugeschrieben. In größeren Mengen genossen (z. B. als Tee), kann Lorbeer Rauschzustände bewirken.

Nicht verträglich / verträglich bei:

Gluten-Unverträglichkeit	☺
Histamin-Intoleranz	☺
Fruktose-Malabsorption	☺
Laktose-Intoleranz	☺

Lorbeer kann in Würzmischungen, Marinaden, Fischkonserven, Fertigsuppen u. ä. enthalten sein.

Wussten Sie schon?
Der berühmteste Lorbeerkranz ist wohl der auf dem Haupt von Julius Cäsar. Er ist ein Zeichen der Erkenntnis, der Stärke und des Sieges. Er wurde Kriegsherren, aber auch anderen hochangesehenen Persönlichkeiten, wie Dichtern, als Auszeichnung verliehen.
Hierzu folgendes Zitat: „Lorbeer ist ein gutes Kraut für die Suppenküche, wers als Kopfbedeckung braucht, wisse, dass es steche."

LÖWEN ZAHN

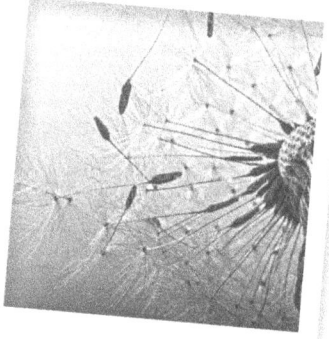

Frischer, zarter Löwenzahn ist eine delikate und sehr gesunde Zutat für den Salat. Blätter, Blüten (die Knospen sind noch weniger bitter) und Wurzeln sind essbar.

Verwendung:
Als Salat oder als Zugabe zu Blattsalat, Pesto, Tee, Tinktur, Kräuterkaffee, Brotaufstrich aus den Blüten, eingelegte Blüten als Antipasti

Gesundheit:
Löwenzahn wird schon seit langer Zeit für Frühjahrskuren zur Entschlackung eingesetzt.
Wegen der enthaltenen Bitterstoffe sollten insbesondere Kinder nicht zu viel davon zu sich nehmen.

Tipp:
Den Löwenzahn im eigenen Garten muss man nicht unbedingt als Unkraut bekämpfen. Man kann ihn als wertvolles Heilkraut auch einfach essen.

Nicht verträglich / verträglich bei:

Gluten-Unverträglichkeit	☺
Histamin-Intoleranz	☺
Fruktose-Malabsorption	☺
Laktose-Intoleranz	☺

Ersatz: Andere Frühjahrskräuter wie Spitzwegerich, Taubnesseln, Gundermann und Sauerampfer schmecken auch lecker im Salat und eignen sich für die Frühjahrskur.

Wussten Sie schon?
Das „officinale" im lateinischen Namen des Löwenzahns Taraxacum officinale verweist auf die Verwendung als Heilpflanze.

Verwendung:
Mehl in Vollkornprodukten, Nudeln und Lebkuchen, in Kaffeeersatz, vegetarischer „Wurst", Brotaufstrich, Lupinentofu, Würzsoße (ähnlich wie Sojasoße)

Gesundheit:
Lupinensamen sind leicht verdaulich und enthalten viel pflanzliches Eiweiß – besonders wertvoll für Veganer.
Im Gegensatz zu anderen Hülsenfrüchten enthalten Lupinen kein Purin. Damit sind sie auch bei **Gicht** geeignet.

Tipp:
Wildlupinen können giftig sein. Daher sollten Lupinensamen nicht selbst gesammelt werden. Im gut sortierten Fachhandel gibt es Lupinensamen der gezüchteten ungiftigen Sorten.

Nicht verträglich / verträglich bei:

Gluten-Unverträglichkeit	☺
Histamin-Intoleranz	☺
Fruktose-Malabsorption	☺
Laktose-Intoleranz	☺

LUPINE

Lupinen sind Hülsenfrüchte. Neben mehreren Hundert meist bitteren Wildformen gibt es gezüchtete Süßlupinen, die vermehrt Verwendung in der Nahrungsmittelindustrie finden.

LUPINE (und daraus hergestellte Erzeugnisse) gehören zu den Zutaten, die häufig Unverträglichkeitsreaktionen auslösen und sind deshalb **KENNZEICHNUNGSPFLICHTIG.**

Wussten Sie schon?
Lupinen können eine einheimische Alternative zu Soja darstellen – sowohl beim Viehfutter als auch in der menschlichen Ernährung. Die Nährstoffwerte sind vergleichbar, wobei Lupinen weniger Fett enthalten.

MACADAMIANUSS

Die Macadamianuss besitzt eine sehr harte Schale und wird bei uns meist geschält angeboten. Wegen ihres zarten, leicht buttrigen Geschmacks zählt sie zu den feinsten Nussarten – sie zergeht fast auf der Zunge. Dafür ist sie relativ teuer.

Verwendung:
Roh als Knabberei, in Gebäck, Süßwaren, Brotaufstrichen, in Füllungen für Gebäck oder Teigwaren, Eis

Gesundheit:
Die Macadamianuss hat einen Fettgehalt von fast 75 % und ist damit sehr kalorienreich.
Das Öl eignet sich für die Hautpflege und wird in Massageöl und Kosmetikprodukten verarbeitet. Es glättet die Haut und macht sie zart und geschmeidig. Aufgrund antientzündlicher Inhaltsstoffe ist es insbesondere für empfindliche oder gereizte, rissige und sehr trockene Haut geeignet.

> **TIPP:**
> Auch herzhafte Gerichte lassen sich mit Macadamianüssen verfeinern.

Nicht verträglich / verträglich bei:

Gluten-Unverträglichkeit	☺
Histamin-Intoleranz	☺
Fruktose-Malabsorption	☺
Laktose-Intoleranz	☺

Ersatz: Verträgliche Nusssorten und Alternativen.
➔ s. Frei von… Nüssen S. 214

MACADAMIANÜSSE sind Schalenfrüchte. Diese (und daraus hergestellte Erzeugnisse) gehören zu den Zutaten, die häufig Unverträglichkeitsreaktionen auslösen und sind deshalb **KENNZEICHNUNGSPFLICHTIG.**

Wussten Sie schon?
Es gibt verschiedene Sorten der Macadamianuss, darunter auch einige giftige. Die Ureinwohner Australiens verstanden sich jedoch darauf, sie durch spezielle Behandlung trotzdem essbar zu machen. Die ungiftige und delikate Sorte, die heute in großem Stil in Australien und z. B. auch in Hawaii angebaut wird, kam ursprünglich nur im subtropischen Regenwald Nordost-Australiens vor. Deshalb auch der Name Queenslandnuss.

MAIS

Mais ist glutenfrei und somit als Ersatz für glutenhaltige Getreide geeignet. Reines Maismehl ist allerdings zum Backen von Brot und Kuchen nicht geeignet.
➔ s. Gluten-Unverträglichkeit und Zöliakie S. 17
➔ s. Frei von… Gluten S. 212

Zubereitungsarten:
Als Gemüse gekocht, gebacken, gegrillt, in Salaten, als Mehl in Brot und Gebäck, Maiswaffeln, Pfannkuchen, Polenta, Maisöl

Gesundheit:
Zuckermais enthält zwar Zucker, der jedoch relativ langsam ins Blut aufgenommen wird, so dass keine starken Schwankungen des Blutzuckerspiegels entstehen. Das macht ihn insbesondere für **Diabetiker** interessant.

Tipp:
Ungesüßtes Popcorn eignet sich gut als Knabberei.

Nicht verträglich / verträglich bei:

Gluten-Unverträglichkeit	☺
Histamin-Intoleranz	☺
Fruktose-Malabsorption	☺
Laktose-Intoleranz	☺

Ersatz: Andere Gemüse, Mehle, Öle.

Wussten Sie schon?
Amerikanischer Whiskey, der Bourbon, wird aus Mais hergestellt, während für den schottischen Single Malt kein Mais verwendet wird.

MAJORAN

Majoran ist frisch und getrocknet erhältlich.

Verwendung:
Als Gewürz zu Fleisch, Gemüse, Fisch, Kartoffeln, in Wurst, Suppen

Gesundheit:
Majoran hilft, schwere, fette Speisen besser zu verdauen.

Nicht verträglich / verträglich bei:

Gluten-Unverträglichkeit	☺
Histamin-Intoleranz	☺
Fruktose-Malabsorption	☺
Laktose-Intoleranz	☺

Majoran kann in Gewürzmischungen, Fertigsoßen und in vielen Wurstsorten wie Leberwurst oder Bratwurst enthalten sein. Auch zu Kartoffelgerichten ist es ein vielverwendetes Gewürz.

Ersatz: Oregano schmeckt ähnlich, jedoch kräftiger.

Bei einer Beifuß- oder Birkenpollenallergie kann es zu **Kreuzreaktionen** beim Verzehr von Majoran kommen.
→ s. Kreuzallergie S. 220

MAKRELE

Makrelen sind Seefische mit sehr hohem Fettgehalt. Sie sind frisch, in Konserven, tiefgefroren und geräuchert erhältlich.

Zubereitungsarten:
Gedünstet, gebraten, gegrillt, geräuchert

Gesundheit:
Wie alle fettreichen Seefische enthält die Makrele viel Omega-3-Fettsäuren und auch Jod. Durch den hohen Fettgehalt ist sie jedoch auch reich an Kalorien und schwer verdaulich.

Tipp:
Als „Steckerlfisch", d. h. auf einem Holzstock am offenen Feuer knusprig zubereitet, schmeckt Makrele vielleicht am besten. So konnte ein Teil des Fettes schon abtropfen.

Nicht verträglich / verträglich bei:

Gluten-Unverträglichkeit	☺
Histamin-Intoleranz	☹
Fruktose-Malabsorption	☺
Laktose-Intoleranz	☺

Ersatz: Andere fettreiche Kaltwasserfische wie Thunfisch, Hering oder Lachs sind auch reich an Omega-3-Fettsäuren.

Frische Makrele enthält kaum Histamin. Wegen des hohen Gehalts an Histamin ist jedoch auf jeden Fall Vorsicht geboten. Geräucherte Makrele kann sehr viel Histamin beinhalten. Sie ist also bei **Histamin-Intoleranz** wenig geeignet.
→ s. Histamin-Intoleranz S. 19

FISCH (und daraus hergestellte Erzeugnisse) gehört zu den Zutaten, die häufig Unverträglichkeitsreaktionen auslösen und ist deshalb **KENNZEICHNUNGSPFLICHTIG.**

Wussten Sie schon?
Die meisten Makrelenbestände sind noch intakt.

Nicht verträglich / verträglich bei:

Gluten-Unverträglichkeit	☺
Histamin-Intoleranz	☹
Fruktose-Malabsorption	☺
Laktose-Intoleranz	☺

Ersatz: Alle verträglichen Obstsorten.

Mandarinen sind wie alle Zitrusfrüchte reich an biogenen Aminen und daher bei **Histamin-Intoleranz** nur bedingt geeignet. Die individuelle Toleranzschwelle kann durch vorsichtiges Ausprobieren ermittelt werden.
➔ s. Histamin-Intoleranz S. 19

Wussten Sie schon?
Konventionelle Ware wird üblicherweise zum Schutz vor Schimmel mit für Menschen unverträglichen Chemikalien behandelt. Normalerweise dringen diese Stoffe nur in die äußere orangene Schale ein. Trotzdem gilt: Nach dem Schälen von Mandarinen VOR dem Verzehr die Hände waschen. Sind die Mandarinen als „unbehandelt" ausgezeichnet, wurde keine chemische Oberflächenbehandlung vorgenommen.

MANDA RINE

Die Mandarine ist eine klassische Winterfrucht. In den bei uns kalten Monaten November bis März ist ihr Aroma am besten. Aus den Schalen wird ätherisches Öl gewonnen. Ganzjährig ist sie als Konserve erhältlich. Satsumas gehören auch zu den Mandarinen.

Verwendung:
Roh, in Obstsalat, als Kuchenbelag, in herzhaften Salaten, als fruchtige Note in Fleisch- und Geflügelgerichten, in Desserts, Saft, Sirup, Marmelade, Likör

Gesundheit:
Mandarinen enthalten viel Vitamin C und andere Vitamine.
Das ätherische Öl in der Duftlampe oder im Massageöl wirkt anregend und stimmungsaufhellend.

TIPP:
Getrocknete Mandarinenschalen verströmen einen angenehmen Duft.

MAN DEL

Nur Süßmandeln sind unbehandelt zum Verzehr geeignet. Die Bittermandel, die von einer anderen Art Baum stammt, enthält giftige Stoffe und muss vor dem Verzehr erhitzt werden. Einzelne bitter schmeckende Mandeln von einem Süßmandelbaum schmecken nur unangenehm, sind jedoch gesundheitlich völlig unbedenklich. Mandelmilch ist ein ernährungsphysiologisch hochwertiger Ersatz für Kuhmilch.

Verwendung:
Roh, gesalzen, karamellisiert als Knabberei, in Gebäck, Desserts, Eis, Süßwaren, Marzipan, Brotaufstrich, Mandelmus, Mandelmilch, Likör (Amaretto)

Gesundheit:
Mandeln sind reich an vielen Nähr- und Vitalstoffen, insbesondere Eiweiß, Calcium, Magnesium, Kupfer, Phosphor, Eisen und Vitamin E. Sie sind basisch, sollen die Knochen stärken und können helfen, den Blutdruck zu senken.
Mandelöl wirkt beruhigend auf irritierte Haut und wird in Kosmetika verwendet. Mandelöl ist zudem ein hochwertiges Basisöl für Massageöl, das je nach gewünschter Wirkung beliebig mit ätherischen Ölen aromatisiert werden kann.

Tipp:
Mandelmilch ist vielseitig verwendbar und leicht selbst herzustellen. Einfach Mandelpüree mit Quellwasser mischen – fertig.

Nicht verträglich / verträglich bei:

Gluten-Unverträglichkeit	☺
Histamin-Intoleranz	☺
Fruktose-Malabsorption	☺
Laktose-Intoleranz	☺

Ersatz: Verträgliche Nusssorten und Alternativen.
➔ s. Frei von... Nüssen S. 214

Bei einer Birkenpollenallergie kann es zu **Kreuzreaktionen** beim Verzehr von Mandeln kommen.
➔ s. Kreuzallergie S. 220

MANDELN sind Schalenfrüchte. Diese (und daraus hergestellte Erzeugnisse) gehören zu den Zutaten, die häufig Unverträglichkeitsreaktionen auslösen und sind deshalb **KENNZEICHNUNGSPFLICHTIG.**

Wussten Sie schon?
Die Mandelblüte ist ein wunderbares Schauspiel der Natur. Sie beginnt im Februar im westlichen Mittelmeerraum und breitet sich bis April nach Osten aus.

MANGO

Da die Mangosaison in den verschiedenen tropischen und subtropischen Anbaugebieten unterschiedlich ist, sind die grünen oder rotgelben köstlichen Früchte hier ganzjährig erhältlich.

Verwendung:
Roh, in Obstsalat oder herzhaftem Salat, Desserts, Currys, Chutneys, Reisgerichten, Smoothies, Cocktails, auf Kuchen, Saft, Eis, Marmelade, Sirup, zu Fleisch, Fisch und Geflügel

Gesundheit:
Mangos enthalten viele wertvolle Vitamine und Vitalstoffe, insbesondere Vitamin C und sehr viel Vitamin A. Sie sind gut für das Immunsystem und bei Infektionen.

Tipp:
Eine unreife Mango kann man bei Zimmertemperatur nachreifen lassen. In einem Plastik-

beutel geht das noch schneller. Allerdings faulen Mangos beim Nachreifen oft von innen heraus.

Nicht verträglich / verträglich bei:

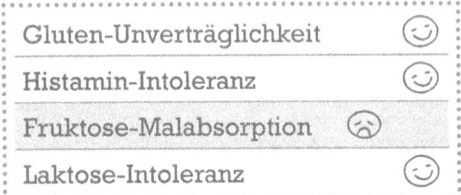

Mango kann in asiatischen, insbesondere indischen Gerichten auch in Form von Amchur-Pulver als Gewürz enthalten sein.

Mangos enthalten viel Fruktose und sind bei **Fruktose-Malabsorption** weniger geeignet.
➜ s. Fruktose-Malabsorption S. 21

Bei einer Allergie gegen Birken- oder Beifußpollen können **Kreuzreaktionen** beim Verzehr von Mangos auftreten.
➜ s. Kreuzallergie S. 220

Wussten Sie schon?
In Thailand werden auch unreife grüne Mangos z. B. für einen typischen Salat verwendet.

MANGOLD

Man unterscheidet zwischen dem Blattmangold und dem Stielmangold. Beide ähneln in Geschmack und Verwendung dem Spinat, wobei Mangold würziger ist. Mangold gibt es mit verschiedenfarbigen Blättern und Stielen.

Verwendung:
Als Blattgemüse, in Salaten, Aufläufen, Lasagne, als Hülle für Rouladen (wie Kohlrouladen)

Gesundheit:
Mangold ist reich an Vitalstoffen, insbesondere Magnesium und Eisen.
In der Volksheilkunde wird er bei Darmträgheit und Nervosität eingesetzt.
Durch den hohen Gehalt an als nierenschädigend geltender Oxalsäure sollte Mangold nicht im Übermaß verzehrt werden. Insbesondere in den sehr großen Blättern steckt viel Oxalsäure.

Tipp:
Mangold ist ein Wintergemüse, das Frost verträgt. So kann man auch in der kalten Jahreszeit frischen Mangoldsalat genießen.

Nicht verträglich / verträglich bei:

Gluten-Unverträglichkeit	☺
Histamin-Intoleranz	☺
Fruktose-Malabsorption	☺
Laktose-Intoleranz	☺

Ein verstecktes Vorkommen von Mangold ist unwahrscheinlich.

Ersatz: Spinat und Pak Choi schmecken ähnlich.

Wussten Sie schon?
Aus den Stielen von Mangold lässt sich ein spargelartiges Gemüse zubereiten. Man kann es wie Spargel mit einer Sauce Hollandaise servieren.

MANIOK

Maniok wächst in den Tropen und dient dort als wichtiges Grundnahrungsmittel und Stärkelieferant. Bei uns sind die Wurzeln oder fertiges Mehl erhältlich.

Verwendung:
Wie Kartoffeln als Beilage, gekocht, gebraten, frittiert, zum Binden von Soßen und Speisen, Fladenbrot. In den Anbauländern werden verschiedene Spezialitäten aus Maniok hergestellt.

Gesundheit:
Maniok enthält kein Gluten. Maniokmehl kann also bei Gluten- oder Weizenunverträglichkeit als Ersatz dienen.
Rohe Maniokwurzeln sind wegen der enthaltenen Giftstoffe ungenießbar. Durch Schälen und Erhitzen werden sie essbar.

Tipp:
In Butter gebraten, sind gekochte Maniokscheiben eine leckere Beilage zu Fleisch oder Fisch.

Nicht verträglich / verträglich bei:

Gluten-Unverträglichkeit	☺
Histamin-Intoleranz	☺
Fruktose-Malabsorption	☺
Laktose-Intoleranz	☺

Ersatz: Andere glutenfreie Stärkelieferanten sind z. B. Kartoffeln, Süßkartoffeln, Kichererbsen.
➔ s. Gluten-Unverträglichkeit und Zöliakie S. 17
➔ s. Frei von... Gluten S. 212

Wussten Sie schon?
Die Ureinwohner Südamerikas haben schon vor langer Zeit ein Verfahren entwickelt, um der Maniokwurzel das Gift zu entziehen und sie essbar zu machen.

MARONE

➔ s. Esskastanie S. 60

MARONEN RÖHRLING

Marone, Braunhäuptchen

Der Maronenröhrling ist ein feiner Speisepilz mit braunem bis schwärzlichem Hut und festem Fleisch. In Aussehen und Aroma ähnelt er dem Steinpilz. In unseren heimischen Wäldern wächst der Maronenröhrling von Juni bis November.

Verwendung:
Geschmort als Pilzgericht, in Soßen, Suppen, zu Fleischgerichten

Gesundheit:
Roh ist der Maronenröhrling giftig. Es treten Symptome wie Durchfall, Übelkeit und Erbrechen auf, die in der Regel nach zwei bis drei Tagen wieder abklingen. Die Heftigkeit der Symptome schwankt je nach individueller Empfindlichkeit und Konzentration der Giftstoffe.

Tipp:
Der Maronenröhrling eignet sich sehr gut zum Trocknen. Beim Putzen sollte man nur ein Bürstchen und kein Wasser verwenden, da sich die Röhren des Pilzes sonst vollsaugen.

Nicht verträglich / verträglich bei:

Gluten-Unverträglichkeit	☺
Histamin-Intoleranz	☺
Fruktose-Malabsorption	☺
Laktose-Intoleranz	☺

Maronenröhrlinge werden gesammelt und nicht gezüchtet. Ein Vorkommen in verarbeiteten (Fertig-)Nahrungsmitteln ist daher unwahrscheinlich.

Wussten Sie schon?
Selbst mehr als 25 Jahre nach der Katastrophe von Tschernobyl ist die radioaktive Belastung der Waldpilze regional teilweise noch sehr hoch. Die Höhe der Belastung variiert je nach Sorte und Standort.

MEERRETTICH

Von der Meerrettichpflanze wird die Wurzel als Gemüse, Gewürz und als Heilpflanze verwendet.

Verwendung:
Roh in Cremes, Dips, Brotaufstrichen, zu Fleisch und Fisch, gekocht in Soßen, insbesondere zu Rindfleisch

Gesundheit:
Die in Meerrettich enthaltenen Senföle sind hilfreich bei Infektionskrankheiten, insbesondere der Atemwege und des Harntraktes. Durch den hohen Vitamin-C-Gehalt werden zusätzlich die Abwehrkräfte gestärkt. Meerrettich wird äußerlich bei Gicht, rheumatischen Erkrankungen und Insektenstichen angewendet.

Tipp:
Am besten schält man nur den Teil, der sogleich verwendet werden soll. So bleibt die restliche Wurzel länger frisch. Den Meerrettich erst kurz vor Ende der Garzeit zu warmen Gerichten geben, da sich das Aroma schnell verflüchtigt.

Nicht verträglich / verträglich bei:

Gluten-Unverträglichkeit	☺
Histamin-Intoleranz	☺
Fruktose-Malabsorption	☺
Laktose-Intoleranz	☺

Meerrettich kann z. B. in Gewürzmischungen, Soßen und Salaten enthalten sein.

Ersatz: Senf hat eine ähnliche Schärfe.

Wussten Sie schon?
Ob der Name Meerrettich mit dem Meer zu tun hat, ist ungewiss. Tatsächlich herrscht über die Herkunft des Namens keine Einigkeit.

MIES MUSCHEL

Traditionell werden Miesmuscheln nur in der kühlen Jahreszeit, den Monaten mit R am Ende, also September bis Februar gegessen. Heute ist der Genuss von Muscheln dank einer geschlossenen Kühlkette während des Transportes ganzjährig möglich.

Zubereitungsarten:
Gekocht, geräuchert, überbacken, in Soßen, in Salaten (Meeresfrüchtesalat), auf Pizza, zu Nudelgerichten, ganz frisch an der Küste werden sie auch roh verzehrt

Gesundheit:
Miesmuscheln enthalten viel Phosphor, Eisen, Vitamin A sowie Vitamine der B-Gruppe (insbesondere B_{12}). Andererseits sammeln sie dadurch, dass sie ständig das Meerwasser filtern, auch Schadstoffe an.

Tipp:
Vor dem Kochen sollten die Muschelschalen geschlossen sein. Geöffnete Muscheln sind wahrscheinlich schon tot und möglicherweise verdorben. Beim Kochen muss sich die Muschelschale allerdings öffnen. Nach dem Kochen ungeöffnete Muscheln unbedingt wegwerfen. Sie könnten schon vor dem Kochen tot gewesen sein und die Schale war und blieb z. B. nur deshalb geschlossen, weil sie verklebt ist.

Nicht verträglich / verträglich bei:

Gluten-Unverträglichkeit	☺
Histamin-Intoleranz	☺
Fruktose-Malabsorption	☺
Laktose-Intoleranz	☺

Ersatz: In manchen Rezepten lassen sich Miesmuscheln durch andere Muscheln oder Meeresfrüchte ersetzen. Häufig sind jedoch auch diese bei einer Unverträglichkeit von Miesmuscheln nicht gut verträglich.

Bei einer Hausstaubmilbenallergie kann es zu **Kreuzreaktionen** beim Verzehr von Miesmuscheln kommen.
→ s. Kreuzallergie S. 220

MIESMUSCHELN sind Weichtiere. Diese (und daraus hergestellte Erzeugnisse) gehören zu den Zutaten, die häufig Unverträglichkeitsreaktionen auslösen und sind deshalb **KENNZEICHNUNGSPFLICHTIG.**

Wussten Sie schon?
Es ist ein aufwendiges Prozedere nötig, bis die Miesmuschel beim Händler ist. Vom Fang der sogenannten Saatmuscheln, über die Aufzucht, das Ernten, den Verkauf auf Auktionen, das Wieder-Aussetzen in klarem Meerwasser, um den Sand auszuspülen, bis hin zum Transport bei geschlossener Kühlkette.

MILCH
Kuhmilch

Nur Kuhmilch wird als Milch bezeichnet. Die Milch aller anderen Tiere wird speziell als Schafsmilch, Ziegenmilch etc. ausgewiesen.
Es gibt verschiedene Sorten von Kuhmilch. Die **Rohmilch** und **Vorzugsmilch** (gefilterte Rohmilch) sind völlig bzw. weitgehend unbehandelt und der Fettgehalt variiert je nach Kuhrasse, Futter und Jahreszeit zwischen unter 3,5 % und über 4,0 %.

Durch Pasteurisieren wird aus Rohmilch **Frischmilch**. Diese ist der Rohmilch in der Zusammensetzung der Nährstoffe am nächsten. Sie enthält durchschnittlich 3,5 % – 3,8 % Fett, 3,2 % – 3,5 % Eiweiß, Calcium, Vitamin B_{12} und B_2 und wenig Kohlenhydrate.

Vollmilch (3,5 % Fett), **fettarme Milch** (1,5 % bis 1,8 % Fett) und **entrahmte Milch** (maximal 0,3 % Fett) gehören zu den sogenannten standardisierten Milchsorten. Der Fettgehalt wird während der Herstellung genau eingestellt. Sie kann zusätzlich mit Milcheiweißen und anderen Nährstoffen angereichert werden. Dies muss entsprechend auf der Verpackung angegeben werden.

H-Milch wird zur Konservierung ultrahocherhitzt (135 °C – 150 °C für 2 bis 3 Sekunden). Dabei werden die enthaltenen Keime stark reduziert und auch viele Inhaltsstoffe. Zudem verändert sich der Geschmack deutlich. H-Milch ist bei Zimmertemperatur mindestens 6 Wochen haltbar.

ESL-Milch wird mit höheren Temperaturen pasteurisiert als Frischmilch und liegt in der Haltbarkeit (ca. 3 Wochen) zwischen Frischmilch und H-Milch.

Homogenisierte Milch ist fetthaltige Milch, die unter Druck verarbeitet wird. Damit wird erreicht, dass sich das Fett gleichmäßig in der Flüssigkeit verteilt und nicht als Schicht obenauf schwimmt.

Kondensmilch ist Milch, deren Wasseranteil durch Verdunstung reduziert wurde. Es gibt sie auch in gezuckerter Form zu kaufen.

Milchpulver wird aus Milch durch Trocknung gewonnen. Es ist reich an Vitamin A und D mit einem Fettgehalt von mindestens 25 %. Das teilentrahmte Milchpulver enthält 9,5 % Fett, Magermilchpulver enthält ca. 0,8 % Fett.

Tipp:
Laut EU-Richtlinie müssen enthaltene Milch oder Milcherzeugnisse auf Lebensmittelverpackungen deklariert werden. Mögliche Bezeichnungen sind: Molkenprotein, Kasein, Kaseinate, Milchpulver, Magermilchpulver, Milcheiweiß, Lactalbumin und Lactoglobulin.

Nicht verträglich / verträglich bei:

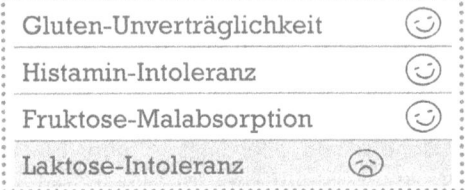

Gluten-Unverträglichkeit	☺
Histamin-Intoleranz	☺
Fruktose-Malabsorption	☺
Laktose-Intoleranz	☹

Milch kommt in sehr vielen Nahrungsmitteln offensichtlich oder auch versteckt und unvermutet vor. Insbesondere bei Fertigprodukten wie Soßen, Desserts, Kartoffelpüree, Bratkartoffeln und Mehlspeisen ist genau auf die Zutatenliste zu achten. Auch in vielen Wurstsorten kann Milch bzw. Milcheiweiß oder Laktose enthalten sein.
Margarine enthält oftmals Molkenpulver – und damit Kuhmilcheiweiß. Beachten Sie die Bezeichnung „rein pflanzlich" oder „milchfrei".

Auch Kalbfleisch kann bei einer ausgeprägten Milchunverträglichkeit oder Milchallergie zu Unverträglichkeits-Reaktionen führen, wenn das Kalb mit Muttermilch gefüttert wurde.
Bei unverpackten Nahrungsmitteln, z. B. beim Bäcker oder Metzger, empfiehlt es sich, gezielt nachzufragen oder sich die Zutatenliste ausdrucken zu lassen.

Viele Menschen vertragen Milch nicht gut. Dies kann jedoch unterschiedliche Ursachen haben: Eine Unverträglichkeit von Milcheiweiß, eine Laktose-Intoleranz – oder auch beides zusammen.

Die **Laktose-Intoleranz** beruht auf einem Enzymmangel – ist also keine Reaktion des Immunsystems. Für die Verdauung des Milchzuckers Laktose benötigt der Körper das Enzym Laktase. Ist dieses nicht in ausreichender Menge vorhanden, kommt es zu Beschwerden wie z. B. Durchfall, Blähungen und Bauchschmerzen.
Da in der Milch anderer Tiere auch Laktose enthalten ist, werden von Betroffenen auch Schafs-, Ziegen- und Stutenmilch in der Regel nicht gut vertragen.

Ersatz bei Laktose-Intoleranz:
Laktosefreie Milchprodukte, Hafermilch, Reismilch, Sojamilch, Kokosmilch, Sesam- oder Mandelmilch.
➔ s. Laktose-Intoleranz S. 25

Bei einer **Unverträglichkeit gegen Milcheiweiß** reagiert das Immunsystem auf den an sich harmlosen Stoff Milcheiweiß. Es handelt sich somit um eine **Allergie.**
Häufig tritt sie bei Kleinkindern auf, sobald sie kuhmilchhaltige Beikost zu sich nehmen. Sie geht bei bis zu 90 % der Kinder bis zum Schulalter wieder zurück. Bei Erwachsenen tritt eine Milcheiweißallergie selten auf. Allerdings bleibt sie dann meistens dauerhaft bestehen.

Bei einer Milcheiweißallergie werden alle Milchprodukte nicht vertragen, in denen dieses Eiweiß vorkommt. Milch enthält verschiedene Proteine. Die häufigsten sind Kasein und Molkeneiweiß.

Kasein ist auch in Sauermilchprodukten (Joghurt, Quark u. ä.), Käse sowie in der Milch anderer Tiere wie Schaf, Ziege, Stute und Kamel enthalten. Deshalb werden bei einer Allergie gegen Kasein alle Milchprodukte, nicht nur aus Kuhmilch, sondern auch aus der Milch anderer Tiere häufig nicht vertragen.

Ersatz bei Kaseinallergie:
Hafermilch, Reismilch, Sojamilch, Kokosmilch, Sesammilch oder Mandelmilch.
Möglicherweise sind Butter und Sahne aufgrund ihres geringen Eiweißgehaltes ganz gut verträglich.

Molkeneiweiß sondert sich mit der Molke ab und ist in Käse und Frischkäse kaum mehr enthalten.

Ersatz bei Allergie gegen Molkeneiweiß:
S. o. Kasein. Möglicherweise vertragen Betroffene Milch anderer Tiere problemlos.

Auch Butter und Sahne sind aufgrund ihres geringen Eiweißgehaltes oft gut bekömmlich. Einer der wertvollsten Inhaltsstoffe der Milch, das Calcium, ist z. B. auch in Gemüse wie Grünkohl, Rucola, Spinat, einigen Samen und Nüssen, getrockneten Früchten, Amaranth und Teff reichlich enthalten.
➔ s. Frei von... Milch S. 210

MILCH (und daraus hergestellte Erzeugnisse) gehört zu den Zutaten, die häufig Unverträglichkeitsreaktionen auslösen und ist deshalb **KENNZEICHNUNGSPFLICHTIG.**

Wussten Sie schon?
Kasein wird auch als Bindemittel und als pharmazeutischer Hilfsstoff verwendet.

MILCH, GEKOCHT

Bei einer leichten Unverträglichkeit von Milcheiweiß kann es sein, dass gekochte Milch besser vertragen wird. Durch den Kochvorgang wird die Struktur der Milchproteine verändert, so dass sie möglicherweise vom Immunsystem nicht mehr als die ursprünglichen und „bekämpfenswerten" Proteine erkannt werden.
Um diesen Effekt zu erreichen, muss die Milch mindestens 30 Minuten gekocht werden. Danach wird sie abgekühlt und die Haut wird entfernt.

Gesundheit:
Gekochte Milch enthält weniger Nährstoffe als Frischmilch oder H-Milch.

Tipp:
Um ein Anbrennen zu verhindern, spülen Sie den Topf vorher mit kaltem Wasser aus und füllen dann die Milch hinein, ohne den Topf innen abzutrocknen.
Damit die Milch nicht überkocht, fetten Sie den oberen Rand des Topfes mit etwas Öl ein. Trotzdem sollte der Topf nur bis etwa zur Hälfte mit Milch gefüllt werden.

Achtung: Die Milch nicht in der Mikrowelle kochen. Sie könnte „explodieren".

Nicht verträglich / verträglich bei:

Gluten-Unverträglichkeit	☺
Histamin-Intoleranz	☺
Fruktose-Malabsorption	☺
Laktose-Intoleranz	☹

Auch in gekochter Milch ist Milchzucker enthalten. Sie ist darum bei **Laktose-Intoleranz** weniger geeignet.
➔ s. Laktose-Intoleranz S. 25

Ersatz: ➔ s. o. Milch S. 124

MILCH (und daraus hergestellte Erzeugnisse) gehört zu den Zutaten, die häufig Unverträglichkeitsreaktionen auslösen und ist deshalb **KENNZEICHNUNGSPFLICHTIG.**

MIRABELLE

Die Mirabelle ist eine Pflaumenart. Sie ist gelb bis rötlich und rot. Ihr Geschmack ist fruchtig, süß und ein wenig säuerlich.

Verwendung:
Roh, Marmelade, Mus, Fruchtsoße, Saft, Likör, Schnaps, auf Kuchen, in Knödeln, zu Mehlspeisen

Gesundheit:
Wie alle Obstsorten enthalten Mirabellen viele Vitalstoffe.

Nicht verträglich / verträglich bei:

Gluten-Unverträglichkeit	☺
Histamin-Intoleranz	☺
Fruktose-Malabsorption	☹
Laktose-Intoleranz	☺

Ersatz: (Gelbe) Pflaumen und Aprikosen haben ein ähnliches Aroma.

Der Fruktosegehalt von Mirabellen ist sehr hoch. Aufgrund des günstigen Glukose-Fruktose-Verhältnisses sind sie bei **Fruktose-Malabsorption** dennoch in Maßen geeignet.
➔ s. Fruktose-Malabsorption S. 21

MOHN

Mohn sind die blau-grau-schwarzen oder weißen Samen des Schlafmohns. Sein Geschmack ist aromatisch nussig.

Verwendung:
In Salzgebäck und als Dekoration, Mohnkuchen, Mohnstrudel, mit Butter zu Germknödeln, Speiseöl

Gesundheit:
Mohnsamen sind reich an Vitalstoffen, insbesondere an Kalium, Calcium, Magnesium, Phosphor, Eisen, B-Vitaminen, Kupfer und Zink.

Der geringe Gehalt an Opiaten ist gesundheitlich unbedenklich.
Aus dem Morphin des Opiumsaftes (nicht der Samen) werden Schmerz- und Narkosemittel hergestellt.
Mohn enthält viel Purin, ist also bei **Gicht** wenig geeignet.

Tipp:
Gemahlene Mohnsamen werden schnell ranzig. Daher immer nur den aktuellen Bedarf mahlen und den Rest als ganze Samen aufbewahren.

Nicht verträglich / verträglich bei:

Gluten-Unverträglichkeit	☺
Histamin-Intoleranz	☺
Fruktose-Malabsorption	☺
Laktose-Intoleranz	☺

Mohnöl wird auch in der Kosmetikindustrie verwendet.

Ersatz: In einigen Rezepten, z. B. als Dekoration auf Salzgebäck, kann Mohn durch Sesam oder Schwarzkümmel ersetzt werden. Der typische Mohngeschmack ist jedoch kaum zu ersetzen.

Wussten Sie schon?
Der Mohn steht als Symbol für Schlaf, Traum und Tod.
Heroin ist als solches nicht in Mohn enthalten. Es wird aus den Morphinen des Saftes chemisch hergestellt.

MOLKE

Molke ist ein Nebenprodukt, das bei der Käseherstellung anfällt; nämlich die Flüssigkeit, die sich beim Eindicken der Milch absondert, und die nach dem Abschöpfen der Käsemasse übrig bleibt. Pur schmeckt sie den meisten Menschen nicht sehr gut.

Verwendung:
Als Getränk, mit Saft, Früchten, in Limonaden

Gesundheit:
Die Molke ist ein altbekanntes Heilmittel. Sie soll entwässernd und entgiftend sein, die Leberfunktion unterstützen, damit auch die Verdauung fördern und den Stoffwechsel anregen. Auch für Gesunde ist Molke zur Vorbeugung empfehlenswert.
Aufgrund ihrer basischen Wirkung und leicht vom Körper aufzunehmenden Nährstoffe, findet sie vielfach bei Fastenkuren Anwendung.

Nicht verträglich / verträglich bei:

Gluten-Unverträglichkeit	☺
Histamin-Intoleranz	☺
Fruktose-Malabsorption	☺
Laktose-Intoleranz	☹

In der Molke sind fast nur noch die Molkenproteine enthalten. Die übrigen Milcheiweiße sind größtenteils im Käse zu finden. Beruht eine Milchunverträglichkeit auf anderen Milcheiweißen als den Molkeneiweißen, z. B. Kasein, kann Molke möglicherweise ohne Probleme getrunken werden.

Molke enthält beinahe die gesamte Laktose der Milch und ist somit bei **Laktose-Intoleranz** wenig geeignet.
➔ s. Laktose-Intoleranz S. 25

MILCH (und daraus hergestellte Erzeugnisse) gehört zu den Zutaten, die häufig Unverträglichkeitsreaktionen auslösen und ist deshalb **KENNZEICHNUNGSPFLICHTIG.**

Wussten Sie schon?
Die gelblich-grünliche Farbe von Frischmolke wird durch das Vitamin B_2 verursacht.

MUNGO BOHNE

Die Mungobohne ist eine Hülsenfrucht, ungefähr erbsengroß und meist grün. Es gibt jedoch auch gelbe Sorten. Sie sind getrocknet oder als Sprossen erhältlich. Hierzulande werden sogenannte „Sojasprossen" verkauft, die jedoch Mungosprossen sind. Auch unter dem Namen Lunja-Bohnen oder Lunja-Sprossen werden Mungobohnen vertrieben. Mit dem Namen Lunja werden aber auch Adzukibohnen bezeichnet.

Verwendung:
Die Bohnen in Suppen, Soßen, asiatischen Gerichten, die Sprossen in Salat, als Brotbelag, auf Pizza, zu Nudeln

Gesundheit:
Mungosprossen enthalten deutlich weniger

Vitalstoffe pro 100 g als Mungobohnen. Diese sind reich an Ballaststoffen sowie Proteinen, Mineralien und Vitaminen wie Kalium, Magnesium, Calcium, B-Vitaminen und Folsäure.

> **TIPP:**
> Der Geschmack von Mungosprossen ist frischer als der „echter" Sojasprossen.

Nicht verträglich / verträglich bei:

Gluten-Unverträglichkeit	☺
Histamin-Intoleranz	☺
Fruktose-Malabsorption	☺
Laktose-Intoleranz	☺

Mungobohnen können in Salaten und asiatischen Gerichten enthalten sein.

Wussten Sie schon?
Die asiatischen Glasnudeln werden aus Mungobohnen hergestellt.

MUSKAT NUSS

Die Muskatnuss ist der Samen des Muskatbaumes. Sie ist von einem Samenmantel, Macis, umgeben, der auch Muskatblüte genannt wird. Beide werden als Gewürz verwendet.

Verwendung:
Als Gewürz zu Gemüse, Fleisch, Süßgebäck, Kartoffeln

Gesundheit:
In ihrem Ursprungsland Indonesien wird die Muskatnuss schon sehr lange als Heilpflanze verwendet. Sie hilft gegen Schmerzen und Infektionen, wirkt nervenberuhigend und hebt die Stimmung. Ein wenig Muskatnussöl in der Duftlampe fördert das Einschlafen. Auch bei Magen-Darm-Beschwerden wirkt Muskat lindernd.

Bei übermäßigem Konsum (ab 4 g innerhalb weniger Stunden) können Vergiftungserscheinungen wie Übelkeit und Erbrechen, Halluzinationen und Früh- bzw. Fehlgeburten auftreten. Diese Dosis wird jedoch bei einer normalen Verwendung als Gewürz oder Heilmittel nicht erreicht.

Tipp:
Gemahlen verliert die Muskatnuss relativ schnell ihr Aroma. Deshalb am Besten nur den aktuellen Bedarf von einer ganzen Nuss mahlen bzw. reiben. Da die Muskatnuss sehr hart ist, gibt es dafür spezielle Reiben.

Nicht verträglich / verträglich bei:

Gluten-Unverträglichkeit	☺
Histamin-Intoleranz	☺
Fruktose-Malabsorption	☺
Laktose-Intoleranz	☺

Muskat kann in Gewürzmischungen (auch Curry), Backwaren, Suppen, Soßen, Fertiggerichten und in Glühwein enthalten sein. Muskatnuss wird auch in der Kosmetikindustrie verwendet.

Bei einer Allergie gegen Beifußpollen kann es zu **Kreuzreaktionen** beim Verzehr von Muskatnuss kommen.
➔ s. Kreuzallergie S. 220

Wussten Sie schon?
Muskatnuss enthält psychoaktive Stoffe mit halluzinogenem Charakter und wird deshalb auch als Droge konsumiert.

Wussten Sie schon?
Dem Muskraut wird eine positive Wirkung auf die männliche Potenz nachgesagt. Obwohl dies „wissenschaftlich" nicht erwiesen ist, schwören viele darauf.

MUSKRAUT

Muskraut oder Mluchiya ist ein Blattgemüse, das insbesondere in der arabischen und libanesischen Küche verwendet wird. Hierzulande ist es in getrockneter Form in türkischen und arabischen Lebensmittelgeschäften erhältlich.

Verwendung:
Gekocht, ähnlich wie Spinat, in speziellen Gerichten

Tipp:
Es gibt sogar ein gleichnamiges Gericht mit Huhn, Reis, Muskraut und Zitrone, dessen Geschmack die Geister spaltet. Die einen lieben und die anderen – nun ja – meiden es.

Nicht verträglich / verträglich bei:

Gluten-Unverträglichkeit	☺
Histamin-Intoleranz	☺
Fruktose-Malabsorption	☺
Laktose-Intoleranz	☺

Ersatz: Spinat oder Mangold lässt sich ähnlich verwenden; ihnen fehlt jedoch die charakteristische Säure.

NEKTARINE

Die Nektarine ähnelt in Aussehen und Geschmack dem Pfirsich. Die Haut ist jedoch nicht pelzig weich sondern glatt.

Verwendung:
Roh, auf Kuchen, in Desserts, als Konserven, Marmelade, Likör, Saft, in Soßen zu dunklem Fleisch, in Chutneys

Tipp:
Da Nektarinen kaum nachreifen, sollten nur reif geerntete Früchte gekauft werden. Da

die reifen Nektarinen andererseits sehr empfindlich und nicht lange lagerfähig sind, ist es oft schwierig, welche zu finden.

Nicht verträglich / verträglich bei:

Gluten-Unverträglichkeit	☺
Histamin-Intoleranz	☺
Fruktose-Malabsorption	☹
Laktose-Intoleranz	☺

Ersatz: Pfirsich, Pflaume, Mirabelle, Aprikose, Mango.

Nektarinen sind wegen ihres Fruktosegehaltes bei **Fruktose-Malabsorption** nur bedingt geeignet.
→ s. Fruktose-Malabsorption S. 21

Bei Birkenpollenallergikern kann eine **Kreuzreaktion** beim Verzehr von Nektarinen auftreten.
→ s. Kreuzallergie S. 220

NELKE

Die Gewürznelke ist nicht zu verwechseln mit der Blume gleichen Namens. Gewürznelken sind getrocknete Blütenknospen des Gewürznelkenbaums, der ursprünglich in Indonesien beheimatet ist. Ihr Geschmack ist scharf aromatisch und hierzulande insbesondere aus der Weihnachsbäckerei bekannt.

Verwendung:
Als Gewürz zu Rotkohl, dunklem Fleisch, Fisch, in Backwaren, Soßen, Getränken (Glühwein)

Gesundheit:
Nelkenöl ist entzündungshemmend, schmerzstillend und örtlich betäubend. Auf den Zahn geträufelt, lindert es Zahnschmerzen. Bei Entzündungen im Mund- und Rachenraum hilft Gurgeln mit in Wasser verdünntem Nelkenöl. Auch bei Blähungen wirkt Nelkenöl wohltuend.

Achtung: Unverdünntes Nelkenöl reizt die Schleimhäute. Innerlich wird es nur mit Wasser verdünnt angewendet.

TIPP:
Etwas Nelkenöl in der Duftlampe vertreibt lästige Insekten.

Nicht verträglich / verträglich bei:

Gluten-Unverträglichkeit	☺
Histamin-Intoleranz	☺
Fruktose-Malabsorption	☺
Laktose-Intoleranz	☺

Nelke kann in Tee, Gewürzmischungen, Würzsoßen und in asiatischen bzw. orientalischen Gerichten enthalten sein.

Ersatz: Pimentkörner haben ein etwas ähnliches Aroma.

Wussten Sie schon?
Für eine indonesische Zigarettenspezialität wird der Tabak mit Nelken aromatisiert.

NORI ROTALGE

Nori ist die japanische Bezeichnung für die papierartigen Blätter, in die Sushi gerollt wird. Nori wird aus Salzwasser-Rotalgen hergestellt, die speziell zu diesem Zweck angebaut werden.

Verwendung:
Sushi, als Gewürz, in Salaten, Suppen

Gesundheit:
Nori Rotalgen sind reich an Mineralien, Spurenelementen und Vitaminen. Der Jodgehalt ist für Algen verhältnismäßig niedrig.
In der Traditionellen Chinesischen Medizin werden Algen schon sehr lange eingesetzt.
Algen wachsen auch in verunreinigten Gewässern und nehmen dann Schadstoffe auf. Deshalb ist auf die Herkunft aus kontrolliertem Anbau zu achten.

Tipp:
Eine Ganzkörperpackung mit Meeresalgen entschlackt und vitalisiert die Haut.

Nicht verträglich / verträglich bei:

Gluten-Unverträglichkeit	☺
Histamin-Intoleranz	☺
Fruktose-Malabsorption	☺
Laktose-Intoleranz	☺

Rotalgen können auch in Nahrungsergänzungsmitteln, insbesondere japanischen und asiatischen Gewürzmischungen, Soßen u. a. enthalten sein.

Wussten Sie schon?
Eine der Nori Alge nah verwandte Alge kommt an der britischen und irischen Küste vor. Laverbread wird aus der Alge hergestellt und gilt als stärkende und gesunde Delikatesse.

OKRA SCHOTE

Das alte afrikanische Gemüse wird weltweit in vielen Regionen als fester Bestandteil des Speiseplans geschätzt und ist mittlerweile auch in Europa auf dem Vormarsch.

Zubereitungsarten:
Eingelegt, in Suppen, Eintöpfen, Aufläufen, gebacken, frittiert

Gesundheit:
Die Okra-Schote eignet sich gut für eine kalorienarme und gesunde Ernährung. Sie leistet u. a. durch den hohen Ballaststoffan-

teil und die Substanzen des Schleimes einen vielfältigen Beitrag zur Darmgesundheit.

Tipp:
Der beim Kochen oder Dünsten austretende schleimige Saft der Okra-Schote wirkt wie Speisestärke. Suppen und Eintöpfe bekommen eine dickere Konsistenz, es sei denn, man gibt Essig, Tomaten oder andere säurehaltige Lebensmittel dazu.
Wenn man Okras in Öl anbrät, z. B. mit Knoblauch und Chilischoten, tritt die schleimige Flüssigkeit nicht aus.

Nicht verträglich / verträglich bei:

Gluten-Unverträglichkeit	☺
Histamin-Intoleranz	☺
Fruktose-Malabsorption	☺
Laktose-Intoleranz	☺

Ein verstecktes Vorkommen von Okra-Schoten ist nicht zu erwarten.

OKTOPUS

→ s. Tintenfisch S. 183

OLIVE

Oliven sind die Früchte des Olivenbaums. Alle Oliven sind zunächst grün. Lässt man sie weiter reifen, werden sie schwarz und sind dann weicher und meist milder im Geschmack. Direkt nach der Ernte sind sie nicht genießbar und werden zunächst gewässert, um die Bitterstoffe auszuschwemmen. Um ihnen den typischen Geschmack zu verleihen, werden sie dann in Salzlake oder Öl eingelegt.

Verwendung:
Eingelegt, gewürzt, angemacht als Brotaufstrich (Tapenade), zu Salat, auf Pizza, in Brot, Nudelgerichten, Schmorgerichten, Eis, Pudding, Öl

Gesundheit:
Oliven selbst, z. B. in Salzwasser mariniert, sind nicht sehr kalorienreich. Sind sie allerdings in Öl eingelegt, muss man den sehr hohen Kaloriengehalt des Öls mit berücksichtigen. Olivenöl enthält überwiegend einfach ungesättigte Fettsäuren, die den Cholesterinspiegel senken können. Außerdem enthält es Antioxidantien wie Carotinoide und Polyphenole. Auch in der Hautpflege ist die Olive bewährt.

Nicht verträglich / verträglich bei:

Gluten-Unverträglichkeit	☺
Histamin-Intoleranz	☺
Fruktose-Malabsorption	☺
Laktose-Intoleranz	☺

Bei einer Unverträglichkeit gegen Oliven ist auch Olivenöl zu meiden.

Ersatz: Jedes verträgliche Öl. Reich an ungesättigten Fettsäuren sind z. B. auch Distelöl, Rapsöl, Walnussöl, Leinöl oder Hanföl.

Wussten Sie schon?
Olivenöl wird aus dem Fruchtfleisch und den Kernen gewonnen. Die beste Qualität ist „extra vergine" oder „natives Olivenöl extra". Die optimal reifen Oliven werden innerhalb weniger Stunden zur Mühle gebracht und dort zu Öl verarbeitet. Olivenöl muss strengen Anforderungen genügen, um diese Bezeichnung zu führen. So dürfen z. B. nur 0,8 % gesättigte Fettsäuren enthalten sein.

ORANGE

Orangen reifen nach dem Ernten nicht nach. Sie schmecken am besten, wenn sie am Baum gereift sind, da sich nur so der für den Geschmack entscheidende hohe Zuckergehalt entwickelt.

Verwendung:
Roh, in Obst- und herzhaften Salaten, Saft, Marmelade, kandiert, in süßen und pikanten Speisen und Soßen, Dips, Desserts, Tees, Schokolade
Die Schalen und Blüten: Aromen in Backwaren, Likören, ätherisches Öl

Gesundheit:
Orangen enthalten viel Vitamin C sowie B-Vitamine und Folsäure.

Tipp:
Um eine makellose Form und Oberfläche zu erhalten, werden die meisten Orangen mehrmals mit Pestiziden gespritzt und mit Wachs behandelt, das Konservierungsstoffe enthält. Wenn die Schale verwendet werden soll, sollte man ungespritzte Früchte kaufen. Möglicherweise ist dann die Form etwas ungleichmäßiger und die Schale weniger glänzend.

Nicht verträglich / verträglich bei:

Gluten-Unverträglichkeit	☺
Histamin-Intoleranz	☹
Fruktose-Malabsorption	☹
Laktose-Intoleranz	☺

Ersatz: Alle anderen verträglichen Zitrusfrüchte. Viel Vitamin C ist z. B. auch in Erdbeeren, Guaven, schwarzen Johannisbeeren und Kiwis enthalten.

Orangen sind wie alle Zitrusfrüchte reich an biogenen Aminen und daher bei **Histamin-Intoleranz** nur bedingt geeignet. Die individuelle Toleranzschwelle kann durch vorsichtiges Ausprobieren ermittelt werden.
➔ s. Histamin-Intoleranz S. 19

Orangen sind aufgrund ihres hohen Fruktosegehaltes bei **Fruktose-Malabsorption** weniger geeignet. Mandarinen und Grapefruits hingegen sind Zitrusfrüchte, die durch ihr günstiges Glukose-Fruktose-Verhältnis

bei einer **Fruktose-Malabsorption** besser verträglich sind.
➔ s. Fruktose-Malabsorption S. 21

Wussten Sie schon?
Apfelsine – wie die Orange auch genannt wird – bedeutet Apfel aus China. Sie kam tatsächlich erst mit der Entdeckung des Seewegs nach Indien durch Vasco da Gama nach Europa.

Nicht verträglich / verträglich bei:

Gluten-Unverträglichkeit	☺
Histamin-Intoleranz	☺
Fruktose-Malabsorption	☺
Laktose-Intoleranz	☺

TIPP: Das Aroma von frischen Oregano-Blättern ist sehr viel intensiver als das von getrockneten.

OREGANO

Oregano ist hauptsächlich aus der italienischen Küche bekannt. So passt er denn auch am besten zu mediterranen Gerichten.

Verwendung:
Als Gewürz zu Pizza und Pasta, Kartoffelgerichten, Fleisch, Fisch, in der modernen Küche auch in Eiscreme

Gesundheit:
Oregano ist eine starke Heilpflanze. Er wirkt gegen Pilze und Bakterien, ist reich an Antioxidantien, antientzündlich und blutverdünnend.

Achtung: Bei Einnahme von blutverdünnenden Medikamenten kann Oregano die Wirkung verstärken.
Wegen der starken Wirkung sollte in der Schwangerschaft sowie bei Babys und Kleinkindern kein Oregano-Öl angewendet werden.

Oregano wird in sehr vielen Gewürzmischungen verwendet.

Wussten Sie schon?
Oregano wird auch wilder Majoran genannt, ist jedoch nicht mit dem Majoran zu verwechseln, der nicht die gleichen Inhaltsstoffe enthält.

PANGASIUS

Pangasius ist ein Süßwasserfisch. Wegen seines günstigen Preises und seines weißen, recht neutral schmeckenden Fleisches ist er ein beliebter Speisefisch. Er wird in Aquakulturen im und am Mekong hauptsächlich in Vietnam gezüchtet.

Zubereitungsarten:
Gekocht, gedünstet, gebraten, gegrillt

Gesundheit:
Pangasius wird in Massen auf relativ kleiner Fläche gezüchtet. Teilweise sind die Fische mit Antibiotika verunreinigt. Es wurden schon Fälle aufgedeckt, in denen bei der Verarbeitung gesundheitsschädliche Phosphate und Konservierungsstoffe hinzugefügt wurden, die nicht auf der Verpackung deklariert waren.

Tipp:
Es gibt viele einheimische, schmackhafte Süßwasserfische als Alternative.

Nicht verträglich / verträglich bei:

Gluten-Unverträglichkeit	☺
Histamin-Intoleranz	☺
Fruktose-Malabsorption	☺
Laktose-Intoleranz	☺

Ersatz: Andere verträgliche Fische, z. B. Forelle, Zander, Felchen.

FISCH (und daraus hergestellte Erzeugnisse) gehört zu den Zutaten, die häufig Unverträglichkeitsreaktionen auslösen und ist deshalb **KENNZEICHNUNGSPFLICHTIG.**

Wussten Sie schon?
Durch die Abwässer der Fischfarmen werden das sensible Ökosystem und die Trinkwasserqualität am Mekong massiv belastet.

PAPAYA

Die Papaya ist eine köstlich süße, tropische Frucht, die das ganze Jahr über reift.

Verwendung:
Roh, in Obst- und herzhaften Salaten, Currys, die unreifen Früchte in Chutneys

Gesundheit:
Papayas liefern sehr viel Vitamin C, auch Provitamin A, Magnesium und andere Vitalstoffe sind reichlich enthalten.

Die Papaya ist überdies eine alte Heilpflanze. Wurzeln, Blätter, Fruchtfleisch und Samen werden verwendet. Das Fleisch unterstützt die Verdauung und regt die Entgiftung an. Die Kerne eignen sich bestens für die Reiseapotheke. Sie helfen bei Reisedurchfall und gegen Darmparasiten. Außerdem unterstützen sie die Verdauung und helfen so, mit ungewohntem Essen besser zurecht zu kommen.

Tipp:
Bei Reisen in den Tropen kann man immer ein paar Papaya-Kerne trocknen und griffbereit dabei haben oder schon prophylaktisch essen.

Nicht verträglich / verträglich bei:

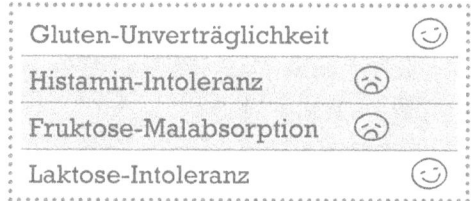

Papaya kann auch in Nahrungsergänzungsmitteln und Kosmetikprodukten enthalten sein.

Papaya wirkt als Histaminliberator und ist bei **Histamin-Intoleranz** nur bedingt geeignet. Die individuelle Toleranzgrenze kann vorsichtig ausprobiert werden.
→ s. Histamin-Intoleranz S. 19

Der Fruktosegehalt von Papayas ist sehr hoch. Aufgrund des günstigen Glukose-Fruktose-Verhältnisses sind sie bei **Fruktose-Malabsorption** dennoch in Maßen geeignet.
→ s. Fruktose-Malabsorption S. 21

PAPRIKA GEWÜRZ

Das Paprikagewürz wird nicht aus der Gemüsepaprika gewonnen, sondern aus anderen Paprikasorten in verschiedenen Schärfegraden. Paprikagewürz gibt es von süß bis sehr scharf.
Es kann in Gewürzmischungen, Fertiggerichten aller Art, Soßen, Wurst, vorbereiteten Bratenfüllungen, fertig gewürztem Grillfleisch, Snacks (Kartoffelchips) u. v. m. enthalten sein.

PAPRIKA SCHOTE

Ursprünglich waren alle Paprikaarten mehr oder weniger scharf. Die süßen Gemüsepaprika wurden aus den scharfen Sorten gezüchtet.

Verwendung:
Roh mit Dip, in Salat, gedünstet als Beilagengemüse, zu Gulasch, auf Pizza, gegrillt, als Antipasti, sauer eingelegt, in Wurst, als Soßen, Pasten (Ayvar)

Gesundheit:
Paprika beinhaltet mehr als doppelt so viel Vitamin C wie Orangen.

Tipp:
Die schwer verdauliche Haut von Paprika lässt sich leicht entfernen, wenn man die ganzen Schoten im Backofen bei großer Hitze backt, bis die Haut Blasen wirft. Dann kann man sie leicht abziehen.

Nicht verträglich / verträglich bei:

Gluten-Unverträglichkeit	☺
Histamin-Intoleranz	☺
Fruktose-Malabsorption	☺
Laktose-Intoleranz	☺

Paprika kann in vielen Fertig- und Tiefkühlgerichten, Suppen, Soßen, Gemüsemischungen, Salaten, ungarischen oder mexikanischen Gerichten enthalten sein.

Bei einer Allergie gegen Beifußpollen kann es zu **Kreuzreaktionen** beim Verzehr von Paprika kommen.
➔ s. Kreuzallergie S. 220

Wussten Sie schon?
Zuerst sind alle Paprika grün, bevor sie dann mit höherem Reifegrad gelb, rot oder orange werden.

PARA NUSS

Die Paranuss ist der Samen des Paranussbaums. Da dieser schwierig zu kultivieren ist, sind die meisten im Handel erhältlichen Paranüsse aus Wildsammlung. Die Schale ist sehr hart und schwierig zu knacken. Deshalb werden Paranüsse oft schon geschält angeboten.

Verwendung:
Roh oder geröstet als Knabberei, in Gebäck, Süßwaren, Kuchen, Muffins, Öl

Gesundheit:
Paranüsse sind sehr nahrhaft und beinhalten neben Fett und pflanzlichem Eiweiß große Mengen an wertvollen Vitalstoffen. Insbesondere der Gehalt an Selen – ein wirkungsvolles Antioxidans, das auch für den Schilddrüsen-Stoffwechsel von Bedeutung ist – ist sehr hoch.

Tipp:
Mit Paranüssen lässt sich der sogenannte Paranuss-Effekt veranschaulichen. Wenn man eine Nussmischung eine Weile lang schüttelt, werden nach und nach die Paranüsse – da sie die größten Nüsse sind – nach oben wandern.

Nicht verträglich / verträglich bei:

Gluten-Unverträglichkeit	☺
Histamin-Intoleranz	☺
Fruktose-Malabsorption	☺
Laktose-Intoleranz	☺

Paranüsse können in Nuss- und Knabbermischungen sowie in Gebäck und Süßwaren enthalten sein. Das Öl wird auch in der Kosmetikindustrie verwendet.

Ersatz: Andere verträgliche Nüsse und Alternativen dazu.
➔ s. Frei von... Nüssen S. 214

PARANÜSSE sind Schalenfrüchte. Diese (und daraus hergestellte Erzeugnisse) gehören zu den Zutaten, die häufig Unverträglichkeitsreaktionen auslösen und sind deshalb **KENNZEICHNUNGSPFLICHTIG.**

Wussten Sie schon?
Außer dem Menschen gibt es nur ein Tier, das in der Lage ist, die harte Paranuss zu knacken – das Aguti. Wie Eichhörnchen vergraben die Agutis Paranüsse. Manche der vergrabenen Vorräte werden nicht wieder gefunden und so können daraus Paranussbäume wachsen.
Auch in Bezug auf die Bestäubung der Blüten ist der Paranussbaum eigen. Nur die weibliche Orchideenbiene ist, aufgrund der besonderen Größe und Beschaffenheit der Blüten, dazu in der Lage.

Zubereitungsarten:
Als Beilagengemüse, in Suppen, Aufläufen, als Püree, Puffer

Gesundheit:
Pastinaken sind ein gut bekömmliches, basisches Gemüse, wohltuend für Magen und Darm, das auch im Rahmen einer Schonkost geeignet ist. Sie können zum Säure-Basen-Ausgleich und zur allgemeinen Entschlackung beitragen.

Tipp:
Frittierte Pastinakenscheiben sind eine Alternative zu Kartoffelchips.

Nicht verträglich / verträglich bei:

Gluten-Unverträglichkeit	☺
Histamin-Intoleranz	☺
Fruktose-Malabsorption	☺
Laktose-Intoleranz	☺

Ersatz: Petersilienwurzeln, Karotten und Sellerie haben ein ähnliches Aroma.

Wussten Sie schon?
Bevor sich die Kartoffel in Europa ausgebreitet hat, war die Pastinake ein wichtiges Grundnahrungsmittel.

PASTINAKE

Pastinaken sind ein nahrhaftes, winterliches Wurzelgemüse. Sie sehen ähnlich aus wie Petersilienwurzeln oder Rettich. Das Kraut lässt sich wie Petersilie auch zum Würzen verwenden.

PETERSILIE

Man unterscheidet zwischen krauser und glatter Petersilie, deren Aroma intensiver ist. Die gesamte Petersilienpflanze kann verwendet werden: Blätter, Stiele und Wurzel. Petersilie ist frisch, getrocknet oder tiefgefroren erhältlich.

Verwendung:
Die Blätter als Gewürz zu Suppen, Soßen, Fisch, Kräuterquark, zu Kartoffeln; die Wurzeln in Suppen, als Gemüse, roh, gekocht, als Püree

Gesundheit:
Petersilie wirkt verdauungsfördernd und stimuliert die Harnorgane. In der Volksmedizin wird sie auch bei Frauenleiden eingesetzt. Durch den hohen Gehalt an Vitalstoffen, insbesondere Vitamin C, stärkt sie die Abwehrkräfte und wirkt bei Frühjahrsmüdigkeit anregend. In der Heilkunde werden auch die Samen verwendet.

Tipp:
Petersilie kann man sehr gut selbst einfrieren. Fertig geputzt und geschnitten, hat man jederzeit die nötige Menge „frisch" griffbereit.

Nicht verträglich / verträglich bei:

Gluten-Unverträglichkeit	☺
Histamin-Intoleranz	☺
Fruktose-Malabsorption	☺
Laktose-Intoleranz	☺

Petersilie und Petersilienwurzel können in Kräutermischungen, Salaten, Fertiggerichten, -suppen und -soßen und Marinaden enthalten sein.

Ersatz: In manchen Rezepten lässt sich Petersilie durch Selleriekraut oder Kerbel ersetzen. Pastinaken und Karotten haben ein ähnliches Aroma wie die Petersilienwurzel.

PFEFFER
schwarz, weiß

Schwarzer Pfeffer sind die Samen des Pfefferstrauches, einer tropischen Kletterpflanze. Sie werden unreif geerntet und dann getrocknet. Schwarzer Pfeffer ist weniger scharf als der weiße, dafür aromatischer.
Weißer Pfeffer sind die reifen Samen des Pfefferstrauches. Durch tagelanges Einweichen in Wasser löst sich die äußere Schale. Übrig bleibt der weiße Kern. Da die Aromastoffe zum großen Teil in der Schale stecken, schmeckt er vor allem scharf.

Verwendung:
Als Gewürz zu fast allem: Schwarzen Pfeffer insbesondere zu dunklem Fleisch und dunklen Soßen, weißen Pfeffer insbesondere zu hellem Fleisch und hellen Soßen

Gesundheit:
Pfeffer regt die Verdauung an und wirkt wärmend. In der ayurvedischen Medizin findet er schon seit Jahrtausenden Anwendung. Menschen mit Psoriasis (Schuppenflechte) vertragen Pfeffer häufig nicht gut.

Tipp:
Im Englischen wird mit green pepper nicht der grüne Pfeffer, sondern die grüne Paprika bezeichnet.

Nicht verträglich / verträglich bei:

Gluten-Unverträglichkeit	☺
Histamin-Intoleranz	☺
Fruktose-Malabsorption	☺
Laktose-Intoleranz	☺

Pfeffer ist in sehr vielen verarbeiteten herzhaften Nahrungsmitteln, sowie in Gewürzmischungen enthalten.

Ersatz: Schärfe erreicht man auch mit Cayennepfeffer, der aus gemahlenen Chilischoten besteht, Senf, Meerrettich, Ingwer oder Nelken, wobei alle diese Zutaten auch ein individuelles, kräftiges Aroma besitzen. Ein etwas ähnliches Aroma wie schwarzer Pfeffer können Wacholderbeeren oder Piment liefern. Langer Pfeffer ist eine andere Sorte aus der Familie der Pfeffergewächse. Rosa Pfeffer ist milder und keine Pfefferpflanze.

Bei einer Allergie gegen Beifußpollen kann es zu **Kreuzreaktionen** beim Verzehr von schwarzem Pfeffer kommen.
➜ s. Kreuzallergie S. 220

Wussten Sie schon?
Echter roter Pfeffer sind die vollreifen roten Beeren des Pfefferstrauches. Da er voll ausgereift ist und die äußere Hülle noch vorhanden ist, hat er die volle Schärfe unter Erhaltung des Aromas. Er wird recht selten angeboten und wenn, dann in Lake eingelegt. Die in bunten Pfeffermischungen enthaltenen roten Beeren sind meist kein echter Pfeffer.

PFEFFERMINZE

Die Pfefferminze ist erst seit Ende des 17. Jahrhunderts bekannt. Andere Minzearten wurden jedoch schon früher als Gewürz und Heilkraut verwendet. Die Pfefferminze zeichnet sich durch ihren hohen Mentholgehalt und ihren „pfeffrig"-scharfen Geschmack aus.

Verwendung:
Als Tee, als Gewürz zu Fleisch (insbesondere Lamm), Gemüse und Fisch, Desserts, in Salat, Kräuterquark, Milchmixgetränken, als Aroma für Bonbons, Schokolade, Eiscreme, in Cocktails (Mojito)

Gesundheit:
Pfefferminze wirkt kühlend und erfrischend. Als Tee wird sie bei Magenproblemen angewendet. Das ätherische Öl wirkt abschwellend bei Erkältungskrankheiten und bei Kopfschmerzen.

Tipp:
Pfefferminze ist eine jedes Jahr wieder austreibende Pflanze. Sie wächst im Garten „wie Unkraut".

Nicht verträglich / verträglich bei:

Gluten-Unverträglichkeit	☺
Histamin-Intoleranz	☺
Fruktose-Malabsorption	☺
Laktose-Intoleranz	☺

Pfefferminzöl kann auch in Zahncreme, Mundwasser und anderen kosmetischen Produkten enthalten sein.

Ersatz: Andere verträgliche Kräuter, Eukalyptusöl.

Wussten Sie schon?
In Eichenau bei München gibt es ein Pfefferminzmuseum. Diese Gegend war früher ein bedeutendes Anbaugebiet von Pfefferminze. Daran erinnert das Museum mit vielen Informationen zu dem Thema.

PFEIL WURZ

Die Wurzel der Pfeilwurzpflanze ist sehr stärkehaltig. Daraus wird ein glutenfreies Mehl gewonnen. Es ist farblos, geruchs- und geschmacksneutral.
➔ s. Gluten-Unverträglichkeit und Zöliakie S. 17
➔ s. Frei von... Gluten S. 212

Verwendung:
Als Gelier- und Bindemittel, für Backwaren, als Eiersatz

Gesundheit:
Pfeilwurzmehl ist eine leicht verdauliche, nahrhafte Kost, die z. B. als Brei mit Wasser oder Milch auch in der Rekonvaleszenz geeignet ist. Bei Durchfall wirkt es lindernd.

Tipp:
Pfeilwurzmehl lässt sich als Ersatz für Weizen-, Mais- oder Kartoffelstärke verwenden.
Bei Nudeln oder Spätzle kann man das Ei durch Pfeilwurz ersetzen.

Nicht verträglich / verträglich bei:

Gluten-Unverträglichkeit	☺
Histamin-Intoleranz	☺
Fruktose-Malabsorption	☺
Laktose-Intoleranz	☺

Wussten Sie schon?
Der Name kommt daher, dass die südamerikanischen Indios Inhaltsstoffe der Pflanze als Gegengift bei Verletzungen mit giftigen Pfeilen benutzten.
Einige Sorten sind bei uns als Zimmerpflanzen erhältlich.

PFIFFERLING

In Österreich wird der Pfifferling auch Eierschwammerl genannt. Der kleine, kräftig gelbe, trichterförmige Pilz ist ein hervorragender Speisepilz. Saison ist von Frühsommer bis in den Herbst. Das restliche Jahr über ist er als Konserve und getrocknet erhältlich.

Zubereitungsarten:
Geschmort als Pilzgericht z. B. zu Fleisch, Wild oder Nudeln, gebraten auf Salat, zu Klößen, als Suppe, in Risotto

Tipp:
Besonders harmoniert der Geschmack von Pfifferlingen mit Petersilie und einer Prise schwarzem Pfeffer.

Nicht verträglich / verträglich bei:

Gluten-Unverträglichkeit	☺
Histamin-Intoleranz	☺
Fruktose-Malabsorption	☺
Laktose-Intoleranz	☺

Ersatz: Andere verträgliche Pilze.

Wussten Sie schon?
Der Name Pfifferling kommt von dem leicht pfeffrigen Geschmack des Pilzes (insbesondere in rohem Zustand). Eierschwammerl kommt von der dottergelben Farbe.

PFIRSICH

Pfirsiche gibt es in verschiedenen Farben und Formen; rund oder flach, mit heller oder dunkelroter Schale, weißfleischig oder gelbfleischig.

Verwendung:
Roh, in Obstsalat, Bowle, Desserts, Joghurt, Currys, auf Kuchen und Konditoreiwaren, Marmelade, Saft, Likör, Eiscreme

Gesundheit:
Pfirsichsaft und Pfirsichkernöl wird auch in der Hautpflege bei trockener und empfindlicher Haut eingesetzt.

> **TIPP:**
> Der Reifegrad lässt sich durch die Weichheit und den Duft bestimmen.

Nicht verträglich / verträglich bei:

Gluten-Unverträglichkeit	☺
Histamin-Intoleranz	☺
Fruktose-Malabsorption	☹
Laktose-Intoleranz	☺

Ersatz: Nektarinen und anderes verträgliches Obst. In manchen Rezepten lässt sich Pfirsich durch Mango ersetzten.

Wegen ihres Fruktosegehaltes sind Pfirsiche bei **Fruktose-Malabsorption** nur bedingt geeignet:
➔ s. Fruktose-Malabsorption S. 21

Bei einer Allergie gegen Birkenpollen, Traubenkraut oder Latex, kann es zu **Kreuzreaktionen** beim Verzehr von Pfirsich kommen.
➔ s. Kreuzallergie S. 220

Wussten Sie schon?
Es gibt eine eigene Wissenschaft der Obstbaukunde, die Pomologie. Früher beschrieben, züchteten und systematisierten Pomologen hauptsächlich bekannte und neue Sorten. Heute bestehen die Hauptaufgaben im Erhalt der vom Aussterben bedrohten alten Sorten und in der Suche nach verloren gegangenen Sorten, die aus der Überlieferung bekannt sind.

PFLAUME

Es gibt gelbe, rote und blau-violette Pflaumen. Sie sind frisch, als Konserve und getrocknet erhältlich.

Verwendung:
Roh, auf Kuchen, in Desserts, Marmelade, Mus, Kompott, Likör, Wein, Schnaps, als Füllung für Geflügel, in Soßen zu dunklem Fleisch, mit Speck umwickelt als Snack (Tapas)

Gesundheit:
Getrocknete Pflaumen und Pflaumensaft sind bewährte Mittel zur sanften Regulierung der Verdauung.

Tipp:
Eine besondere, alte Pflaumenart ist die Zibarte oder Zibärtle. Sie wird hauptsächlich zur Herstellung von qualitativ hochwertigen, sehr aromatischen Destillaten verwendet.

Nicht verträglich / verträglich bei:

Gluten-Unverträglichkeit	☺
Histamin-Intoleranz	☺
Fruktose-Malabsorption	☺
Laktose-Intoleranz	☺

Ersatz: Zwetschgen und Mirabellen. In manchen Rezepten können Pflaumen durch Feigen oder Datteln ersetzt werden.

Der Fruktosegehalt von Pflaumen ist hoch. Durch das sehr günstige Glukose-Fruktose-Verhältnis sind sie jedoch bei **Fruktose-Malabsorption** in Maßen geeignet.
➔ s. Fruktose-Malabsorption S. 21

Bei Birkenpollenallergikern kann es zu **Kreuzreaktionen** beim Verzehr von Pflaumen kommen.
➔ s. Kreuzallergie S. 220

Wussten Sie schon?
Die Unterscheidung zwischen Zwetschgen und Pflaumen ist häufig nicht eindeutig möglich, da auch viele Kreuzungen angeboten werden.

PIMENT

Pimentkörner sind die unreifen und getrockneten Beeren des Pimentbaums. Das Aroma ist ähnlich wie bei Gewürznelken mit etwas Zimt und Muskat, jedoch mit einer deutlichen Schärfe.

Verwendung:
Als Gewürz insbesondere zu Wild oder Lamm, in Lebkuchen und anderer Weihnachtsbäckerei, Leberwurst, Pasteten, zu Gewürzgurken, zum Marinieren von Sauerbraten und Hering

Gesundheit:
Piment regt den Appetit an und fördert die Verdauung.

Tipp:
Am aromatischsten ist Piment, wenn man ihn erst kurz vor der Verwendung im Mörser zerkleinert. Vorsicht bei der Dosierung, da der Geschmack dann viel intensiver ist, als bei ganzen Pimentkörnern.

Nicht verträglich / verträglich bei:

Gluten-Unverträglichkeit	☺
Histamin-Intoleranz	☺
Fruktose-Malabsorption	☺
Laktose-Intoleranz	☺

Piment kann in karibischen und mittelamerikanischen Soßen und Pasten enthalten sein.

Ersatz: Eine Kombination aus Gewürznelken, Pfeffer, Zimt und Muskat.

PINIEN KERN

Pinienkerne sind die Früchte einer speziellen Pinienart, die hauptsächlich in den Mittelmeerländern beheimatet ist. Sie wachsen in dem Zapfen, welcher sich öffnet und die Kerne frei gibt, sobald sie reif sind.

Verwendung:
In Gebäck, zu Desserts, Salaten, in Pesto, in Reisgerichten

Tipp:
Besonders aromatisch sind Pinienkerne, wenn man sie ohne Zugabe von Fett kurz in der Pfanne röstet, bis sie duften. Die Kerne dabei immer wieder durchschütteln, damit sie nicht anbrennen.

Nicht verträglich / verträglich bei:

Gluten-Unverträglichkeit	☺
Histamin-Intoleranz	☺
Fruktose-Malabsorption	☺
Laktose-Intoleranz	☺

Pinienkerne können in Soßen für Nudelgerichte, in Knabbermischungen oder in Samenmischungen für Salat enthalten sein.

Ersatz: Sonnenblumen- und Kürbiskerne, Pistazien, Mandeln.

Wussten Sie schon?
Zunehmend sind auch Pinienkerne aus Asien im Handel erhältlich. Diese sind jedoch von einer anderen Pinienart und geschmacklich nicht so fein, wie die der europäischen Pinie.

PISTAZIE

Der Pistazienbaum ist ein Laubbaum, der über mehrere Jahrhunderte Früchte tragen kann.

Verwendung:
In Süßgebäck (Baklava), Pralinen, Desserts, Eiscreme, Pasteten, Soßen, Wurst, als Knabberei meist geröstet und gesalzen

Gesundheit:
Pistazien enthalten viel Fett (ungesättigte Fettsäuren) und sind damit sehr kalorienreich. Sie enthalten darüber hinaus viele Nährstoffe. Insbesondere der Gehalt an Kalium, Phosphor und Eisen ist hoch.

Tipp:
Wenn man Pistazien knabbert, die man erst selbst schälen muss, isst man weniger. Da man langsamer isst, tritt das Sättigungsgefühl bereits nach einer kleineren Menge ein.

Nicht verträglich / verträglich bei:

Gluten-Unverträglichkeit	☺
Histamin-Intoleranz	☺
Fruktose-Malabsorption	☺
Laktose-Intoleranz	☺

Ersatz: Mandeln, Pinienkerne und andere verträgliche Nüsse und Samen.

PISTAZIEN sind Schalenfrüchte. Diese (und daraus hergestellte Erzeugnisse) gehören zu den Zutaten, die häufig Unverträglichkeitsreaktionen auslösen und sind deshalb **KENNZEICHNUNGSPFLICHTIG.**

Wussten Sie schon?
Der Pistazienbaum trägt in einem zweijährigen Rhythmus. Ein Jahr ist die Ernte groß, im nächsten sehr viel geringer.

PREISELBEERE

Preiselbeeren sind herb säuerliche, rote Beeren, die im Norden Europas und Amerikas und auch in den höheren Lagen der Alpen wachsen. Roh schmecken sie sehr herb.

Verwendung:
Marmelade (insbesondere zu Wild, dunklem Fleisch oder zu Käse), in Kuchen, Desserts, Muffins, zu Rotkohl, Saft, Likör, in Cocktails (Cosmopolitan), in aromatisiertem Wodka

Gesundheit:
Schon Hildegard von Bingen schätzte die Preiselbeere als Heilpflanze. Sie hilft bei (chronischen) Harnwegsbeschwerden.

Tipp:
Eine rote Grütze aus Preiselbeeren mit Vanilleeis oder Sahne ist insbesondere im Winter eine köstliche Vitaminration.

Nicht verträglich / verträglich bei:

Gluten-Unverträglichkeit	☺
Histamin-Intoleranz	☺
Fruktose-Malabsorption	☹
Laktose-Intoleranz	☺

Ersatz: Cranberrys schmecken ähnlich.

Preiselbeeren enthalten viel Fruktose und sind bei **Fruktose-Malabsorption** weniger geeignet.
→ s. Fruktose-Malabsorption S. 21

PUTE
Truthahn

Die Pute ist ein weiblicher Truthahn. Der männliche Truthahn wird auch Puter genannt.

Zubereitungsarten:
Gekocht, gebraten, gegrillt, gebacken, als Cordon bleu, Geschnetzeltes, im Ganzen gefüllt als Festtagsbraten

Gesundheit:
Putenfleisch ist reich an Eiweiß und fettarm.

Tipp:
Pute und Truthahn liefern ganz unterschiedliches Fleisch, je nach dem, von welchem Körperteil es stammt. Die Keulen sind dunkel, würzig und etwas fetter. Die Brust ist sehr mager, hell und mild.

Nicht verträglich / verträglich bei:

Gluten-Unverträglichkeit	☺
Histamin-Intoleranz	☺
Fruktose-Malabsorption	☺
Laktose-Intoleranz	☺

Ersatz: Hühnerfleisch (eine Poularde ist ein großes Huhn) oder Schweinefleisch für die hellen Teile, anderes Geflügelfleisch – auch Straußenfleisch – für die dunklen Keulen.

Wussten Sie schon?
Der Begriff „Türkisches Huhn", oder auf Englisch „Turkey", kommt daher, dass man früher vieles, das fremd war, als „türkisch" bezeichnet hat. Der Truthahn wurde auch als „indisches Huhn" bezeichnet. Er wurde von den Entdeckern Amerikas nach Europa gebracht. Damals glaubte man noch, den Seeweg nach Indien gefunden zu haben.

Quark kann z. B. in Brot, Brötchen, Süßgebäck, Süßspeisen, Käsekuchen enthalten sein.

Quark enthält nur gut die Hälfte an Laktose wie Milch, ist also bei leichter **Laktose-Intoleranz** möglicherweise verträglich.
➜ s. Laktose-Intoleranz S. 25

> **MILCH** (und daraus hergestellte Erzeugnisse) gehört zu den Zutaten, die häufig Unverträglichkeitsreaktionen auslösen und ist deshalb **KENNZEICHNUNGSPFLICHTIG**.

QUARK

Quark ist ein Frischkäse. Zum Eindicken werden der Milch Milchsäurebakterien und Lab-Enzym zugesetzt. Dann wird die Molke durch Zentrifugieren von der Quarkmasse getrennt. Der gewünschte Fettgehalt wird danach durch Zugabe von Sahne erreicht.
➜ s. Sauermilchprodukte S. 162

Verwendung:
Als Dessert mit Früchten, in Backwaren, als Brotbelag, als Dip

Nicht verträglich / verträglich bei:

Gluten-Unverträglichkeit	☺
Histamin-Intoleranz	☺
Fruktose-Malabsorption	☺
Laktose-Intoleranz	☹

QUINOA

Quinoa, auch Inkakorn oder Reismelde genannt, ist kein Getreide. Die stärkehaltigen Samen werden jedoch wie solches verwendet. Die Blätter eignen sich als Blattgemüse wie Spinat.

Zubereitungsarten:
Wie Reis gekocht als Beilage oder zu Suppen, geröstet und süß oder salzig über Desserts oder Salat, Flocken oder Schrot zu Müsli, Mehl für Aufläufe, Back- und Süßwaren, für glutenfreies Bier

Gesundheit:
Quinoa enthält von einigen Nährstoffen, wie Kalium, Calcium, Magnesium, Eisen, Kupfer und Zink, mehr als hiesiges Getreide.
Wegen der Bitterstoffe wird empfohlen, Kleinkindern kein Quinoa zu füttern.
Der niedrige glykämische Index macht Quinoa auch für **Diabetiker** interessant.

Tipp:
Quinoa sollte vor der Zubereitung gründlich unter fließendem Wasser gewaschen werden. Am besten zwischen den Händen reiben.

Nicht verträglich/verträglich bei:

Gluten-Unverträglichkeit	☺
Histamin-Intoleranz	☺
Fruktose-Malabsorption	☺
Laktose-Intoleranz	☺

Ein verstecktes Vorkommen von Quinoa ist unwahrscheinlich.

Quinoa ist glutenfrei und kann als Ersatz für glutenhaltige Getreide verwendet werden.
→ s. Gluten-Unverträglichkeit und Zöliakie S. 17
→ s. Frei von... Gluten S. 212

Ersatz: Reis, Mais, Hirse.

Wussten Sie schon?
Quinoa stammt ursprünglich aus Südamerika, wo es der Bevölkerung seit jeher als Grundnahrungsmittel dient. Die anspruchslose Pflanze kann auf über 4000 m Höhe angebaut werden.

QUITTE

Quitten sind die gelben, apfel- oder birnenförmigen Früchte des Quittenbaums. Roh sind sie ungenießbar. Erst gekocht und gesüßt entfalten sie ihr typisches Aroma.

Zubereitungsarten:
Saft, Gelee, Quittenbrot, als Chutney, in herzhaften Schmorgerichten, Likör

Gesundheit:
In der Volksmedizin wird Quittenschleim zur Pflege von trockener und entzündeter Haut, bei Husten und Halsschmerzen und bei gereiztem Magen-Darm-Trakt angewendet.

Tipp:
Eine Schale mit reifen Quitten erfüllt den ganzen Raum mit einem herbstlichen Aroma.

Nicht verträglich/verträglich bei:

Gluten-Unverträglichkeit	☺
Histamin-Intoleranz	☺
Fruktose-Malabsorption	☺
Laktose-Intoleranz	☺

Wussten Sie schon?
Der Begriff Marmelade leitet sich von einem antiken griechischen Quittendicksaft ab – Quitten (= melon) mit Honig (= meli) verkocht – der melimelon und später mermelata genannt wurde.

RADICCHIO

Radicchio ist ein Salat. Die Blätter sind relativ dick und kräftig, dunkelrot bis lila mit weißen Blattadern. Der Kopf wird etwa faustgroß. Der Geschmack ist recht bitter.

Zubereitungsarten:
Roh als Salat (wegen des herben Geschmacks häufig gemischt mit anderen Blattsalaten), geschmort oder kurz angebraten als Gemüse, in Risotto und Nudelgerichten

Gesundheit:
Die in Radicchio enthaltenen Bitterstoffe regen den Gallenfluss an und fördern somit die Verdauung.

Tipp:
Entfernt man die dicken Mittelrippen, ist der Geschmack milder. Auch gegart oder blanchiert ist Radicchio nicht so bitter wie roh.

Nicht verträglich / verträglich bei:

Gluten-Unverträglichkeit	☺
Histamin-Intoleranz	☺
Fruktose-Malabsorption	☺
Laktose-Intoleranz	☺

Radicchio kann in Salatmischungen enthalten sein.

Ersatz: Chicorée, Endivien- und Friséesalat schmecken ähnlich.

Wussten Sie schon?
Radicchio wird „Radikio" ausgesprochen. Die entsprechende Regel zur Aussprache lautet: Folgt nach dem cc ein h wird es wie ein k ausgesprochen.
Beispiel: Latte Macchiato = Makiato.
Folgt jedoch nach dem cc ein Vokal wird es wie tsch ausgesprochen.
Beispiel: Capuccino = Capputschino.

RADIESCHEN/ RETTICH

Von Radieschen und Rettich werden in erster Linie die Wurzeln gegessen. Doch auch das Blattwerk ist aromatisch und kann z. B. kleingeschnitten zu Salat hinzugegeben werden.

Verwendung:
Roh, mit Dipp, zu Salat, zu Käse, die Sprossen zu Salat, in Kräuterquark oder als Brotbelag, gesalzener Rettich klassisch zur Brotzeit mit Bier

Gesundheit:
Radieschen und Rettich enthalten Senföle, die den Gallenfluss und die Verdauung anregen und eine gesunde Darmflora fördern.

Tipp:
Wenn die Blätter noch knackig und frisch sind, sind es auch die Wurzeln. Am besten halten sich Radieschen im Kühlschrank ohne Blätter, eingeschlagen in einem feuchten Küchentuch.

Nicht verträglich / verträglich bei:

Gluten-Unverträglichkeit	☺
Histamin-Intoleranz	☺
Fruktose-Malabsorption	☺
Laktose-Intoleranz	☺

Radieschen und Rettich können in fertigen Salatmischungen enthalten sein.

Wussten Sie schon?
Es gibt auch schwarze, violette, gelbe und weiße Radieschen.

■ RED SNAPPER

Der Red Snapper oder Rote Schnapper ist insbesondere in den USA ein beliebter Speisefisch. Der Riffbewohner lebt in subtropischen Gewässern. Aufgrund seines aromatischen, grätenarmen Fleisches wird er auch in Europa immer mehr nachgefragt.

Zubereitungsarten:
Gebraten, gegrillt, geräuchert, gedünstet

Tipp:
Ein Einkaufsratgeber mit Informationen, welche Fischarten aus welchen Fanggebieten noch nicht überfischt und damit empfehlenswert sind, kann kostenlos bei Greenpeace und anderen Umweltorganisationen angefordert werden.

Nicht verträglich / verträglich bei:

Gluten-Unverträglichkeit	☺
Histamin-Intoleranz	☺
Fruktose-Malabsorption	☺
Laktose-Intoleranz	☺

FISCH (und daraus hergestellte Erzeugnisse) gehört zu den Zutaten, die häufig Unverträglichkeitsreaktionen auslösen und ist deshalb **KENNZEICHNUNGSPFLICHTIG.**

Wussten Sie schon?
Mit „Red Snapper" darf in den USA nur eine bestimmte Snapper-Art bezeichnet werden und in Deutschland wiederum nur eine andere. Alle anderen Snapper werden allgemein nur mit Snapper oder deutsch Schnapper bezeichnet.

REH ■

Die beliebtesten Teile vom Reh sind der Rücken und die Keulen. Die Innereien gelten als besondere Delikatesse. Rehfleisch wird

während der Saison von Juni bis Januar frisch und ganzjährig tiefgefroren angeboten.

Zubereitungsarten:
Gebraten, geschmort, als Ragout

Tipp:
Selbst den mageren Rehrücken muss man nicht mit Fett spicken, wenn man ihn mit der schonenden Niedergarmethode bei ca. 80° C zubereitet.

Nicht verträglich / verträglich bei:

Gluten-Unverträglichkeit	☺
Histamin-Intoleranz	☺
Fruktose-Malabsorption	☺
Laktose-Intoleranz	☺

Wussten Sie schon?
Bei älteren Tieren kann die möglicherweise herbe Wildnote durch Marinieren in Buttermilch oder Rotwein gemildert werden. Bei jüngeren Tieren ist dies nicht nötig. Im Gegenteil, der feine Geschmack des Fleisches würde verfälscht.

REIS

Reis ist heute ein Hauptnahrungsmittel für große Teile der Weltbevölkerung.

Verwendung:
Gekocht, als Risotto, als Reispfanne, gebraten (nach dem Kochen), Milchreis, Wein, Schnaps

Gesundheit:
Während unpolierter, sogenannter Naturreis viele wichtige Nährstoffe enthält, besteht „weißer", polierter Reis hauptsächlich aus Stärke und enthält nur noch wenige Nährstoffe. Bei dem industriellen „Parboiled"-Verfahren zur Reisveredelung werden wasserlöslichen Inhaltsstoffe der Schale vor dem Schälen und Polieren in das Reiskorn gepresst, so dass in parboiled Reis ein Großteil der Nährstoffe aus dem Naturreis enthalten sind.

TIPP:
Naturreis hat im Gegensatz zu weißem Reis einen echten Eigengeschmack. Das Aroma ist angenehm nussig.

Nicht verträglich / verträglich bei:

Gluten-Unverträglichkeit	☺
Histamin-Intoleranz	☺
Fruktose-Malabsorption	☺
Laktose-Intoleranz	☺

Reis ist gluten- und laktosefrei. Damit sind Reismehl und Reismilch bei **Gluten-Unverträglichkeit** und **Laktose-Intoleranz geeignet.** Auch Wildreis ist glutenfrei.
➔ s. Gluten-Unverträglichkeit und Zöliakie S. 17
➔ s. Laktose-Intoleranz S. 25

Wussten Sie schon?
Die als „Wildreis" verkauften dunklen Körner sind kein Reis, sondern die Früchte einer anderen am Wasser wachsenden Graspflanze.

RHABARBER

Rhabarber ist eines der ersten frischen Gemüse im Frühjahr. Verwendet werden vornehmlich die Stängel. Die Blätter sind ungenießbar, die Wurzeln finden jedoch in der traditionellen Heilkunde Anwendung.

Verwendung:
Roh, als Kompott, Saft, Fruchtsoße, auf Kuchen, in Desserts

Gesundheit:
In der Volksmedizin wird Rhabarberwurzel bei Magen-Darm-Problemen sowie zur Entschlackung und Entgiftung eingesetzt. Auch in der Traditionellen Chinesischen Medizin wird die Rhabarberwurzel verwendet.

> **TIPP:**
> Ganz junge Rhabarberstiele sind so zart, dass man sie nicht unbedingt schälen muss.

Nicht verträglich / verträglich bei:

Gluten-Unverträglichkeit	☺
Histamin-Intoleranz	☺
Fruktose-Malabsorption	☺
Laktose-Intoleranz	☺

Ein verstecktes Vorkommen von Rhabarber ist nicht wahrscheinlich.

Ersatz: Saure Äpfel sind im Aroma ähnlich.

RICOTTA

Ricotta bedeutet „wieder gekocht" oder „zwei Mal gekocht". Der Frischkäse wird nach einem speziellen Verfahren aus der Molke von Kuh-, Schafs- oder, sehr selten, aus Büffelmilch hergestellt.

Verwendung:
Zu Pasta, als Kuchenbelag, in Soßen, Aufläufen, Dessertcremes, als Brotaufstrich mit Marmelade oder mit Kräutern

Nicht verträglich / verträglich bei:

Gluten-Unverträglichkeit	☺
Histamin-Intoleranz	☺
Fruktose-Malabsorption	☺
Laktose-Intoleranz	☹

Da Ricotta aus Molke hergestellt wird, enthält er kaum Kasein und ist bei einer Allergie gegen Kasein häufig verträglich.

Ersatz: Andere Frischkäse, Mascarpone.

Ricotta enthält wenig Laktose und ist bei **Laktose-Intoleranz** bedingt geeignet. Die individuelle Toleranzgrenze kann vorsichtig ermittelt werden.
➔ s. Laktose-Intoleranz S. 25

MILCH (und daraus hergestellte Erzeugnisse) gehört zu den Zutaten, die häufig Unverträglichkeitsreaktionen auslösen und ist deshalb **KENNZEICHNUNGSPFLICHTIG.**

RIND

Vom Rind werden fast alle Körperteile und viele Innereien verwendet. Zur Schlachtung gelangen hauptsächlich junge Tiere bis zum Alter von ca. 2 Jahren. Das Fleisch älterer Rinder ist zäh.

Verwendung:
Gebraten, gekocht, gegrillt, geschmort, in Eintöpfen, Fleischbrühe, Wurst, Schinken, Gelatine aus den Knochen

Tipp:
Die Qualität des Fleisches wird insbesondere durch Haltung, Fütterung und die Rasse bestimmt, aber auch der richtige Reifegrad ist entscheidend. Da Fett der wesentliche Geschmacksträger ist, kann fettarmes Fleisch nicht sehr aromatisch sein. Am besten ist fein marmoriertes Rindfleisch.

Nicht verträglich / verträglich bei:

Gluten-Unverträglichkeit	☺
Histamin-Intoleranz	☺
Fruktose-Malabsorption	☺
Laktose-Intoleranz	☺

Ersatz: Straußenfleisch ist auch dunkel und aromatisch. Thunfischsteak erinnert ebenfalls an Rindfleisch. Fleischbrühe lässt sich durch Gemüsebrühe ersetzen.

Bei einer Allergie gegen Rinder (z. B. Haare) kann es zu **Kreuzreaktionen** beim Verzehr von Rindfleisch oder Innereien vom Rind kommen.
→ s. Kreuzallergie S. 220

Wussten Sie schon?
Das teuerste Rindfleisch der Welt ist das Kobe-Rind, das allerdings außerhalb Japans so gut wie nicht erhältlich ist. Nachgezüchtete Rinder der japanischen Edelrasse werden unter dem Namen Wagyu-Rind u. a. in den USA, Australien und auch in Deutschland gezüchtet. Dieses Fleisch ist zwar immer noch sehr teuer, aber doch günstiger als 600,- Euro für ein Kilo Kobe-Beef.

ROGGEN

Roggen ist sehr robust und stellt geringe Ansprüche, so dass er dort angebaut werden kann, wo empfindlichere Getreidearten, wie z. B. Weizen, nicht gut wachsen. Roggen schmeckt kräftig und aromatisch. Aufgrund der größeren Nachfrage und auch der höheren Erträge werden andere Getreidesorten in der Regel bevorzugt angebaut.

Verwendung:
Brot, Brötchen, Pumpernickel, Schnaps

> **TIPP:**
> Roggenbrot ist länger haltbar als Weizenbrot.

Nicht verträglich / verträglich bei:

Gluten-Unverträglichkeit	☹
Histamin-Intoleranz	☺
Fruktose-Malabsorption	☺
Laktose-Intoleranz	☺

Roggenmehl kann auch in Mischbroten enthalten sein.

Ersatz: Andere verträgliche Getreidearten und Stärken.

Roggen enthält Gluten und ist bei **Gluten-Unverträglichkeit** wenig geeignet.
➜ s. Gluten-Unverträglichkeit und Zöliakie S. 17
➜ s. Frei von... Gluten S. 212

Wussten Sie schon?
Sauerteig wird häufig mit Roggenmehl angesetzt.

ROHRZUCKER

Rohrzucker ist Zucker aus Zuckerrohr, während der bei uns übliche Zucker normalerweise aus Zuckerrüben gewonnen wird. Wie der Rübenzucker besteht Rohrzucker in Reinform aus Saccharose.

Verwendung:
Als Süßungsmittel, Rum, Cachaça, in Cocktails (Caipirinha)

Gesundheit:
Auch Rohrzucker ist Zucker und im eigentlichen Sinne nicht „gesund". Allerdings ist er vielleicht etwas weniger ungesund als raffinierter Rübenzucker, da in unraffiniertem Vollrohrzucker alle Mineralien und Vitamine des Zuckerrohrs enthalten sind. Weißer, kristalliner Rohrzucker ist jedoch auch raffiniert und die Nährstoffe sind nicht mehr enthalten.

Tipp:
Im Handel erhältlicher sogenannter „brauner Zucker" ist nicht unbedingt (unraffinierter) Rohrzucker. Es kann sich auch um raffinierten Kristallzucker handeln, der durch Karamellisieren gefärbt wurde.

Nicht verträglich / verträglich bei:

Gluten-Unverträglichkeit	☺
Histamin-Intoleranz	☺
Fruktose-Malabsorption	☺
Laktose-Intoleranz	☺

Ersatz: Rübenzucker, Traubenzucker, Honig, Ahornsirup, Agavendicksaft, Birnendicksaft, Reissirup, Traubenzucker, Stevia.

Wussten Sie schon?
Aus den Resten der Zuckerherstellung wird Papier hergestellt.
Zuckerrohr wird auch zur Gewinnung von Bio-Sprit und als Quelle zur Stromerzeugung angebaut.

ROMANA-SALAT

Romana-Salat, auch Römischer Salat genannt, hat kräftigere und aromatischere Blätter als Kopfsalat und bildet längliche Köpfe.

Zubereitungsarten:
Als Salat, gedünstet

Gesundheit:
Salat enthält viele Vitamine, Nähr- und Ballaststoffe und kann einen wertvollen Beitrag zu einer vollwertigen Ernährung leisten.

> **TIPP:**
> Romana-Salat eignet sich gut für Salatbuffets, da er nicht so schnell zusammenfällt.

Nicht verträglich / verträglich bei:

Gluten-Unverträglichkeit	☺
Histamin-Intoleranz	☺
Fruktose-Malabsorption	☺
Laktose-Intoleranz	☺

Ersatz: Andere Salate, Blattgemüse, Chinakohl.

Wussten Sie schon?
Klassisch ist der Romana-Salat Bestandteil im amerikanischen Ceasar´s Salad mit Parmesan und Croutons.

ROOIBOS TEE

Rooibos- oder Rotbuschtee sind kleingeschnittene Zweige und Blätter der südafrikanischen Rooibospflanze. Farbe und Aroma entstehen durch einen ähnlichen Oxidationsprozess wie beim Schwarztee.

Verwendung:
Als Aufgussgetränk

Gesundheit:
Rotbuschtee enthält kein Koffein und ist somit auch für Kinder geeignet. Er wirkt entspannend und ausgleichend bei Stress. Äußerlich kann er bei Hautentzündungen und Sonnenbrand angewendet werden. Auch bei Allergien kann er lindernd wirken.

Tipp:
Es gibt auch sogenannten grünen Rooibostee. Bei ihm wurde durch ein spezielles Verfahren der Prozess der Fermentierung bzw. Oxidation vermieden.

Nicht verträglich / verträglich bei:

Gluten-Unverträglichkeit	☺
Histamin-Intoleranz	☺
Fruktose-Malabsorption	☺
Laktose-Intoleranz	☺

Ersatz: Echter Tee, Kräutertee.

Wussten Sie schon?
Der Name Rooibos kommt aus der Sprache Afrikaans, die die Holländer in Südafrika ein-

führten, und das stark an das Niederländische angelehnt ist. Es heißt übersetzt „Roter Busch".

ROSEN KOHL

Rosenkohl ist ein Wintergemüse, von dem es heißt, dass es erst nach dem ersten Frost richtig gut schmeckt. Er hat ein sehr kräftiges, typisches Aroma, das viele (insbesondere Kinder) nicht mögen und andere lieben.

Zubereitungsarten:
Gekocht, gedünstet, in Aufläufen, Suppen

Gesundheit:
Rosenkohl ist im Winter ein guter Lieferant für viele Nährstoffe. Insbesondere der Gehalt an Kalium, Selen und Vitamin C ist sehr hoch.

Tipp:
Die Blätter von frischem Rosenkohl sind fest geschlossen und grün.

Nicht verträglich / verträglich bei:

Gluten-Unverträglichkeit	☺
Histamin-Intoleranz	☺
Fruktose-Malabsorption	☺
Laktose-Intoleranz	☺

Wussten Sie schon?
Durch die Umwandlung von Stärke in Zucker wird Rosenkohl, je später er geerntet wird, immer süßer.

ROS MARIN

Rosmarin ist ein klassischer Bestandteil der Gewürzmischung „Herbes de Provence" und aus der mediterranen Küche nicht wegzudenken.

Verwendung:
Als Gewürz und Heilpflanze

Gesundheit:
Rosmarin wirkt anregend, belebend und stärkt Nerven, Herz und Kreislauf. Er hilft bei Blähungen. Das ätherische Öl kann Kopfschmerzen und Migräne lindern.

Tipp:
Da Rosmarin beim Kochen nicht weich wird und sich dann im Mund unangenehm anfühlt, verwendet man am besten ganze Zweige, die man vor dem Verzehr leicht entfernen kann, oder man benutzt ein Gewürzsäckchen. Wegen des intensiven Geschmacks sparsam dosieren!

Nicht verträglich / verträglich bei:

Gluten-Unverträglichkeit	☺
Histamin-Intoleranz	☺
Fruktose-Malabsorption	☺
Laktose-Intoleranz	☺

Rosmarin kann in Soßen, Gewürzmischungen, Kräuterölen und -essigen enthalten sein.

Wussten Sie schon?
Rosmarin verträgt leichten Frost. Selbst hierzulande kann er in milden Gegenden im Freien überwintern.

Ersatz: Seelachs, Kabeljau.

FISCH (und daraus hergestellte Erzeugnisse) gehört zu den Zutaten, die häufig Unverträglichkeitsreaktionen auslösen und ist deshalb **KENNZEICHNUNGSPFLICHTIG**.

Wussten Sie schon?
Die Populationen des Rotbarsches können sich nur langsam erholen, da der Rotbarsch erst spät geschlechtsreif wird.

ROT BARSCH

Der Rotbarsch ist ein leuchtend roter Tiefseebewohner – grätenarm mit köstlichem Fleisch. Leider ist sein Bestand durch Überfischung gefährdet.

Zubereitungsarten:
Gebraten, gegrillt, gekocht, gebacken

Tipp:
Ein kräftig leuchtendes Rot ist ein Zeichen für die Frische des Rotbarsches, da die Farbe nach einigen Tagen verblasst.

Nicht verträglich / verträglich bei:

Gluten-Unverträglichkeit	☺
Histamin-Intoleranz	☺
Fruktose-Malabsorption	☺
Laktose-Intoleranz	☺

ROTE BETE

Die Rote Bete hat einen intensiven, warmen, erdigen Geschmack. Sie ist roh, gekocht und sauer eingelegt erhältlich.

Zubereitungsarten:
Gekocht, im Ofen gebacken, sauer eingelegt, roh als Salat (z. B. mit Äpfeln), in Heringssalat, Saft

Gesundheit:
Rote Bete ist reich an Kalium (hilfreich bei hohem Blutdruck, wichtig für Herz-Kreislauf-Funktion und für die Insulinproduktion) sowie Folsäure (wichtig für Blut, Zellen, Nerven und in der Schwangerschaft).

Tipp:
Rote Bete erst nach dem Kochen schälen. Wegen der intensiv färbenden roten Farbe am besten Handschuhe tragen.

Nicht verträglich / verträglich bei:

Gluten-Unverträglichkeit	☺
Histamin-Intoleranz	☺
Fruktose-Malabsorption	☺
Laktose-Intoleranz	☺

Junge Rote-Bete-Blätter können in Salatmischungen enthalten sein. Rote-Bete-Saft – er kann auch als E 162, Betanin, Betanoin oder Betenrot deklariert sein – wird zum Färben von Nahrungsmitteln (z. B. Milchprodukte) verwendet.

Wussten Sie schon?
Der rote Farbstoff ist wenig hitzebeständig und lichtempfindlich. Flecken am besten sofort mit Seife und sehr heißem Wasser auswaschen.

ROTKOHL

Rotkohl, auch Rotkraut oder Blaukraut genannt, ist ein typisches Wintergemüse und wird häufig mit wärmenden Gewürzen wie Kümmel und Nelken zubereitet.
Er wird frisch, tiefgefroren und als Konserve angeboten.

Zubereitungsarten:
Gekocht insbesondere zu dunklem Fleisch, fein geraspelt als Rohkost im Salat, Suppe

Gesundheit:
Rotkohl enthält viel Vitamin C, welches die Abwehrkräfte stärkt.

Tipp:
Der fruchtig süß-saure Geschmack z. B. von Äpfeln, Johannisbeergelee oder Preiselbeeren harmoniert köstlich mit Rotkohl.

Nicht verträglich / verträglich bei:

Gluten-Unverträglichkeit	☺
Histamin-Intoleranz	☺
Fruktose-Malabsorption	☺
Laktose-Intoleranz	☺

Wussten Sie schon?
Die Farbe des Rotkohls hängt vom pH-Wert des Bodens ab. Je saurer, desto röter, je alkalischer, desto blauer ist der Kohl.

RUCOLA

Rucola, auch Rauke genannt, ähnelt ein wenig den Blättern des Löwenzahns. Wie dieser wächst die wilde Rauke wie ein Unkraut fast überall. Der leicht scharfe, würzige Geschmack von Rucola ist bei der wilden Rauke noch intensiver.

Verwendung:
Als Salat, in Kräuterquark, zu Carpaccio, als Brotbelag, auf Pizza (nach dem Backen), in Nudelgerichten, als Pesto

Tipp:
Achtung beim Sammeln von wilder Rauke. Das häufig vorkommende und giftige Jakobskreuzkraut sieht ähnlich aus.

Nicht verträglich / verträglich bei:

Gluten-Unverträglichkeit	☺
Histamin-Intoleranz	☺
Fruktose-Malabsorption	☺
Laktose-Intoleranz	☺

Ersatz: Als besondere Geschmacksnote kann man Salat auch Löwenzahn, Sauerampfer, Spitzwegerich und andere Wildkräuter beifügen. Rettich- oder Radieschenblätter schmecken ähnlich scharf.

SAFRAN

Safran sind die getrockneten Stempelfäden aus der Blüte einer bestimmten Krokusart. Er ist das teuerste Gewürz der Welt.

Verwendung:
Als Gewürz, Färbemittel

Gesundheit:
Schon im Altertum war der Safran auch als Heilpflanze geschätzt. Er soll insgesamt stärkend wirken, gegen Schmerzen und bei Magenproblemen helfen. Zudem wird ihm eine positive Wirkung auf das Nervensystem (Gedächtnis, Depression, Epilepsie) und auf das Herzkreislaufsystem (Blutdruck) nachgesagt. Bei einer Überdosierung wird der Safran wie viele Heilpflanzen giftig.
Schwangere sollten Safran besser nicht einnehmen.

Tipp:
Um das volle Aroma zu erhalten, sollte Safran kurz in lauwarmem Wasser eingeweicht und erst zum Schluss zu den Speisen gegeben werden.
Um Fälschungen mit dem wesentlich günstigeren Kurkuma (Gelbwurz) zu vermeiden, sollte Safran nicht gemahlen, sondern nur als ganze Fäden gekauft werden.

Nicht verträglich / verträglich bei:

Gluten-Unverträglichkeit	☺
Histamin-Intoleranz	☺
Fruktose-Malabsorption	☺
Laktose-Intoleranz	☺

Ein verstecktes Vorkommen von Safran ist nicht zu erwarten, da er aufgrund seines Wertes sicherlich immer besonders ausgelobt wird.

Safran wird insbesondere für Reisgerichte (Paella, Risotto) verwendet.

Ersatz: Die gelbe Färbung kann man auch durch Kurkuma erreichen.

Wussten Sie schon?
Der hohe Preis des Safrans hat gute Gründe. Die Blüten werden in den frühen Morgenstunden von Hand geerntet. Anschließend werden die drei Stempelfäden sorgfältig herausgezupft, um sie nicht zu beschädigen und möglichst rasch getrocknet. Für 1 kg Safran müssen bis zu 150.000 Blüten geerntet werden.

SALBEI

Man verwendet die graugrünen bis silbrigen, samtigweichen Blätter des Salbeis.
In der Küche werden wegen ihres milderen Aromas hauptsächlich die jungen, zarten Blätter benutzt.

Verwendung:
Als mediterranes Gewürz insbesondere zu Kalbfleisch, Leber und Fisch, in Nudelgerichten, Gnocchi, in Olivenöl gebacken als Snack

Gesundheit:
Das ätherische Öl verhindert das Wachstum von Bakterien, Viren und Schimmelpilzen. So hilft Gurgeln mit Salbeitee bei Halsschmerzen. Bei stillenden Müttern bremst Salbeitee die Milchproduktion, was vor allem in der Abstillphase sehr nützlich sein kann und Milchstau verhindern hilft.
Durch Salbeiwaschungen oder Bäder kann die Schweißbildung reduziert werden – so auch bei Fußschweiß.

Tipp:
Salbei wird wegen seiner starken Würzkraft sparsam verwendet. Auch die Salbeiblüten sind essbar und in Salaten ein hübscher Blickfang.

Nicht verträglich / verträglich bei:

Gluten-Unverträglichkeit	☺
Histamin-Intoleranz	☺
Fruktose-Malabsorption	☺
Laktose-Intoleranz	☺

Als Gewürz kann Salbei z. B. in Kräutermischungen, Kräuterquarks, Käse, Fertiggerichten, Fertigsoßen enthalten sein. Auch in vielen Kräuter- und Heiltees sowie Hustenmitteln, Bonbons etc. kann Salbei vorkommen.

Ersatz: Alle verträglichen Kräuter und Gewürze. Koriandersamen haben einen ähnlichen Geschmack.

Wussten Sie schon?
Der Name Salbei ist vom Lateinischen „salvare" abgeleitet, was soviel bedeutet wie heilen. Diese Fähigkeit des Salbeis beruht vor allem auf dem Salbeiöl, das insbesondere in den Blättern enthalten ist.

SANDDORN

Zubereitungsarten:
Saft, Mus

Gesundheit:
Sanddorn ist sehr reich an Vitamin C.
Äußerlich angewendet hilft Sanddornöl bei Hautirritationen, schlecht heilenden Wunden, Sonnenbrand und anderen Strahlenschäden der Haut. Zudem verlangsamt es den Alterungsprozess der Haut.

Tipp:
Ziehen Sie beim Sammeln der Beeren feste Handschuhe mit langen Stulpen an. Die Stacheln können böse Verletzungen verursachen.

Nicht verträglich / verträglich bei:

Gluten-Unverträglichkeit	☺
Histamin-Intoleranz	☺
Fruktose-Malabsorption	☺
Laktose-Intoleranz	☺

Ein verstecktes Vorkommen von Sanddorn ist nicht zu erwarten.

SARDINE

Sardinen sind kleine, blausilbrige, heringsähnliche, relativ fetthaltige Speisefische.

Zubereitungsarten:
Als Vor- oder Hauptspeise, in Öl eingelegt (Ölsardinen in der Dose), mariniert, gesalzen, geräuchert, gebacken, frittiert, gegrillt

Gesundheit:
Sardinen sind reich an Omega-3-Fettsäuren und liefern außerdem Vitamin D, B_6, Eisen und Jod.

Nicht verträglich / verträglich bei:

Gluten-Unverträglichkeit	☺
Histamin-Intoleranz	☹
Fruktose-Malabsorption	☺
Laktose-Intoleranz	☺

Frische, frisch eingelegte oder auch Ölsardinen aus der Dose enthalten bei ordnungsgemäßer Verarbeitung kaum Histamin.
Wegen des hohen Gehalts an Histidin, aus dem im Körper Histamin gebildet wird, ist bei **Histamin-Intoleranz** jedoch auf jeden Fall Vorsicht geboten.

Geräucherte und lange gelagerte Sardinen sind reich an Histamin und deshalb bei einer **Histamin-Intoleranz** weniger geeignet.
➔ s. Histamin-Intoleranz S. 19

FISCH (und daraus hergestellte Erzeugnisse) gehört zu den Zutaten, die häufig Unverträglichkeitsreaktionen auslösen und ist deshalb **KENNZEICHNUNGSPFLICHTIG**.

SAUER MILCH PRODUKTE

Hierzulande werden die meisten Sauermilchprodukte aus Kuhmilch hergestellt. Sauermilchprodukte sind Milcherzeugnisse, bei denen das sogenannte Eindicken, also die Gerinnung von Eiweiß, aufgrund von Milchsäurebakterien erreicht wird.

Typische Sauermilchprodukte sind:
Buttermilch ➔ s. S. 47
Joghurt ➔ s. S. 86
Molke ➔ s. S. 128
Quark ➔ s. S. 147

Sauermilchkäse
Bekannte Sorten aus Kuhmilch sind z. B. Bauern-Handkäse, Harzer Käse, Mainzer Käse, Olmützer Quargel und Tiroler Graukäse.
➔ s. Käse S. 88

SCHAFS KÄSE

Schafskäse unterscheidet sich insbesondere durch den charakteristischen Geruch und häufig auch durch das kräftigere Aroma von einem aus Kuhmilch hergestellten Käse.

Verwendung:
Als Brotbelag, in Salaten, zum Überbacken, auf Pizza, in Nudelgerichten, als Antipasti

Gesundheit:
Der Gehalt an vielen Nährstoffen ist in Schafsmilch höher als in Kuhmilch. Entsprechend gilt dies für Schafskäse.

Tipp:
Bekannte Schafskäsesorten sind der italienische Peccorino, der französische Roquefort und der spanische Manchego.

Nicht verträglich / verträglich bei:

Gluten-Unverträglichkeit	☺
Histamin-Intoleranz	☹
Fruktose-Malabsorption	☺
Laktose-Intoleranz	☹

Aufgrund der besonderen Zusammensetzung der Proteine in der Schafsmilch werden Produkte aus Schafsmilch oft vertragen, auch wenn eine Unverträglichkeit gegen Kuhmilch- bzw. Ziegenmilcheiweiß vorliegt. In diesem Fall ist besonders auf die Reinheit der Schafsmilchprodukte zu achten.

Insbesondere alte, gereifte Sorten enthalten viel Histamin und sind bei **Histamin-Intoleranz** wenig geeignet. Frischer Fetakäse

enthält wenig Histamin.
→ s. Histamin-Intoleranz S. 19

Auch Schafsmilch und junger Schafskäse (Frischkäse) enthalten Laktose. Je länger der Käse gereift ist, desto weniger Laktose ist enthalten. Bei **Laktose-Intoleranz** ist daher die individuelle Toleranzgrenze zu beachten.
→ s. Laktose-Intoleranz S. 25

SCHELL FISCH

Der Schellfisch ist wegen seines wohlschmeckenden, blättrigen Fleisches ein beliebter Speisefisch.

Zubereitungsarten:
Gekocht, gedünstet, geräuchert, gebacken, gebraten, frittiert, in Suppen, als Stockfisch (getrocknete Schellfischhälften)

Gesundheit:
Der Schellfisch ist einer der fettärmsten Fische.

> **TIPP:**
> Das grätenarme Fleisch zerfällt leicht und ist daher mit Vorsicht zu behandeln.

Nicht verträglich / verträglich bei:

Gluten-Unverträglichkeit	☺
Histamin-Intoleranz	☺
Fruktose-Malabsorption	☺
Laktose-Intoleranz	☺

FISCH (und daraus hergestellte Erzeugnisse) gehört zu den Zutaten, die häufig Unverträglichkeitsreaktionen auslösen und ist deshalb **KENNZEICHNUNGSPFLICHTIG**.

Wussten Sie schon?
Der englische Begriff „shellfish" ist ein sogenannter „falscher Freund". Er bedeutet NICHT Schellfisch, sondern Schalentiere – von „shell" die Schale, das Gehäuse.

SCHNITT LAUCH

Von Schnittlauch werden die grünen, röhrenartigen Blätter als Gewürz verwendet. Die unterirdischen Knollen sind ungenießbar. Roh und frisch ist er am besten, es gibt ihn jedoch auch tiefgefroren und getrocknet.

Verwendung:
In Kräuterquark, Suppen, Soßen, zu Eiern, Fleisch, Fisch, Salat

Gesundheit:
Schnittlauch enthält viele Vitamine, Mineralien und Spurenelemente. Ihm wird in der traditionellen Heilkunde gute Wirkung bei Appetitlosigkeit, Frühjahrsmüdigkeit, hohem Blutdruck und Gicht nachgesagt. Er soll blutreinigend und schleimlösend sein. Um seine Wirkung zu entfalten, muss Schnittlauch frisch verzehrt werden, da die Inhaltsstoffe dann in größter Menge vorliegen.

Tipp:
Schnittlauch sollte immer mit dem Messer oder einer Küchenschere geschnitten werden, denn gehackt wird er leicht bitter.

Nicht verträglich / verträglich bei:

Gluten-Unverträglichkeit	☺
Histamin-Intoleranz	☺
Fruktose-Malabsorption	☺
Laktose-Intoleranz	☺

Schnittlauch ist häufig in Gewürzmischungen und in vielen Fertigprodukten wie Soßen, Suppen, Remouladen etc. enthalten.

Ersatz: Frühlingszwiebeln, Lauch, Zwiebeln, Knoblauch und Bärlauch haben ein ähnliches Aroma.

Wussten Sie schon?
Die Blüten sind auch essbar und sehen im Salat sehr dekorativ aus.

Nicht verträglich / verträglich bei:

Gluten-Unverträglichkeit	☺
Histamin-Intoleranz	☺
Fruktose-Malabsorption	☺
Laktose-Intoleranz	☺

FISCH (und daraus hergestellte Erzeugnisse) gehört zu den Zutaten, die häufig Unverträglichkeitsreaktionen auslösen und ist deshalb **KENNZEICHNUNGSPFLICHTIG.**

Wussten Sie schon?
Die zarten „Maischollen" sind besonders beliebt. Nach der Eisschmelze zogen die Fischer im Frühjahr hinaus zu ihren Fanggründen auf die Ost- und Nordsee und brachten den frischen Fisch mit nach Hause. Nach einem entbehrungsreichen Winter natürlich ein Hochgenuss. Daraus begründet sich die Reputation der „Maischolle". Im Juni oder Juli, nach ihrer anstrengenden Laichzeit, ist die Scholle aromatischer.

SCHOLLE

Die Scholle ist ein Plattfisch und als schmackhafter Speisefisch auch von großer wirtschaftlicher Bedeutung. Sie wird frisch, tiefgefroren, geräuchert und als Konserve angeboten.

Zubereitungsarten:
Gekocht, gedünstet, gebraten, gebacken, gegrillt

Gesundheit:
Scholle ist eiweißreich, fettarm und ein guter Lieferant für Jod.

SCHWEIN

Schweinefleisch ist in Deutschland das am meisten verzehrte Fleisch. Es werden fast alle Teile des Schweins verwendet. Die wertvollsten Stücke sind Filet, Schinken, Kotelett und Schulter.

Zubereitungsarten:
Gekocht, gebraten, gegrillt, geschmort, frittiert, geräuchert, Wurstwaren, Pasteten, Leberkäse, Schmalz, Konserve

Gesundheit:
Aufgrund des hohen Puringehaltes ist Schweinefleisch bei **Gicht** nicht empfehlenswert.

Tipp:
Fleisch aus biologischer Haltung, idealerweise mit Hofschlachtung, ermöglicht die beste Fleischqualität, da die Tiere ohne Hormone und Antibiotika ernährt werden und der große Stress bei Transport und Schlachtung in den riesigen Schlachthöfen wegfällt.

Nicht verträglich / verträglich bei:

Gluten-Unverträglichkeit	☺
Histamin-Intoleranz	☺
Fruktose-Malabsorption	☺
Laktose-Intoleranz	☺

Schweinefleisch kann auch in sogenannter Geflügel-, Lamm-, Hirsch-, Rentier-, Rindswurst u. ä. enthalten sein.

Ersatz: In vielen Rezepten lässt sich Schweinefleisch durch Wildschwein oder Putenfleisch ersetzen. Für Vegetarier gibt es sogenannten Fleischersatz aus Soja.

Frisches Schweinefleisch enthält kaum Histamin. Aber verarbeitete, lange gelagerte Produkte wie Salami, geräucherter oder luftgetrockneter Schinken, Landjäger u. ä. enthalten sehr viel Histamin und sind bei **Histamin-Intoleranz** wenig geeignet.
➔ s. Histamin-Intoleranz S. 19

SCHWERT FISCH

Der Schwertfisch wird wegen seines festen aromatischen Fleisches als Speisefisch geschätzt.

Verwendung:
Roh als Carpaccio oder Sashimi, gebraten, als Steak gegrillt, als Rouladen, in Suppen

Gesundheit:
Wie jeder Meeresfisch liefert der Schwertfisch reichlich Eiweiß und Jod.
Ältere Schwertfische sind häufig stärker mit Quecksilber belastet als andere Fische. Daher werden zum Verzehr jüngere Schwertfische empfohlen. Die Grenzwerte werden jedoch in Deutschland streng kontrolliert.

Tipp:
Schwertfischsteaks können ähnlich wie Fleischsteaks zubereitet werden – am besten auf dem Grill.

Nicht verträglich / verträglich bei:

Gluten-Unverträglichkeit	☺
Histamin-Intoleranz	☺
Fruktose-Malabsorption	☺
Laktose-Intoleranz	☺

Frischer Fisch enthält kaum Histamin. Insbesondere bei **Histamin-Intoleranz** ist auf Frische und ausreichende Kühlung zu achten.
➔ s. Histamin-Intoleranz S. 19

FISCH (und daraus hergestellte Erzeugnisse) gehört zu den Zutaten, die häufig Unverträglichkeitsreaktionen auslösen und ist deshalb **KENNZEICHNUNGSPFLICHTIG.**

SEEBARSCH, WEISS

Weißer Seebarsch kommt an der Pazifikküste von Alaska bis zum Golf von Kalifornien vor. Die Bestände haben sich in den letzten Jahrzehnten wieder erholt.
Er wird kommerziell und von Sportanglern befischt.

SEEBARSCH
Wolfsbarsch, Loup de mer

Der Wolfsbarsch ist ein feiner Speisefisch der eher gehobenen Küche. Sein Fleisch ist weiß, mild im Geschmack und grätenarm. Er wird auch aus Zuchtfarmen angeboten.

Zubereitungsarten:
Gedünstet, gebraten, gebacken, gegrillt

Nicht verträglich / verträglich bei:

Gluten-Unverträglichkeit	☺
Histamin-Intoleranz	☺
Fruktose-Malabsorption	☺
Laktose-Intoleranz	☺

FISCH (und daraus hergestellte Erzeugnisse) gehört zu den Zutaten, die häufig Unverträglichkeitsreaktionen auslösen und ist deshalb **KENNZEICHNUNGSPFLICHTIG.**

SEEHECHT

In Südeuropa wird der Seehecht schon seit längerer Zeit als hervorragender Speisefisch geschätzt. In Deutschland wird er in vielen Tiefkühlprodukten wie Fischstäbchen und Convenience-Produkten (z. B. Schlemmerfilet) verwendet.

Zubereitungsarten:
Gekocht, gedünstet, gebraten, gegrillt

Tipp:
Aufgrund seines festen Fleisches eignet sich Seehecht für Fischfondue.

Nicht verträglich / verträglich bei:

Gluten-Unverträglichkeit	☺
Histamin-Intoleranz	☺
Fruktose-Malabsorption	☺
Laktose-Intoleranz	☺

Auch in Surimi (Krabbenfleischersatz) kann Seehecht enthalten sein.

FISCH (und daraus hergestellte Erzeugnisse) gehört zu den Zutaten, die häufig Unverträglichkeitsreaktionen auslösen und ist deshalb **KENNZEICHNUNGSPFLICHTIG.**

SEELACHS

Der Seelachs ist ein beliebter Speisefisch, der häufig paniert oder als Frikadelle angeboten wird. Das perlgraue feste Fleisch wird beim Garen weiß.
Rot eingefärbt wird er als „Lachsersatz" verkauft.

Zubereitungsarten:
Gekocht, gebacken, gebraten, frittiert, gedünstet, gegrillt, paniert, als Fischspieß, in Suppen

Gesundheit:
Wie alle Meeresfische ist der Seelachs ein guter Lieferant für Omega-3-Fettsäuren und Jod.

Nicht verträglich / verträglich bei:

Gluten-Unverträglichkeit	☺
Histamin-Intoleranz	☺
Fruktose-Malabsorption	☺
Laktose-Intoleranz	☺

Seelachs kann in vielen verarbeiteten Fischprodukten und Fertiggerichten vorkommen.

Ersatz: Alle verträglichen Fische.

Wussten Sie schon?
Wegen seines pechschwarzen Rückens wird der Seelachs auch Köhler genannt.

SEE TEUFEL

Der Seeteufel hat seinen Namen nicht von ungefähr.
Mit seinem überproportional großen Kopf, dem bedrohlich bezahnten Maul und der unschönen Oberfläche sieht er wahrhaft teuflisch aus. Nichts desto trotz ist er ein hervorragender Speisefisch.

Zubereitungsarten:
Gebraten, gekocht, gedünstet, frittiert, gegrillt, als Spieß, in Suppen, Currys

Tipp:
Das Fleisch des Schwanzstückes ist bis auf den großen Knochen praktisch grätenfrei und auch nach dem Zubereiten noch schön fest.

Nicht verträglich / verträglich bei:

Gluten-Unverträglichkeit	☺
Histamin-Intoleranz	☺
Fruktose-Malabsorption	☺
Laktose-Intoleranz	☺

FISCH (und daraus hergestellte Erzeugnisse) gehört zu den Zutaten, die häufig Unverträglichkeitsreaktionen auslösen und ist deshalb **KENNZEICHNUNGSPFLICHTIG.**

Wussten Sie schon?
Der Seeteufel wird auch Angler genannt. Tatsächlich setzt er zum Anlocken der Beute eine Technik ein, die an einen Köder an einer Angel erinnert.

SEEZUNGE

Die Seezunge ist ein Plattfisch, dessen unscheinbares Äußeres nicht auf einen Edelfisch schließen ließe. Sie ist jedoch wegen ihres festen, delikaten Fleisches einer der teuersten Speisefische. Sie ist frisch oder tiefgefroren erhältlich.

Zubereitungsarten:
Gedünstet, gebraten

Tipp:
Die Seezunge ist leicht zu verwechseln mit der wesentlich günstigeren Rotzunge (Limade). Diese hat jedoch im Gegensatz zur Seezunge einen spitzen Kopf, einen kleinen Mund und ist dunkel marmoriert.

Nicht verträglich / verträglich bei:

Gluten-Unverträglichkeit	☺
Histamin-Intoleranz	☺
Fruktose-Malabsorption	☺
Laktose-Intoleranz	☺

FISCH (und daraus hergestellte Erzeugnisse) gehört zu den Zutaten, die häufig Unverträglichkeitsreaktionen auslösen und ist deshalb **KENNZEICHNUNGSPFLICHTIG.**

Wussten Sie schon?
Die Seezunge kann sich farblich dem Untergrund anpassen und ist so immer gut getarnt.

SELLERIE

Knollensellerie, Wurzelsellerie

Verwendung:
Als Gewürz, als Bratling, Püree, in Salat

Gesundheit:
Sellerie soll harntreibend wirken und ist damit z. B. bei hohem Blutdruck und Ödemen hilfreich. In der Volksmedizin wird er auch bei Gicht und rheumatischen Krankheiten eingesetzt. Bei Blähungen wirkt er lindernd. Beim Einsatz von Sellerie ist darauf zu achten, dass manche Menschen sehr stark allergisch auf Sellerie reagieren, bis hin zum anaphylaktischen Schock.

Tipp:
Das Braunwerden der Schnittstelle kann man durch ein wenig Zitronensaft verhindern oder zumindest verzögern.

Nicht verträglich / verträglich bei:

Gluten-Unverträglichkeit	☺
Histamin-Intoleranz	☺
Fruktose-Malabsorption	☺
Laktose-Intoleranz	☺

In Würzmischungen, Gemüsebrühen, Kräutersalz, Fertigsoßen und -suppen sowie Gemüsesäften kann Sellerie enthalten sein.

Ersatz: Petersilienwurzeln oder Pastinaken haben einen ähnlichen, wenn auch deutlich milderen Geschmack.

Bei einer Beifuß- oder Birkenallergie, oder auch bei Allergien gegen manche Gewürze wie Anis, Koriander und Kümmel, kann eine **Kreuzreaktion** beim Verzehr von Sellerie auftreten. Man spricht in diesem Zusammenhang auch vom Beifuß-Sellerie-Gewürz-Syndrom.
➔ s. Kreuzallergie S. 220

SELLERIE (und daraus hergestellte Erzeugnisse) gehört zu den Zutaten, die häufig Unverträglichkeitsreaktionen auslösen und ist deshalb **KENNZEICHNUNGSPFLICHTIG.**

SENF KORN

Senf wird aus feingemahlenen Senfkörnern, dem Senfmehl, hergestellt und enthält das scharfe Senföl. Die Schärfe ist abhängig von den Sorten der verarbeiteten Senfsamen und den zugegebenen Gewürzen.

Verwendung:
Als Gewürz für Fisch, Fleisch, Wurst, in Soßen, Marinaden, Remouladen, die ganzen Senfsamen beim Sauer-Einlegen von Gemüse

Gesundheit:
Senf wirkt appetitanregend und fördert die Verdauung.
Äußerlich kann Senfmehl gegen Verspannungen und Erkältungskrankheiten, z. B. in Form von Wickeln oder Umschlägen, angewendet werden. Bei kalten Füßen helfen ansteigende Fußbäder mit Senfmehl. Als Heilpflanze wird meist der schwarze Senf verwendet.

Tipp:
Senfkeimlinge, die man ähnlich wie Kresse selbst züchten kann, schmecken gut in Salat oder Kräuterquark.

Nicht verträglich / verträglich bei:

Gluten-Unverträglichkeit	☺
Histamin-Intoleranz	☺
Fruktose-Malabsorption	☺
Laktose-Intoleranz	☺

Ersatz: Alle verträglichen Gewürze. Schärfe erreicht man z. B. auch durch Pfeffer, Chili oder Meerrettich.

SENF (und daraus hergestellte Erzeugnisse) gehört zu den Zutaten, die häufig Unverträglichkeitsreaktionen auslösen und ist deshalb **KENNZEICHNUNGSPFLICHTIG.**

Wussten Sie schon?
Der Experimentierfreudigkeit des Johann Conrad Develey, der in München seine Senffabrik hatte, verdanken wir den Münchner Weißwurstsenf. Der Senfrezeptur des Dijon Senfs fügte er eine spezielle Gewürzmischung und karamellisierten Zucker hinzu. Daraus wurde der süße Senf.

SESAM

Sesamsamen bestehen zu 50% aus Fett. Beim Erhitzen entwickeln sie ein nussiges Aroma, das auch charakteristisch ist für das heiß gepresste Sesamöl. Kaltgepresstes Sesamöl wird auch für Salate verwendet.

Verwendung:
Auf und in Gebäck, in Soßen und Pasten, zu Gemüse, Fisch (als Kruste), Sesamsalz (Würzmittel), Öl

Gesundheit:
Sesam enthält viele wichtige Nährstoffe und ist besonders reich an Phosphor, Calcium, Magnesium und B-Vitaminen. Aufgrund des hohen Fettgehalts ist Sesam auch sehr kalorienreich.

Tipp:
Der ungeschälte Sesam enthält mehr Nährstoffe und wertvolle Ballaststoffe als der weiße, bei dem mittels eines chemischen Verfahrens die Schale entfernt wurde.

Nicht verträglich / verträglich bei:

Gluten-Unverträglichkeit	☺
Histamin-Intoleranz	☺
Fruktose-Malabsorption	☺
Laktose-Intoleranz	☺

SESAMSAMEN (und daraus hergestellte Erzeugnisse) gehören zu den Zutaten, die häufig Unverträglichkeitsreaktionen auslösen und sind deshalb **KENNZEICHNUNGSPFLICHTIG.**

Wussten Sie schon?
Sesamöl eignet sich hervorragend als Massageöl. Ätherische Öle nimmt es besonders gut auf, die dann ihren Duft und ihre Wirkung entfalten können.

SHIITAKE

Der Shiitake ist ein aus China und Japan stammender hervorragender Speisepilz, der auch in Deutschland immer beliebter wird. Er wird auch als Heilpilz oder sogenannter Vitalpilz verwendet.

Verwendung:
Frisch, getrocknet, roh zum Salat, in Soßen, gebraten, gedünstet, zu Reisgerichten, zu asiatischen Wok-Gerichten

Gesundheit:
In der Traditionellen Chinesischen Medizin (TCM) wird der Shiitake-Pilz schon sehr lange

TIPP:
Dünne lange Stiele werden beim Zubereiten hart und zäh, daher entfernt man sie besser.

verwendet. In der Mykotherapie (Pilzheilkunde) wird der Shiitake als Heilpilz hauptsächlich gegen Durchblutungsstörungen und zur Stärkung des Immunsystems eingesetzt. Neuere Forschung beschäftigt sich mit der krebshemmenden Wirkung von in Heilpilzen enthaltenen Polysacchariden.

Nicht verträglich / verträglich bei:

Gluten-Unverträglichkeit	☺
Histamin-Intoleranz	☺
Fruktose-Malabsorption	☺
Laktose-Intoleranz	☺

Ein verstecktes Vorkommen ist nicht zu erwarten.

Wussten Sie schon?
Preiswert und immer frisch kann man Pilze aus eigenem Anbau ernten. Den Shiitake kann man auch zuhause züchten.

SOJABOHNE

Verwendung:
Öl, gedünstet (Edamame), Tofu, Sojamilch, Sahne, Joghurt, Pudding, Sojadrinks, Riegel, Brotaufstrich, Misopaste, Fleischersatz, Sprossen, Sojasoße

Gesundheit:
Sojabohnen liefern viel hochwertiges Eiweiß, Fett und andere wichtige Nährstoffe. Deshalb werden viele Fleischersatzprodukte aus Soja hergestellt. Insbesondere der Gehalt an Kalium, Magnesium, Phosphor und B-Vitaminen ist hoch.

Der Sojabohne werden weitere gesundheitsfördernde Wirkungen nachgesagt: So soll sie bei Wechseljahresbeschwerden helfen und Brustkrebs und Osteoporose vorbeugen. Diese Wirkungen sind jedoch nicht belegt. Dagegen stehen Risiken, die durch die enthaltenen Isoflavone entstehen. Studien geben Hinweise darauf, dass sie Gebärmutterhalskrebs und Brustkrebs fördern könnten. Ein Konsum in Maßen stellt jedoch kein gesundheitliches Risiko dar. Über den Nutzen hochkonzentrierter Phytopharmaka muss im Einzelfall entschieden werden.
Gelegentlich wird empfohlen, dass Säuglinge und Kleinkinder wegen der enthaltenen pflanzlichen Hormone keine Sojaprodukte zu sich nehmen sollen.

Der Puringehalt der Sojabohne ist sehr hoch. Sie ist bei **Gicht** wenig geeignet.

Tipp:
Eine gesunde Knabberei sind Edamame. In heißem Wasser blanchiert mit ein wenig Meersalz gewürzt sind sie ein Hochgenuss. Sie sind in japanischen und asiatischen Lebensmittelläden meist tiefgefroren erhältlich.

Nicht verträglich / verträglich bei:

Gluten-Unverträglichkeit	☺
Histamin-Intoleranz	☺
Fruktose-Malabsorption	☺
Laktose-Intoleranz	☺

Soja-Bestandteile, z. B. Sojaöl, Sojalecithin (E 322), Soja-Eiweiß und -Schrot kommen in sehr vielen verarbeiteten Nahrungsmitteln vor. Auch in Worcestersauce ist Soja enthalten.

Ersatz: Hülsenfrüchte, Milch und Milchprodukte, Hafermilch, Sesammilch, Reismilch, Fleisch

Eine Sojaunverträglichkeit kommt häufig in Kombination mit einer Kuhmilchunverträglichkeit vor.

Bei einer Birken-, Traubenkraut- oder Latexallergie kann es zu **Kreuzreaktionen** beim Verzehr von Sojaprodukten kommen.
➔ s. Kreuzallergie S. 220

Seit der weltweite Konsum von Soja stark angestiegen ist, hat sich auch die Zahl der Sojaallergien signifikant erhöht. Somit scheint es einen Zusammenhang zu geben zwischen dem Gesamtverzehr eines Nahrungsmittels in der Gesamtbevölkerung und der Häufigkeit von Allergien.

SOJA (und daraus hergestellte Erzeugnisse) gehört zu den Zutaten, die häufig Unverträglichkeitsreaktionen auslösen und ist deshalb **KENNZEICHNUNGSPFLICHTIG.**

Wussten Sie schon?
Etwa 80 % der weltweit produzierten ca. 200 Millionen Tonnen Soja sind gentechnisch verändert. Ein Großteil der Sojaproduktion wird als Futtermittel verwendet.
Gentechnisch veränderte Zutaten müssen in Deutschland auf den Nahrungsmitteln gekennzeichnet werden. Allerdings sind die Lücken in der Auszeichnungspflicht so groß, dass keine Sicherheit bestehen kann. Gentechnik freie Sojaprodukte erhalten Sie aus österreichischem und brasilianischem Anbau.

SONNEN BLUMEN KERN

Verwendung:
In Backwaren, Müsli, zu Salat, als vollwertige Knabberei und Brainfood, Öl, Margarine

Gesundheit:
Sonnenblumenkerne sind reich an wertvollen pflanzlichen Proteinen, Vitaminen und Nährstoffen, insbesondere Phosphor, Eisen, Magnesium und Vitamin E.
Aufgrund seiner hohen Bindefähigkeit von Giftstoffen wird Sonnenblumenöl zum sogenannten „Giftziehen" genutzt. Morgens direkt nach dem Aufstehen wird 1 EL Sonnenblumenöl etwa 5 – 10 Minuten „gekaut" und danach ausgespuckt. Das Öl „zieht" dabei Giftstoffe aus der Mundschleimhaut, die auf diese Weise ausgeschieden werden können.

Tipp:
Durch ihren hohen Fettgehalt können Sonnenblumenkerne schnell ranzig werden. Sie sollten daher nicht zu lange und auf jeden Fall kühl und trocken gelagert werden.

Nicht verträglich / verträglich bei:

Gluten-Unverträglichkeit	☺
Histamin-Intoleranz	☺
Fruktose-Malabsorption	☺
Laktose-Intoleranz	☺

Sonnenblumenkerne bzw. das Öl finden sich in fertigen Müslis, Brot, Brötchen, Dips, Salatsoßen, Marinaden, Margarine, Mayonnaise, Süßigkeiten, Backmischungen, Knabbermischungen, Fertiggerichten.

Ersatz: Alle verträglichen Samen, Nüsse und Öle.

Wussten Sie schon?
Die Sonnenblume stammt ursprünglich aus Nordamerika. Im 16. Jahrhundert kam sie als Zierpflanze nach Europa. Erst sehr viel später wurde die Sonnenblume, zunächst in Russland, als Ölpflanze entdeckt.

SORBINSÄURE

➔ s. Zusatzstoffe und E-Nummern S. 228

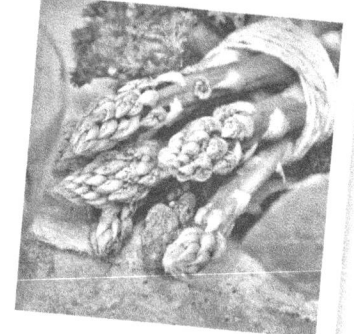

SPARGEL

Der weiße Spargel wird geerntet, bevor der Trieb an die Erdoberfläche gelangt. Sobald er dem Licht ausgesetzt ist, wird er grün und ist als grüner Spargel bekannt. Weißer Spargel ist milder als grüner Spargel mit seinem kräftig aromatischen, etwas nussigen Geschmack. Während der Spargelsaison im Frühjahr bekommt man ihn frisch und ganzjährig als Konserve.

Zubereitungsarten:
Gekocht, gedämpft, gegrillt, zu Reis- und Nudelgerichten, als Salat

Gesundheit:
Spargel ist harntreibend, entwässernd und regt die Nierentätigkeit an.

Tipp:
Bei frischem Spargel lassen sich die Stangen nicht biegen, er würde sofort brechen. Ein weiteres Zeichen der Frische ist es, wenn beim Aneinanderreiben der Stangen ein quietschendes Geräusch entsteht.

Nicht verträglich / verträglich bei:

Gluten-Unverträglichkeit	☺
Histamin-Intoleranz	☺
Fruktose-Malabsorption	☺
Laktose-Intoleranz	☺

Ein verstecktes Vorkommen ist nicht zu erwarten.

Wussten Sie schon?
Die Spargelsaison endet am 24. Juni. Dies kommt daher, dass es von diesem Datum an ziemlich sicher noch 100 frostfreie Tage geben wird. Diese Zeit braucht die Spargelwurzel, damit sie aus der grünen Pflanze genügend Kraft speichern kann, um im nächsten Jahr wieder auszutreiben.

SPINAT

Zubereitungsarten:
Roh als Salat, gedünstet als Gemüse, Suppe, als Füllung für Pasta, auf Pizza, in Aufläufen

Gesundheit:
Spinat ist reich an Mineralien und Spurenelementen. Selbst wenn der Eisengehalt nicht so sensationell hoch ist wie früher angenommen, gehört Spinat doch zu den Gemüsen, die viel Eisen beinhalten.
Spinat enthält viel Nitrat, welches im Laufe längerer Lagerung und auch nach dem Verzehr im Körper zu schädlichem Nitrit umgewandelt wird.

Frischer Spinat enthält wenig Nitrit. Auch bei gekühlter Lagerung entsteht kaum Nitrit. Selbst wenn Spinatreste im Kühlschrank aufbewahrt und dann wieder aufgewärmt werden, können sie bedenkenlos verzehrt werden. Säuglinge sollten keinen Spinat essen, da sie gar kein Nitrit vertragen.
Spinat enthält viel Purin und sollte bei **Gicht** nur in Maßen gegessen werden.

Wegen des hohen Gehalts an Vitamin K sollte Spinat von Menschen, die **blutverdünnende Medikamente** nehmen müssen, sehr vorsichtig genossen werden, da es die Wirkung der Medikamente beeinträchtigen kann.

> **TIPP:**
> Wird Spinat nach dem Blanchieren kurz in Eiswasser getaucht, behält er seine kräftige grüne Farbe.

Nicht verträglich / verträglich bei:

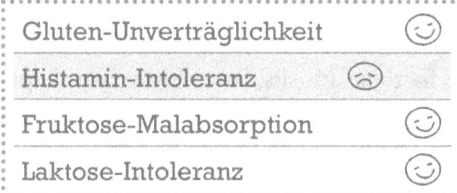

Gluten-Unverträglichkeit	☺
Histamin-Intoleranz	☹
Fruktose-Malabsorption	☺
Laktose-Intoleranz	☺

Spinat kann in Salatmischungen enthalten sein und wird auch zum Färben von Nahrungsmitteln verwendet, z. B. für grüne Nudeln.

Ersatz: Endiviensalat, Mangold, Pak Choi.

Spinat enthält viel Histamin und ist bei **Histamin-Intoleranz** weniger geeignet.
→ s. Histamin-Intoleranz S. 19

Wussten Sie schon?
Die Aufnahme von Eisen aus pflanzlichen Nahrungsmitteln wird durch Vitamin C erhöht.

SPIRULINA-BLAUALGE

Die Spirulina Blaualge ist eine Süßwasseralge, die in basischen subtropischen Mineralseen wächst.

Verwendung:
Als Nahrungsergänzungsmittel

Gesundheit:
Spirulina wird ein sehr hoher Gehalt an vielen lebenswichtigen und gesundheitsfördernden Inhaltsstoffen nachgesagt. Sie liefert insbesondere für Veganer wertvolles Eiweiß und Vitamin B_{12}, welches nur sehr selten in nicht-tierischen Substanzen vorkommt. Sie soll u. a. Schwermetalle ausleiten, den Cholesterinspiegel senken und auch vor Krebs schützen. Allerdings ist die positive ernährungsphysiologische und auch medizinische Wirkung umstritten.

Tipp:
Um eine möglicherweise gefährliche Verunreinigung zu vermeiden, können Spirulina-Produkte aus Züchtung verwendet werden.

Nicht verträglich / verträglich bei:

Gluten-Unverträglichkeit	☺
Histamin-Intoleranz	☺
Fruktose-Malabsorption	☺
Laktose-Intoleranz	☺

Wussten Sie schon?
Blaualgen wie die Spirulina gehören zu den ältesten Lebewesen der Erde.

STACHELBEERE

Der Name bezieht sich auf die Dornen an den Zweigen des Stachelbeerstrauchs. Die Beeren selbst haben keine Stacheln.

Verwendung:
Roh, in Aufläufen, auf Kuchen, als Soße zu Desserts, Marmelade, alkoholische Getränke

Gesundheit:
Die Stachelbeere soll den Appetit anregen, die Verdauung fördern und harntreibend wirken. Aufgrund ihres Siliziumgehaltes stärkt sie Bindegewebe, Haut und Haare und wirkt zudem entgiftend.

Tipp:
Die Haut der Beere ist oft durchscheinend und grünlich-weiß, goldgelb oder rötlich gefärbt. Je dunkler die Farbe, desto reifer und süßer ist die Frucht.

Nicht verträglich / verträglich bei:

Gluten-Unverträglichkeit	☺
Histamin-Intoleranz	☺
Fruktose-Malabsorption	☹
Laktose-Intoleranz	☺

Ersatz: Alle verträglichen Beeren. Schwarze Johannisbeeren haben einen ähnlich bittersäuerlichen Geschmack.

Obwohl Stachelbeeren sehr sauer schmecken, ist der Zuckergehalt recht hoch. Bei **Fruktose-Malabsorption** sind Stachelbeeren aufgrund ihres Fruktosegehaltes wenig geeignet.
➔ s. Fruktose-Malabsorption S. 21

Wussten Sie schon?
Die Jostabeere ist eine Kreuzung zwischen Johannisbeere und Stachelbeere.

Ersatz: Alle verträglichen Gemüse. Kohlrabi schmeckt ähnlich, jedoch milder und süßer.

Wussten Sie schon?
Wegen des sogenannten „Steckrübenwinters" während des ersten Weltkrieges, als es im Deutschen Reich außer Steckrüben nicht viel zu essen gab, wurde das Gemüse lange Jahre verschmäht – die Rüben galten als „Armeleuteessen". Heute halten sie sogar wieder Einzug in die gehobene Küche.

STECKRÜBE

Von der Steckrübe, auch Kohlrübe genannt, werden in der Küche die Wurzelknollen verwendet.

Zubereitungsarten:
Als Gemüse, in Eintöpfen, Aufläufen, als Püree

Gesundheit:
Steckrüben sind im Winter ein wertvoller Lieferant für Vitamin C.

Tipp:
Ist ein milder Geschmack gewünscht, sollten Steckrüben je nach Größe der Stücke nicht länger als ca. 20 Minuten gegart werden, da sie sonst einen streng kohligen Geschmack entwickeln.

Nicht verträglich / verträglich bei:

Gluten-Unverträglichkeit	☺
Histamin-Intoleranz	☺
Fruktose-Malabsorption	☺
Laktose-Intoleranz	☺

STEINPILZ

Den Namen verdankt der Steinpilz seinem im Vergleich zu anderen Pilzen sehr festen Fleisch. Er gehört zu den schmackhaftesten Speisepilzen.

Zubereitungsarten:
Gebraten, geschmort, sauer eingelegt, getrocknet, in Soßen, roh zu Salat, in Reis- und Nudelgerichten

Gesundheit:
Steinpilze sind reich an Silizium, welches Haut, Haare und Gefäße kräftigt. Zudem sind sie eine gute Selen-Quelle und stärken so das Immunsystem.

Tipp:
Getrocknete Steinpilze sind eine gute Alternative für den frischen Steinpilz, der nur saisonal angeboten wird.

Nicht verträglich / verträglich bei:

Gluten-Unverträglichkeit	☺
Histamin-Intoleranz	☺
Fruktose-Malabsorption	☺
Laktose-Intoleranz	☺

Ersatz: Alle verträglichen Pilze.

Wussten Sie schon?
Der Steinpilz hat einen Verwandten, der ihm sehr ähnlich sieht: Der sehr bittere Gallenröhrling. Er ist nicht giftig, aber ungenießbar. Es genügt ein Pilz, um das ganze Gericht zu verderben.

Nicht verträglich / verträglich bei:

Gluten-Unverträglichkeit	☺
Histamin-Intoleranz	☺
Fruktose-Malabsorption	☺
Laktose-Intoleranz	☺

Wussten Sie schon?
Ein großes Straußenei entspricht ungefähr der Menge von 25 Hühnereiern.

STRAUSS

Straußenfleisch ähnelt in Geschmack und Aussehen dem Rindfleisch, ist jedoch etwas dunkler und nicht so faserig. Es gibt auch einige Straußenfarmen in Deutschland, so dass das Fleisch nicht über große Distanzen importiert werden muss.

Zubereitungsarten:
Gebraten, gegrillt, geschmort, als Gulasch

Gesundheit:
Straußenfleisch ist fett- und cholesterinarm.

Tipp:
Straußenfedern ziehen aufgrund ihrer elektrostatischen Eigenschaften Staub an. Aus ihnen lassen sich vorzügliche und natürliche Staubwedel herstellen.

STUTEN MILCH

Stutenmilch ist die Milch von weiblichen Pferden. Sie schmeckt nussig-süßlich und hat eine dünne Konsistenz.

Verwendung:
Als Ersatz für Kuhmilch

Gesundheit:
Stutenmilch ist äußerlich angewendet sehr gut für die Haut. Sie wird in Kosmetika verwendet. Als Trinkkur kann sie bei Neurodermitis und anderen Hautkrankheiten hilfreich sein.

Tipp:
Stutenmilch wird tiefgefroren verkauft oder als Milchpulver, das mit kaltem Wasser angerührt wird.

Nicht verträglich / verträglich bei:

Gluten-Unverträglichkeit	☺
Histamin-Intoleranz	☺
Fruktose-Malabsorption	☺
Laktose-Intoleranz	☹

Das in der Stutenmilch enthaltene Milcheiweiß Kasein wird i. d. R. leichter verdaut als das der Kuhmilch. Das allergene Potenzial von Stutenmilch ist zudem niedriger als das von Kuhmilch.

Stutenmilch enthält mehr Laktose als Kuhmilch, ist also bei **Laktose-Intoleranz** wenig geeignet.
Ersatz bei Laktose-Intoleranz: Vergorene Stutenmilch (Kumy oder Airag). Bei der Fermentierung wird die Laktose abgebaut.
➜ s. Laktose-Intoleranz S. 25

Wussten Sie schon?
Schon die Truppen Dschingis-Khans schätzten die positive Wirkung der Stutenmilch: Wundheilung, Immunstärkung und allgemeine Kräftigung. Sie waren dank einer eigens mitgeführten Stutenherde immer gut mit Stutenmilch versorgt.

SÜSS KARTOFFEL

Die Süßkartoffel ist die verdickte Wurzel der Pflanze. Sie stammt aus Südamerika und wächst nur in warmen Regionen.

Zubereitungsarten:
Gekocht, gebacken, frittiert, gebraten, in Aufläufen, überbacken, in Suppen

Gesundheit:
Die Süßkartoffel enthält viele Vitamine und Nährstoffe, insbesondere Kalium und außerordentlich viel Vitamin A. 100 g decken schon mehr als den Tagesbedarf an Vitamin A. Sie enthält Caiapo, welches sich Studien zufolge günstig auf den Blutzuckerspiegel und den Blutdruck auswirkt.

Tipp:
Die Süßkartoffel schmeckt auch roh – süß und saftig, ähnlich wie eine Mohrrübe.

Nicht verträglich / verträglich bei:

Gluten-Unverträglichkeit	☺
Histamin-Intoleranz	☺
Fruktose-Malabsorption	☺
Laktose-Intoleranz	☺

Ein verstecktes Vorkommen von Süßkartoffeln ist nicht zu erwarten.

Ersatz: Kartoffeln, alle verträglichen Gemüse und stärkehaltigen Getreide. Mohrrüben oder Kürbis schmecken ähnlich.

Wussten Sie schon?
Süßkartoffeln gibt es in verschiedenen Farben, von weißlich-gelb über orange bis rotviolett. Das Blattgrün kann als spinatähnliches Gemüse zubereitet werden.

TANNIN

Tannine sind pflanzliche Gerbstoffe, die insbesondere in Rotwein, Tee (schwarz und grün), Bier und Hülsenfrüchten enthalten sind.

Verwendung:
Tannine werden in der Nahrungsmittelindustrie als Konservierungsstoff verwendet.

Gesundheit:
Tannine wirken adstringierend (zusammenziehend), was bei der Blutstillung, z. B. bei Nasenbluten, hilfreich ist. Sie werden auch gegen Durchfall eingesetzt.
Tannin kann die Aufnahme und damit die Wirkung von Arzneien wie dem Herzmedikament Digitalis beeinflussen.

> **TIPP:**
> Tee setzt die Tannine erst nach ca. zwei Minuten Ziehzeit frei.

Nicht verträglich / verträglich bei:

Gluten-Unverträglichkeit	☺
Histamin-Intoleranz	☺
Fruktose-Malabsorption	☺
Laktose-Intoleranz	☺

Wussten Sie schon?
Je länger ein Wein gereift ist, desto mehr Tannine wurden abgebaut und umso weicher und runder wird der Geschmack, da die adstringierende Wirkung der Tannine geringer wird.

TAPIOKA

Tapioka, auch Sago genannt, ist aus der Maniokwurzel gewonnene Stärke. Sie ist in Form von kleinen Kügelchen (Perlen) oder als Flocken erhältlich.

Verwendung:
Zum Eindicken von Speisen, als Einlage in Suppen, Puddings

Nicht verträglich / verträglich bei:

Gluten-Unverträglichkeit	☺
Histamin-Intoleranz	☺
Fruktose-Malabsorption	☺
Laktose-Intoleranz	☺

Tapioka wird auch als Stärke und Bindemittel bei der Tablettenproduktion eingesetzt.

Tapioka enthält kein Gluten und ist somit auch bei **Gluten-Unverträglichkeit** geeignet.
➔ s. Gluten-Unverträglichkeit und Zöliakie S. 17
➔ s. Frei von… Gluten S. 212

Wussten Sie schon?
Tapioka hat in letzter Zeit sogar in die Sterneküche Einzug gehalten. Durch ihre Farb- und Geschmacklosigkeit in Verbindung mit einer ungewohnten und angenehmen Textur sorgt sie beim Verzehr der sorgfältig kreierten Gerichte für überraschende haptische Erlebnisse im Mund.

TEE

Grüner und schwarzer Tee werden aus der gleichen Pflanze gewonnen. Die Teepflanze ist ein immergrüner Strauch mit ledrigen Blättern. Ohne Schnitt würde sie zu einem hohen Baum heranwachsen. Auf den Teeplantagen werden die Pflanzen auf ca. einen Meter Höhe gestutzt. So lassen sich die jungen Blätter und Knospen – nur diese werden zu Tee verarbeitet – am leichtesten pflücken.

TEE, GRÜN

TIPP: Grüntee wird mit 70 bis maximal 90°C warmem Wasser aufgebrüht.

Grüner Tee besteht aus Teeblättern, die nach der Ernte bedampft oder geröstet und dann getrocknet werden. Die Inhaltsstoffe bleiben bei dieser Zubereitungsart weitgehend erhalten. Deshalb wird grünem Tee eine stärkere gesundheitsförderliche Wirkung nachgesagt als dem schwarzen Tee.

Zubereitungsarten:
Als heißes Aufgussgetränk, aromatisiert z. B. mit Jasmin, Speiseeis

Gesundheit:
Das enthaltene Koffein wirkt anregend. Dem Catechin werden verschiedene gesundheitsfördernde Eigenschaften zugeschrieben. Es wirkt positiv auf Herz und Gefäße. Zudem soll es krebshemmende Wirkung haben. Gerbstoffe helfen bei Durchfall, können aber bei trägem Darm zu Verstopfung führen.
Tee kann bei hohem Konsum die Zähne gelblich färben. Andererseits schützen die enthaltenen Fluoride die Zähne vor Karies.

Nicht verträglich / verträglich bei:

Gluten-Unverträglichkeit	☺
Histamin-Intoleranz	☺
Fruktose-Malabsorption	☺
Laktose-Intoleranz	☺

Grüntee kann in Kräuterteemischungen, sogenannten Wellnessdrinks, Desserts, Speiseeis und Kosmetikartikeln enthalten sein.

Ersatz: Schwarzer Tee, Weißer Tee, Rooibostee, Kräutertee

Wussten Sie schon?
Bei manchen Sorten schmeckt der zweite Aufguss besser, da er nicht mehr so bitter ist. Der erste wird darum häufig weggeschüttet. Daher der alte Spruch: Die erste Tasse für den Feind, die zweite Tasse für den Freund.

TEE, SCHWARZ

Schwarztee wird wie grüner Tee aus Blättern der Teepflanze hergestellt. Schwarzer Tee wird nach der Ernte einem speziellen Fermentierungs- bzw. Oxidationsverfahren unterzogen, wodurch er seine dunkle Farbe erhält, und danach getrocknet. Im asiatischen Raum heißt Schwarztee „roter Tee" – in Anlehnung an die Farbe des aufgebrühten Getränks.

Zubereitungsarten:
Als heißes Aufgussgetränk, pur, mit Milch oder Sahne, Zitrone, Honig, Zucker, als Eistee

Gesundheit:
Grundsätzlich hat Schwarztee die gleichen gesundheitlichen Vorzüge wie grüner Tee (s. o.). Grüner Tee enthält jedoch mehr Wirkstoffe. Milch scheint die gesundheitsfördernde Wirkung von Tee nahezu aufzuheben, da die Wirkstoffe neutralisiert werden.

Tipp:
Da Tee fremde Aromen schnell annimmt, sollte er in gut verschlossenen Behältern oder abseits von stark aromatischen Lebensmitteln aufbewahrt werden.

Nicht verträglich / verträglich bei:

Gluten-Unverträglichkeit	☺
Histamin-Intoleranz	☺
Fruktose-Malabsorption	☺
Laktose-Intoleranz	☺

Schwarztee kann in verschiedenen Teemischungen enthalten sein.

Ersatz: Grüner Tee, Weißer Tee, Rooibostee, Kräutertee

Wussten Sie schon?
Das chinesische Zeichen für Tee wird in Südchina ähnlich wie das deutsche Tee ausgesprochen. Daher der Name, der aus dem Niederländischen „thee" übernommen wurde.

TEFF

Teff ist eine alte Getreidesorte, die ursprünglich aus Äthiopien stammt, und wird auch Zwerghirse genannt. Da die Samen sehr klein sind, wird das ganze Korn zu Mehl gemahlen.
Es gibt drei verschiedene Sorten. Der weiße Teff ist am aufwendigsten im Anbau und am teuersten. Der rote Teff enthält am meisten

Eisen und ist wie brauner Teff weniger anspruchsvoll im Anbau und deshalb günstiger. Der Geschmack ist aromatisch nussig. Teff ist als ganzes Korn, Flocken und Mehl erhältlich.

Verwendung:
Als Mehl in Gebäck, Brot, Nudelteig, Pizzateig, Pfannkuchen, das ganze Korn als Beilage, Bratlinge oder als Brei, für glutenfreies Bier

Gesundheit:
Teff enthält viel Eiweiß, Mineralien und andere Vitalstoffe. Er zeichnet sich durch einen niedrigen glykämischen Index aus, was ihn für **Diabetiker** interessant macht.

TIPP:
Teffmehl lässt sich ähnlich wie gewohnte Mehlsorten verarbeiten.

Nicht verträglich / verträglich bei:

Gluten-Unverträglichkeit	☺
Histamin-Intoleranz	☺
Fruktose-Malabsorption	☺
Laktose-Intoleranz	☺

Ein verstecktes Vorkommen von Teff ist unwahrscheinlich.

Teff ist glutenfrei und kann als Ersatz für glutenhaltige Getreide verwendet werden.
→ s. Gluten-Unverträglichkeit und Zöliakie S. 17
→ s. Frei von… Gluten S. 212

Ersatz: Andere (ggf. glutenfreie) Getreide und Stärken. Amaranth hat auch einen sehr hohen Nährstoffgehalt.

Wussten Sie schon?
Es gibt eine Theorie, die besagt, dass äthiopische Läufer aufgrund ihres hohen Konsums des ernährungsphysiologisch wertvollen Teffs so erfolgreich seien.

THUNFISCH

Das dunkle Fleisch des roten Thunfischs schmeckt kaum nach Fisch – fast schon wie Fleisch. Das Fleisch anderer Arten wird beim Garen heller. Thunfisch ist frisch, tiefgefroren und als Konserve erhältlich.

Verwendung:
Gebraten, gegrillt, als Tartar, Sashimi, zu Salat, auf Pizza, zu Pasta, in Pasteten

Gesundheit:
Thunfisch im eigenen Saft hat sehr viel weniger Fett und Kalorien als Thunfisch in Öl. Fragen Sie für Thunfischtartar beim Fischhändler nach „Sushi-Qualität".

Tipp:
Eine spanische Spezialität ist getrockneter Thunfisch. Er schmeckt besonders gut mit Tomaten oder mit Olivenöl und Zitrone.

Nicht verträglich / verträglich bei:

Gluten-Unverträglichkeit	☺
Histamin-Intoleranz	☹
Fruktose-Malabsorption	☺
Laktose-Intoleranz	☺

Ersatz: Roter Thunfisch erinnert geschmacklich und in der Konsistenz an Rindfleisch.

Wegen des hohen Gehalts an Histidin, aus dem im Körper Histamin gebildet wird, ist bei **Histamin-Intoleranz** jedoch auf jeden Fall Vorsicht geboten.

Wussten Sie schon?
Bonito und weißer Thunfisch gelten in bestimmten Fanggebieten als nicht überfischt. Wird er mit Ruten und Leinen gefangen, gibt es auch keinen Beifang (unbeabsichtigt mitgefangene Meeresbewohner wie Haie, Rochen, Schildkröten, Albatrosse u. a., die tot oder verletzt ins Meer zurückgeworfen werden). Bei den Fangmethoden Ringwaden mit Lockbojen und Langleine ist er dagegen besonders hoch.

THYMIAN

Thymian ist eine aromatische Gewürz- und eine starke Heilpflanze.

Verwendung:
Als Gewürz zu mediterranen Gerichten, in Kräuteressig, als Tee, Tinktur und ätherisches Öl

Gesundheit:
Thymian findet in der Kräuterheilkunde hauptsächlich bei Erkrankungen der Atemwege sowie bei Hautentzündungen und Wunden Anwendung.

TIPP:
Thymian kann auch als natürlicher Pflanzenschutz zwischen Gemüsebeeten gepflanzt werden.

Nicht verträglich / verträglich bei:

Gluten-Unverträglichkeit	☺
Histamin-Intoleranz	☺
Fruktose-Malabsorption	☺
Laktose-Intoleranz	☺

Thymian wird häufig in Gewürzmischungen, Fertiggerichten aller Art und als Gewürz in Wurst eingesetzt.

Ersatz: Bohnenkraut schmeckt ähnlich.

Bei einer Allergie gegen Beifuß- oder Birkenpollen und bei Allergie gegen andere Kräuter wie Basilikum, Majoran, Minze und Salbei können **Kreuzreaktionen** beim Verzehr von Thymian auftreten.
➜ s. Kreuzallergie S. 220

Wussten Sie schon?
Thymian eignet sich gut für warme und trockene Steingärten. Es gibt auch frostfeste Sorten.

TINTENFISCH
Oktopus, Krake

Mit „Tintenfisch" werden umgangssprachlich auch andere Tiere bezeichnet wie Oktopus bzw. Krake und Kalmar. Eigentlich sind Tintenfische jedoch nur die sogenannten Sepien, welche zehn Arme besitzen: acht kurze und zwei lange Tentakeln. Der Oktopus hat hingegen, wie der Name schon sagt, nur acht Arme.

Zubereitungsarten:
Gekocht, gebraten, frittiert, gegrillt, in Salaten, Reisgerichten (Paella), Nudelgerichten und Suppen

Gesundheit:
Wie alle Meeresfrüchte sind Tintenfisch und Oktopus kalorienarm und reich an Eiweiß. Auch Jod ist enthalten.

Nicht verträglich / verträglich bei:

Gluten-Unverträglichkeit	☺
Histamin-Intoleranz	☺
Fruktose-Malabsorption	☺
Laktose-Intoleranz	☺

In der mit „Meeresfrüchten" bezeichneten Mischung von verschiedenen Krebs- und Weichtieren ist häufig Tintenfisch und/oder Oktopus enthalten.

Bei Hausstaubmilbenallergie kann es zu **Kreuzreaktionen** beim Verzehr von Tintenfisch und Oktopus kommen
➜ s. Kreuzallergie S. 220

TINTENFISCH UND OKOTPUS
sind Weichtiere. Diese (und daraus hergestellte Erzeugnisse) gehören zu den Zutaten, die häufig Unverträglichkeitsreaktionen auslösen und sind deshalb **KENNZEICHNUNGSPFLICHTIG.**

Wussten Sie schon?
Kraken können den Weg durch ein Labyrinth finden und verschlossene Gläser öffnen. Dabei können sie ihre Farbe und ihre äußere Form besser verändern als ein Chamäleon.

TOMATE

Vollreife aromatische Tomaten sind für viele Menschen ein Inbegriff von Sommer und Urlaub, obwohl Tomaten – wenn auch nicht immer ganz so aromatisch – das ganze Jahr über erhältlich sind.

Verwendung:
Roh, als Salat, gekocht, gebraten, gegrillt, gefüllt, getrocknet, eingelegt, Suppe, Ketchup, Tomatenmark, auf Pizza, Pasta, zu Fleisch, Fisch

Gesundheit:
Unreife Tomaten enthalten den Giftstoff Solanin, der Übelkeit und Erbrechen hervorrufen kann. Dieser ist auch in den Blättern und Pflanzenstielen enthalten, deshalb sollte der Stielansatz vor dem Verzehr entfernt werden.

Tipp:
Es gibt auch gelbe, weiße und grüne Tomaten. Diese sind auch in reifem Zustand grün – und dann bedenkenlos zu genießen.

Nicht verträglich / verträglich bei:

Gluten-Unverträglichkeit	☺
Histamin-Intoleranz	☹
Fruktose-Malabsorption	☹
Laktose-Intoleranz	☺

Tomaten kommen in vielen Fertiggerichten, Soßen, Suppen, Pizza, Salaten und Antipasti vor.

Tomaten enthalten viel Histamin und andere biogene Amine. Sie sind bei **Histamin-Intoleranz** wenig geeignet.
➔ s. Histamin-Intoleranz S. 19

Der Fruktosegehalt bei Tomaten ist für ein Gemüse relativ hoch. Sie sind bei **Fruktose-Malabsorption** nur bedingt geeignet.
➔ s. Fruktose-Malabsorption S. 21

Reife Tomaten enthalten sehr viel Glutamat, worauf empfindliche Personen allergieähnliche Symptome bekommen können.

Bei einer Allergie gegen Birke, Beifuß, Gräser oder Latex kann es zu **Kreuzreaktionen** beim Verzehr von (insbesondere roher) Tomate kommen.
➔ s. Kreuzallergie S. 220

Wussten Sie schon?
Die ersten Tomaten in Europa waren nicht rot, sondern goldgelb. Daher der italienische Name „pomodoro", was so viel wie Goldapfel bedeutet.
In Österreich heißt die Tomate Paradeiser oder Paradiesapfel.

Gesundheit:
Wegen des hohen Gehalts an Inulin (ein Mehrfachzucker, der den Blutzuckerspiegel nicht beeinflusst) ist Topinambur für **Diabetiker** geeignet.

TIPP:
Um den süßen Geschmack von gekochtem Topinambur zu mildern, kann man etwas Zitronensaft hinzugeben.

Nicht verträglich / verträglich bei:

Gluten-Unverträglichkeit	☺
Histamin-Intoleranz	☺
Fruktose-Malabsorption	☺
Laktose-Intoleranz	☺

Wussten Sie schon?
Die Blüten des Topinambur sehen aus wie kleine Sonnenblumen.

TOPINAMBUR

Von der Topinambur-Pflanze verwendet man die Knolle. Die Haupterntezeit ist im Herbst. Der Geschmack ist nussartig. In gekochtem Zustand schmeckt Topinambur süßlich, ähnlich wie Karotten.

Zubereitungsarten:
Roh, gekocht, gebraten, Schnaps

TRAUBE, ROSINE

Trauben sind die Früchte der Weinrebe. Rosinen sind getrocknete Trauben. Unter den Oberbegriff Rosinen zählen auch Sultaninen und Korinthen.

Verwendung:
Trauben: Roh, in Obstsalat, als Kuchenbelag, Marmelade, zu Müsli, Wein, Saft, Schnaps (Trester, Grappa), Sekt, Champagner, Prosecco, Cognac, Weinbrand, Essig, Traubenkernöl

Rosinen: als Knabberei, in Gebäck, Desserts, Süßwaren (Schokolade), Reisgerichten

Gesundheit:
Rosinen bestehen zu fast 70 % aus Zucker. Ca. die Hälfte davon ist Traubenzucker (Glukose). Daher sind sie als kurzfristiger Energiespender geeignet. Darüber hinaus enthalten sie viele wertvolle Nährstoffe und sekundäre Pflanzenstoffe.

Tipp:
Trauben aus konventionellem Anbau werden in der Regel häufig gespritzt. Unbelastete Trauben bekommt man aus biologischem Anbau.

Nicht verträglich / verträglich bei:

Gluten-Unverträglichkeit	☺
Histamin-Intoleranz	☺
Fruktose-Malabsorption	☹
Laktose-Intoleranz	☺

Wein oder Essig kann auch in Desserts und Soßen enthalten sein. Rosinen sind Bestandteil von vielen Müsli-, Back- und Knabbermischungen.

Ersatz:
Trauben: Beeren und Beerenwein
Rosinen: Andere getrocknete Früchte.

Der Fruktosegehalt von Trauben ist sehr hoch – der von Rosinen noch um ein Vielfaches höher. Durch das günstige Glukose-Fruktose-Verhältnis sind beide bei **Fruktose-Malabsorption** dennoch in Maßen geeignet.
➜ s. Fruktose-Malabsorption S. 21

Bei einer Allergie gegen Beifußpollen kann es zu **Kreuzreaktionen** beim Verzehr von Trauben kommen.
➜ s. Kreuzallergie S. 220

VANILLE

Die echte Vanille wird aus der Schote der Vanillepflanze, einer Orchideenart, gewonnen. Um das typische Aroma zu entwickeln, muss die frisch geerntete Frucht erst einem aufwendigen Fermentierungsverfahren unterzogen werden. Vanillearoma, das sogenannte Vanillin, dagegen wird synthetisch hergestellt. Da sich das runde, würzige Aroma der echten Vanille aus vielen einzelnen Aromen zusammensetzt, kann das reine Vanillin geschmacklich nicht daranreichen.

Verwendung:
Als Gewürz für Süßspeisen, Eis, Gebäck, Desserts

Gesundheit:
Der Duft und das Aroma der Vanille wirken anregend, entspannend und inspirierend.

Tipp:
Eine Vanilleschote kann mehrmals verwendet werden. Wenn Sie das Mark z. B. schon für eine Vanillesoße verwendet haben, stecken Sie die Schote doch einfach in ein geschlossenes Gefäß mit Zucker und machen so Ihren eigenen Vanillezucker.

Nicht verträglich / verträglich bei:

Gluten-Unverträglichkeit	☺
Histamin-Intoleranz	☺
Fruktose-Malabsorption	☺
Laktose-Intoleranz	☺

Einige Menschen vertragen Vanille nicht gut, kommen jedoch zunächst einmal nicht auf die Idee, dass es an der Vanille liegen könnte. Vanille ist in vielen Desserts, Soßen, Gebäcken, Süßwaren, Schokoladen und Getränken enthalten.

Ersatz: Synthetisches Vanillin.

Wussten Sie schon?
Als Gewürz wird vorwiegend die Gewürzvanille verwendet. Andere aromatische Vanillearten werden in der Parfümindustrie eingesetzt.

WACHOL DER

Wacholderbeeren sind die beerenförmigen kleinen Zapfen des Wacholderstrauchs, einer Zypressenart. In Mitteleuropa ist der eher buschartige gemeine Wacholder heimisch. In Südeuropa und den Rocky Mountains z. B. wachsen große Wacholderbäume.

Verwendung:
Als Gewürz insbesondere zu Wildgerichten, Sauerkraut, Schnaps (Steinhäger, Gin, Genever)

Gesundheit:
Wacholder ist eine starke Heilpflanze. Alle Teile des Wacholderstrauchs werden in der Volksheilkunde verwendet. Das Anwendungsspektrum ist groß. Er hat positive Wirkung auf die Verdauung, die Harnorgane und den Stoffwechsel. Er kann bei entzündlichen Krankheiten (auch Rheuma und Gicht), bei Atemwegserkrankungen und Frauenbeschwerden eingesetzt werden.
Allerdings reizt Wacholder die Nieren, er muss deshalb vorsichtig dosiert werden.

Nicht verträglich / verträglich bei:

Gluten-Unverträglichkeit	☺
Histamin-Intoleranz	☺
Fruktose-Malabsorption	☺
Laktose-Intoleranz	☺

Ersatz: Pimentkörner haben einen ähnlichen Geschmack.

Wussten Sie schon?
Wacholderbeeren benötigen bis zu drei Jahren, bis sie reif sind.

WACHTEL

Wachteln sind kleine Hühnervögel. Ihr Fleisch ist zart und aromatisch.

Zubereitungsarten:
Gebraten, gegrillt

Tipp:
Um das zarte Aroma nicht zu verfälschen, sollte man beim Würzen von Wachteln vorsichtig sein. Etwas Salz und Pfeffer genügen.

Nicht verträglich / verträglich bei:

Gluten-Unverträglichkeit	☺
Histamin-Intoleranz	☺
Fruktose-Malabsorption	☺
Laktose-Intoleranz	☺

Ein verstecktes Vorkommen von Wachtelfleisch ist nicht zu erwarten.

WACHTEL EI

Wachteleier sind recht klein. Eines wiegt nur etwa 10 g. Somit entsprechen fünf bis sechs Wachteleier ungefähr einem mittelgroßen Hühnerei.

Verwendung:
Wachteleier können wie Hühnereier verwendet werden: Gekocht, gebraten, als Rührei, Omelette, in Gebäck, Quiches, Pasteten, Aufläufen

> **TIPP:**
> Wachteleier sind aufgrund ihrer Färbung eine hübsche natürliche Osterdekoration.

Nicht verträglich / verträglich bei:

Gluten-Unverträglichkeit	☺
Histamin-Intoleranz	☺
Fruktose-Malabsorption	☺
Laktose-Intoleranz	☺

Bei einer Unverträglichkeit von Hühnereiern werden Wachteleier häufig recht gut vertragen.

Ersatz: Eier anderer Vögel wie Ente, Huhn oder Gans.
➔ s. Frei von… Ei S. 213

Wussten Sie schon?
Die im Handel erhältlichen Wachteleier stammen in der Regel nicht von wilden Wachteln. Wachteln werden wie Hühner gezüchtet und gehalten, um Eier und Fleisch zu gewinnen.

WALNUSS

Die Walnuss ist der Samen des Walnussbaums, der auch wegen seines Holzes geschätzt wird.

Verwendung:
Als Knabberei, in Süßgebäck, Brot, Salaten, Käse, Wurst, Pasteten, Süßwaren, Müsli, Öl, Likör

Gesundheit:
Inhaltsstoffe der Walnuss können den Cholesterinspiegel senken und stärken das Herz. Walnüsse sind zudem eine hervorragende Nervennahrung. Sie sind gut für Haut und Haare und tragen zum seelischen Gleichgewicht bei.

Tipp:
Mit Goldfarbe besprühte Walnüsse sind eine schöne und preiswerte Weihnachtsdekoration.

Nicht verträglich / verträglich bei:

Gluten-Unverträglichkeit	☺
Histamin-Intoleranz	☹
Fruktose-Malabsorption	☺
Laktose-Intoleranz	☺

Ersatz: Verträgliche Nusssorten und Alternativen.
➔ s. Frei von... Nüssen S. 214

Der Gehalt an biogenen Aminen ist in Walnüssen sehr hoch. Sie sind daher bei **Histamin-Intoleranz** nur bedingt geeignet. Die individuelle Toleranzgrenze kann vorsichtig ausprobiert werden.
➔ s. Histamin-Intoleranz S. 19

Bei einer Birkenpollenallergie kann es zu **Kreuzreaktionen** beim Verzehr von Walnüssen kommen.
➔ s. Kreuzallergie S. 220

WALNÜSSE sind Schalenfrüchte. Diese (und daraus hergestellte Erzeugnisse) gehören zu den Zutaten, die häufig Unverträglichkeitsreaktionen auslösen und sind deshalb **KENNZEICHNUNGSPFLICHTIG.**

Wussten Sie schon?
Ein Walnussbaum vertreibt lästige Insekten wie Mücken und Fliegen. Deshalb wird er gerne in unmittelbarer Nähe des Hauses gepflanzt.

WASSER MELONE

Wassermelonen sind eigentlich ein Gemüse und gehören zu den Gurkengewächsen. Sie werden jedoch wie Obst gehandelt und verzehrt. Vermehrt werden heute kernarme Sorten angeboten.

Verwendung:
Roh, in Obstsalat, in herzhaften Salaten, in Bowlen, Säften, Eis

Gesundheit:
Wassermelonen bestehen zu über 90 % aus Wasser. Sie sind erfrischend, kalorienarm und enthalten wertvolle Vitamine.

Tipp:
Der Reifegrad einer ganzen Wassermelone lässt sich durch Klopfen bestimmen. Eine reife Melone klingt voll und dumpf. Weniger reife Exemplare klingen leiser und hohler.

Nicht verträglich / verträglich bei:

Gluten-Unverträglichkeit	☺
Histamin-Intoleranz	☺
Fruktose-Malabsorption	☹
Laktose-Intoleranz	☺

Ersatz: Möglicherweise sind andere Melonen besser verträglich. Ansonsten saftiges Obst wie Pfirsiche, Mangos, Kiwi, Orangen.

Wassermelonen beinhalten trotz ihres hohen Wasseranteils viel Fruktose. Sie sind bei **Fruktose-Malabsorption** weniger geeignet.
➔ s. Fruktose-Malabsorption S. 21

Bei einer Allergie gegen Beifuß, Gräser, Traubenkraut oder Latex kann es zu **Kreuzreaktionen** beim Verzehr von Melonen kommen.
→ s. Kreuzallergie S. 220

Wussten Sie schon?
Es gibt auch Wassermelonen mit gelbem, weißem und grünem Fruchtfleisch.

Nicht verträglich / verträglich bei:

Gluten-Unverträglichkeit	☺
Histamin-Intoleranz	☺
Fruktose-Malabsorption	☺
Laktose-Intoleranz	☺

WEIN BLÄTTER

Weinblätter sind die Blätter der Weinrebe. Abgepackte Weinblätter sind meist in Öl oder Salzlake eingelegt.

Verwendung:
Roh, eingelegt, gefüllt, z. B. mit Reis oder Hackfleisch

Gesundheit:
Auch Weinblätter können, wie Trauben, mit Pestiziden belastet sein.
Warme und feuchte Wickel aus Weinblättern helfen gegen müde und geschwollene Beine.

Tipp:
Wenn man die Möglichkeit hat, kann man frische Weinblätter vom Biowinzer verwenden. Sie sind aromatischer und sehen auch appetitlicher aus als eingelegte.

WEISS KOHL

Weißkohl ist ein klassisches Wintergemüse und gilt als „Armeleuteessen". Das wird ihm jedoch in keinster Weise gerecht.

Zubereitungsarten:
In Rohkostsalaten, gedünstet, in Butter gebraten, Suppen, Sauerkraut, Kohlrouladen, Aufläufe, in asiatischen Gerichten

Gesundheit:
Aufgrund seiner langen Lagerfähigkeit spendet Weißkohl über den ganzen Winter wertvolles Vitamin C. Er fördert die Verdauung und regt den Stoffwechsel an. Roh gegessen kann Kohl starke Blähungen verursachen. Dagegen helfen Kümmel und Knoblauch.
Kohl enthält antibiotisch wirkende Substanzen. Ein Umschlag aus mit dem Teigroller gewalzten Kohlblättern unterstützt die Wundheilung. Bei Ohrenschmerzen hilft eine Auflage aus zerstoßenen Kohlblättern, die man mit Pflaster befestigt und über Nacht einwirken lässt. Selbst bei Magengeschwüren sind die Inhaltsstoffe des Kohls der Heilung förderlich.

Nicht verträglich / verträglich bei:

Gluten-Unverträglichkeit	😊
Histamin-Intoleranz	😊
Fruktose-Malabsorption	😊
Laktose-Intoleranz	😊

Ersatz: Andere Kohlsorten. Chinakohl, Kohlrabi und Butterrüben schmecken ähnlich.

Weißkohl an sich beinhaltet wenig Histamin. Sauerkraut entsteht durch Milchsäuregärung und enthält dadurch sehr viel Histamin. Es ist bei **Histamin-Intoleranz** wenig geeignet.
➔ s. Histamin-Intoleranz S. 19

Weißkohl hat für ein Gemüse einen relativ hohen Fruktosegehalt, jedoch ist das Glukose-Fruktose-Verhältnis günstig. Er ist bei **Fruktose-Malabsorption** in Maßen geeignet.
➔ s. Fruktose-Malabsorption S. 21

Wussten Sie schon?
Scheinbar war schon Wilhelm Busch ein großer Freund des Sauerkrauts, was er in der berühmten Geschichte von Max und Moritz auch auf die Witwe Bolte übertrug.

„Eben geht mit einem Teller
Witwe Bolte in den Keller
dass sie von dem Sauerkohle
eine Portion sich hole,
von welchem sie besonders schwärmt,
wenn es wieder aufgewärmt!"

WEIZEN

Weizen hat einen besonders hohen Anteil an Gluten, was die Klebe- und damit Backeigenschaften ganz entscheidend verbessert. Aus diesem Grund und auch wegen der hohen Erträge der neuen Zuchtsorten hat sich Weizen als Hauptgetreide für Backwaren aller Art durchgesetzt.

Gesundheit:
Eine tägliche Portion Weizenkleie hilft bei Verstopfung. Bei Rücken- und Gelenkschmerzen können regelmäßige warme bis heiße Weizenumschläge Linderung bringen.

Nicht verträglich / verträglich bei:

Gluten-Unverträglichkeit	☹
Histamin-Intoleranz	😊
Fruktose-Malabsorption	😊
Laktose-Intoleranz	😊

Eine konsequente Vermeidung ist aufgrund der versteckten Vorkommen in vielen verarbeiteten Nahrungsmitteln nicht leicht.
Weizengries, Weizenkeime, Weizenstärke, Weizengraupen und Weizenkleie werden vielen Produkten u. a. wegen der bindenden und stabilisierenden Eigenschaften aber auch als Füllstoff zugesetzt.
Weizen kann enthalten sein in Teigwaren, Brot, Kuchen, Backmischungen, Panaden, Suppen- und Soßenpulver, Fertiggerichten, Diätriegeln, Getränken, Müslis, Knabberartikeln, Süßwaren (auch Schokoladenprodukte), Wurst, Desserts, Joghurt (Sorte: Bircher Müsli etc.), Weizenkeimöl, Margarine, „gehärteten Pflanzenfetten", Senf, Ketchup, Mayonnaise, Salatsoßen, Nahrungsergänzungspräparaten u. v. m.

Manche Menschen mit einer reinen Weizenunverträglichkeit vertragen die Urformen des Weizens (Dinkel, Einkorn, Emmer und Kamut) problemlos.

Ersatz: Alle verträglichen Getreide.

Bei **Gluten-Unverträglichkeit** ist Weizen wegen seines hohen Glutengehalts wenig geeignet.
➜ s. Gluten-Unverträglichkeit und Zöliakie S. 17
➜ s. Frei von... Gluten S. 212

Weizenkeime enthalten viel biogene Amine und sind deshalb bei **Histamin-Intoleranz** nur bedingt geeignet.
➜ s. Histamin-Intoleranz S. 19

WEIZEN ist ein glutenhaltiges Getreide. Diese (und daraus hergestellte Erzeugnisse) gehören zu den Zutaten, die häufig Unverträglichkeitsreaktionen auslösen und sind deshalb **KENNZEICHNUNGSPFLICHTIG.**

Wussten Sie schon?
Der Nährstoffgehalt ist beim vollen Korn am höchsten. Zudem ist der Gehalt an den für die Verdauung wichtigen Ballaststoffen beim Vollkornmehl am größten. Je „weißer" das Mehl wird, desto weniger Nähr- und Ballaststoffe sind enthalten. Dafür steigt der glykämische Index, d. h. die kurzkettigen Kohlenhydrate können vom Körper sehr schnell zu verwertbarem Zucker abgebaut werden, der den Blutzuckerspiegel in kurzer Zeit ansteigen lässt. Eine Folge davon ist, dass dieser überflüssige Zucker in Muskel- und Fettzellen eingelagert und auch die Fettspeicherung angeregt wird.

WILD SCHWEIN

Wildschwein, auch Schwarzwild genannt, wird immer häufiger angeboten, da in manchen Landstrichen der Bestand zu groß geworden ist, und Wildschwein gezielt gejagt wird. Das Fleisch ist dunkelrot, würzig aromatisch und enthält weniger Fett als das des Hausschweins.

Zubereitungsarten:
Gebraten, geschmort, gegrillt, Wurst, Schinken, Pastete

Gesundheit:
Wer Wildschwein nicht im Lebensmittelhandel oder beim Metzger, sondern z. B. direkt beim Jäger kauft, sollte sich bestätigen lassen, dass das Fleisch veterinäramtlich auf Trichinen (Larven von Fadenwürmern im Muskelfleisch) untersucht wurde.

Tipp:
Bei tiefgekühltem Wildschweinfleisch sollte die Zubereitung noch einigen Wochen vor Ablauf des Mindesthaltbarkeitsdatums liegen, da das Fleisch selbst bei tiefen Temperaturen ranzig werden kann.

Nicht verträglich / verträglich bei:

Gluten-Unverträglichkeit	☺
Histamin-Intoleranz	☺
Fruktose-Malabsorption	☺
Laktose-Intoleranz	☺

Ersatz: Anderes Wildfleisch. Bio-Schweinefleisch und das Fleisch besonderer alter Rassen, die wieder gezüchtet werden, haben ein intensiveres Aroma als konventionell produziertes Schweinefleisch.

Wussten Sie schon?
Fleisch von Tieren, die in der Paarungszeit zwischen November und Januar erlegt wurden, hat einen so penetranten Geruch und Geschmack, dass es praktisch ungenießbar ist.

Nicht verträglich / verträglich bei:

Gluten-Unverträglichkeit	☺
Histamin-Intoleranz	☺
Fruktose-Malabsorption	☹
Laktose-Intoleranz	☺

Wirsing kann auch in Fertig- und Tiefkühlgerichten enthalten sein.

Ersatz: Grünkohl hat eine ähnlich würzige Note.

Wirsing hat einen relativ hohen Gehalt an Fruktose und ist bei **Fruktose-Malabsorption** nur bedingt geeignet.
➔ s. Fruktose-Malabsorption S. 21

WIRSING

Wirsing ist fast das ganze Jahr frisch als Freilandware erhältlich, wobei der Frühjahrswirsing zarter ist als der Herbstwirsing. Je nach Sorte sind die Blätter dunkelgrün oder gelblich. Der Geschmack ist würzig mit eher mildem Kohlaroma.

Zubereitungsarten:
Als Beilagengemüse, in Eintöpfen, Aufläufen, Gemüsepfanne, als Kohlrouladen, Lasagne

Gesundheit:
Umschläge mit Kohlblättern wirken wohltuend bei Gelenkschmerzen.

Tipp:
Der zarte Frühjahrswirsing eignet sich gut für Salate, allerdings muss er vorher blanchiert werden. Wirsing ist roh unbekömmlich.

XANTHAN

➔ s. Zusatzstoffe und E-Nummern S. 230

ZANDER

Zander ist ein im Süßwasser lebender Raubfisch. Sein Fleisch ist weiß, zart, saftig und äußerst delikat. Er gehört zu den hochwertigen Speisefischen.

Zubereitungsarten:
Gedünstet, gebacken, geräuchert, geschmort, gegrillt

Gesundheit:
Mit Zander lässt sich eine leichte, eiweißreiche und sehr schmackhafte Mahlzeit zubereiten.

Tipp:
Lassen Sie den Zander schon beim Fischhändler schuppen und ausnehmen. Flossen und Kiemen sind sehr stachelig, man kann sich leicht verletzen.

Nicht verträglich / verträglich bei:

Gluten-Unverträglichkeit	☺
Histamin-Intoleranz	☺
Fruktose-Malabsorption	☺
Laktose-Intoleranz	☺

FISCH (und daraus hergestellte Erzeugnisse) gehört zu den Zutaten, die häufig Unverträglichkeitsreaktionen auslösen und ist deshalb **KENNZEICHNUNGSPFLICHTIG.**

Wussten Sie schon?
Obwohl der Zander ein Süßwasserfisch ist, kommt er auch in salzarmen Regionen der Ostsee vor.

ZIEGE

In Indien, Südeuropa und in der arabischen Küche wird insbesondere das Fleisch von jungen Ziegen als Delikatesse geschätzt. Doch auch bei uns kommt ab und an noch ein Zicklein als Osterbraten auf den Tisch. Das Fleisch ausgewachsener Ziegen ist zäh und wird in Europa kaum gegessen.

Zubereitungsarten:
Als Braten, geschmort, in Currys, Wurst, Schinken

Gesundheit:
Ziegenfleisch ist eiweißreich, fettarm und gut bekömmlich.

Tipp:
Da Ziegenfleisch sehr mager ist, darf man es nicht zu lange bei großer Hitze braten, sonst wird es trocken. Am besten legt man es vor dem Braten in einer Marinade aus Öl und Gewürzen ein.

Nicht verträglich / verträglich bei:

Gluten-Unverträglichkeit	☺
Histamin-Intoleranz	☺
Fruktose-Malabsorption	☺
Laktose-Intoleranz	☺

Bei einer Allergie gegen Ziegen (z. B. Haare), kann es zu **Kreuzreaktionen** beim Verzehr von Ziegenfleisch kommen.
➜ s. Kreuzallergie S. 220

ZIEGENKÄSE

Es gibt reinen Ziegenkäse und sogenannten Ziegenkäse, der noch andere Milchsorten enthält; meistens Schafs- oder Kuhmilch. Es gibt Frischkäse, Weichkäse und Bergkäse aus Ziegenmilch.

Verwendung:
Als Brotbelag, zum Gratinieren, als Antipasti, zu Salat, als Snack zu einem Glas Rotwein.

Gesundheit:
Ziegenmilch ist gut verdaulich und etwas nahrhafter als Kuhmilch.

Tipp:
Damit sich das Aroma von Ziegenkäse voll entfalten kann, empfiehlt es sich, den Käse mindestens eine Stunde vor dem Verzehr aus dem Kühlschrank zu nehmen. Je jünger der Käse ist, desto milder ist sein Geschmack. Älterer Ziegenkäse kann sehr kräftig schmecken.

Nicht verträglich / verträglich bei:

Gluten-Unverträglichkeit	☺
Histamin-Intoleranz	☹
Fruktose-Malabsorption	☺
Laktose-Intoleranz	☹

Ersatz: Alle verträglichen Käse aus anderen Milchsorten. Achten Sie auf die Reinheit des Käses bezüglich der verwendeten Milch.

Insbesondere älterer und länger gereifter Ziegenkäse kann viel Histamin enthalten und ist dann bei Histamin-Intoleranz wenig geeignet.

Ziegenmilch und damit auch junger Ziegenkäse und Ziegenfrischkäse enthalten Laktose und sind bei **Laktose-Intoleranz** nur bedingt geeignet. Älterer Käse beinhaltet nur noch wenig bis gar keine Laktose.
➜ s. Laktose-Intoleranz S. 25

ZIMT

Zimt ist die abgeschälte Rinde des Zimtbaums. Er ist ein Gewürz von intensivem Geschmack – süß, warm und kaum bitter. Er ist als sogenannte Zimtstangen oder gemahlen als Pulver erhältlich.

Verwendung:
In Süßspeisen, Gebäck (insbesondere in der Weihnachtsbäckerei), Kompott, Tee, Punsch, Glühwein, Currys

Gesundheit:
Das ätherische Öl des Ceylon-Zimts ist antiseptisch. Zimt regt den Appetit sowie die Darmtätigkeit an und hilft bei Völlegefühl und Blähungen.

Tipp:
Für asiatische Gerichte werden zunächst die ganzen Zimtstangen in der Pfanne angebraten. So entfalten sie das volle Aroma.

Nicht verträglich / verträglich bei:

Gluten-Unverträglichkeit	☺
Histamin-Intoleranz	☺
Fruktose-Malabsorption	☺
Laktose-Intoleranz	☺

Zimt wird hauptsächlich in der Back- und Süßwarenindustrie und auch in Getränken eingesetzt. Er kann auch in asiatischen Gewürzpasten (Garam Masala) enthalten sein.

Wussten Sie schon?
In Zimt ist Cumarin enthalten, welches bei hoher Dosierung Kopfschmerzen und Leberschäden hervorrufen kann. Im teuren Ceylon-Zimt, der in gut sortierten Asia Shops, Reformhäusern oder Apotheken zu bekommen ist, ist weniger Cumarin enthalten und er gilt diesbezüglich als unbedenklich.

ZITRONE

Die Zitrone ist eine saure Frucht, die Speisen und Getränken Frische verleiht. Hauptsächlich werden der Saft, die Schale sowie das ätherische Öl, das aus der Schale gewonnen wird, verwendet.

Verwendung:
Salatsoße, Getränke, Likör, Saft, zu Fisch, Desserts, Eis, Marmelade, Sirup, Süßigkeiten, Backwaren

Gesundheit:
Zitronen enthalten viel Vitamin C. Deshalb werden sie erfolgreich zur Vorbeugung und Behandlung bei Erkältungskrankheiten eingesetzt. Gleichzeitig wirkt die enthaltene Zitronensäure auch antibakteriell.
Das ätherische Öl, z. B. in der Duftlampe oder als Beigabe zu Massageöl, hebt die Stimmung. In der Aromatherapie wird es weiterhin zur allgemeinen Kräftigung und Belebung sowie zur Förderung der Konzentration und geistigen Leistung eingesetzt.
Zitronenöl ist stark hautreizend und darf nicht unverdünnt angewendet werden.

Tipp:
Eine Zitrone lässt sich besser entsaften, wenn man sie vorher mit leichtem Druck und mit der flachen Hand auf einer glatten Oberfläche rollt.

Nicht verträglich / verträglich bei:

Gluten-Unverträglichkeit	☺
Histamin-Intoleranz	☹
Fruktose-Malabsorption	☺
Laktose-Intoleranz	☺

Zitrone kann auch in Würzölen und Würzmischungen vorkommen. Als Zitronenöl, Zitronensirup oder Saftkonzentrat ist Zitrone in vielen verarbeiteten Lebensmitteln enthalten.

Ersatz: Zitronengras (Lemongras), Tamarinden oder Tamarindenpaste, bei Verträglichkeit auch Limetten.
Zitrusfrüchte enthalten viel biogene Amine und sind darüber hinaus auch Histaminliberatoren. Damit sind sie bei **Histamin-Intoleranz** weniger geeignet.
➜ s. Histamin-Intoleranz S. 19

Zitronen haben trotz ihrer Säure einen relativ hohen Fruktosegehalt, jedoch ist das Glukose-Fruktose-Verhältnis günstig. Sie sind bei **Fruktose-Malabsorption** in Maßen geeignet.
➜ s. Fruktose-Malabsorption S. 21

Wussten Sie schon?
Mit Zitronensäure lassen sich Kalkablagerungen prima entfernen. Töpfe und Wasserkocher werden wieder blank, der Strahl aus dem Wasserhahn und der Dusche wie neu.

ZITRONENMELISSE

Die Zitronenmelisse ist ein altbekanntes Würz- und Heilkraut.

Verwendung:
Als Gewürz zu Fisch, Geflügel, Salaten, in Getränken, als Dekoration

TIPP:
Melissentinktur, als Mundwasser verwendet, desinfiziert und gibt frischen Atem.

Gesundheit:
Zitronenmelisse wirkt belebend, entspannend, hilft bei Magenbeschwerden, Blähungen, Kopf- und Gliederschmerzen und gegen Herpes. Das ätherische Öl wird in der Aromatherapie angewendet.

Nicht verträglich / verträglich bei:

Gluten-Unverträglichkeit	☺
Histamin-Intoleranz	☺
Fruktose-Malabsorption	☺
Laktose-Intoleranz	☺

Zitronenmelisse kann in Kräutertees enthalten sein.

Ersatz: Zitronen, Limetten und Zitronengras schmecken ähnlich.

Wussten Sie schon?
Zitronenmelisse zieht Insekten, auch Bienen, an. Deshalb wurde sie von Imkern gerne angepflanzt.

ZUCCHINI

Zucchini gehören zur Familie der Kürbisgewächse. In warmen Sommern gibt es sie massenweise.

Zubereitungsarten:
Geschmort, gegrillt, gebraten, gebacken, im Teigmantel frittiert, gefüllt, gratiniert, in Aufläufen, Suppen, Salaten, zu Nudelgerichten

Tipp:
Auch die Blüten sind essbar und immer eine schöne Dekoration.

Nicht verträglich / verträglich bei:

Gluten-Unverträglichkeit	☺
Histamin-Intoleranz	☺
Fruktose-Malabsorption	☺
Laktose-Intoleranz	☺

In Fertiggerichten und -soßen, Gemüsemischungen, auf Tiefkühlpizzas u. ä. kann Zucchini enthalten sein.

Ersatz: In manchen Rezepten lassen sich Zucchini durch Auberginen ersetzen.

Bei einer Allergie gegen Traubenkraut kann es zu **Kreuzreaktionen** beim Verzehr von Zucchini kommen.
➔ s. Kreuzallergie S. 220

Wussten Sie schon?
Auf Italienisch heißt die Zucchini „zucchina", die Mehrzahl „zucchine". Im Deutschen ist der korrekte Plural von die Zucchini (Einzahl) die Zucchini (Mehrzahl). Zucchinis ist der Genitiv.

ZWIEBEL

Es gibt verschiedene Zwiebelsorten, die sich in Farbe, Geschmack und Schärfe unterscheiden.

Verwendung:
Roh, zu Salaten, gedünstet, in Suppen, als Röstzwiebel, in Soßen zu Fisch und Fleisch, sauer eingelegt (Silberzwiebeln), getrocknet

Gesundheit:
Eine bekannte Anwendung der Zwiebel ist die schmerzstillende Wirkung bei Insektenstichen. Wird eine frisch angeschnittene Zwiebel auf den Stich gelegt, „zieht sie das Gift heraus". Sie ist äußerlich wundheilend, innerlich angewendet hilft sie gegen Entzündungen. Bei Halsschmerzen und Husten hilft ein Tee aus Zwiebeln, Honig und Feigen. Zwiebeln wirken harntreibend und können dazu beitragen, den Blutdruck zu senken.
Bei empfindlichen Menschen können insbesondere rohe Zwiebeln Blähungen verursachen.

Tipp:
Je schärfer das Messer, desto weniger Saft tritt beim Zwiebelschneiden aus, und umso weniger muss man „weinen".

Nicht verträglich / verträglich bei:

Gluten-Unverträglichkeit	☺
Histamin-Intoleranz	☺
Fruktose-Malabsorption	☺
Laktose-Intoleranz	☺

Zwiebeln können in Würzmischungen, Fertiggerichten, Fertigsuppen und -soßen, Brot, Wurst, Salaten u. a. enthalten sein.

Ersatz: Lauch hat ein ähnliches Aroma. Intensiver ist Knoblauch oder Bärlauch.

Zwiebeln haben für ein Gemüse einen relativ hohen Fruktosegehalt, jedoch ist das Glukose-Fruktose-Verhältnis günstig. Sie sind bei **Fruktose-Malabsorption** in Maßen geeignet.
➔ s. Fruktose-Malabsorption S. 21

NAHRUNGSMITTEL DES LEXIKONS ZUSAMMEN-GEFASST IN GRUPPEN

FLEISCH

Ente
Gans
Hase
Hirsch
Huhn
Kalb
Kaninchen
Lamm
Pute
Reh
Rind
Schwein
Strauß
Wachtel
Wildschwein
Ziege

GETREIDE ALTERNATIVEN & STÄRKEHALTIGES (GLUTENFREI)

Amaranth
Buchweizen
Carob
Esskastanie
Fonio
Hirse
Lupine
Mais
Maniok
Pfeilwurz
Quinoa
Reis
Süßkartoffel
Tapioka
Teff
Topinambur

GETREIDE (GLUTENHALTIG)

Dinkel
Gerste
Hafer
Kamut
Roggen
Weizen

GEMÜSE

Artischocke
Aubergine
Bambussprosse
Bleichsellerie
Blumenkohl
Brokkoli
Chili
Chinakohl
Fenchel
Grünkohl
Gurke
Karotte
Kartoffel
Kohlrabi
Kürbis
Lauch
Mangold
Muskraut
Okraschote
Olive
Paprikaschote
Pastinake
Radieschen, Rettich
Rosenkohl
Rote Bete
Rotkohl
Sellerie
Spargel
Spinat
Steckrübe
Tomate
Weißkohl
Wirsing
Zucchini
Zwiebel

PILZE

Austernpilz
Champignon
Maronenröhrling
Pfifferling
Shiitake
Steinpilz

GEWÜRZE & KRÄUTER

Alfalfa
Anis
Bärlauch
Basilikum
Bohnenkraut
Dill
Gartenkresse
Ingwer
Kaper
Kardamom
Kerbel
Knoblauch
Koriander
Kreuzkümmel
Kümmel
Kurkumin
Lavendel
Liebstöckel
Lorbeerblatt
Majoran
Meerrettich
Muskat
Nelke
Oregano
Paprikagewürz
Petersilie
Pfeffer schwarz, weiß
Piment
Rosmarin
Safran
Salbei
Schnittlauch
Senfkorn
Thymian
Vanille
Wacholder
Zimt
Zitronenmelisse

SÜSSMITTEL

Agavendicksaft
Ahornsirup
Honig
Rohrzucker

SALATE

Chicorée
Eisbergsalat
Endiviensalat
Feldsalat
Kopfsalat

Lollo rosso
Löwenzahn
Radicchio
Romana-Salat
Rucola

EI
Gänseei
Hühnerei
Wachtelei

HÜLSENFRÜCHTE
Bohne, dicke
Bohne
Erbse
Kichererbse
Linse
Mungobohne
Sojabohne

FISCHE & MEERESFRÜCHTE
Aal
Anchovis
Auster
Dorade
Forelle
Garnele
Hai
Heilbutt
Hering
Hummer
Jakobsmuschel
Kabeljau
Karpfen
Krebs
Lachs
Makrele
Miesmuschel
Oktopus
Pangasius
Red Snapper
Rotbarsch
Sardine
Schellfisch
Scholle
Schwertfisch
Seebarsch
Seehecht
Seelachs
Seeteufel
Seezunge
Thunfisch
Tintenfisch
Zander

OBST & FRÜCHTE
Ananas
Apfel
Aprikose
Avocado
Banane
Birne
Blaubeere
Brombeere
Cranberry
Dattel
Erdbeere
Feige
Granatapfel
Grapefruit
Guave
Himbeere
Honigmelone
Johannisbeere
Kaktusfelge
Kirsche
Kiwi
Limette
Litschi
Mandarine
Mango
Mirabelle
Nektarine
Orange
Papaya
Pfirsich
Pflaume
Preiselbeere
Quitte
Rhabarber
Sanddorn
Stachelbeere
Traube/Rosine
Wassermelone
Zitrone

SAMEN & NÜSSE
Cashewkern
Erdnuss
Haselnuss
Kakao
Kokosnuss
Kürbiskern
Leinsamen
Macadamianuss
Mandel
Mohn
Paranuss
Pinienkern
Pistazie
Sesam
Sonnenblumenkern
Walnuss

TEE, KAFFEE & WEIN
Brennessel
Hagebutte
Kaffee
Kamille
Pfefferminze
Rooibostee
Tannin
Tee, grün
Tee, schwarz

MILCHPRODUKTE
Buttermilch
Hellim
Joghurt
Käse
Kamelmilch
Kefir
Labkäse
Milch
Milch, gekocht
Molke
Quark
Ricotta
Sauermilchprodukte
Schafskäse
Stutenmilch
Ziegenkäse

HEFE
Bäckerhefe/Bierhefe

DICKUNGSMITTEL
Agar-Agar (E 406)
Carrageen (E 407)
Guarkernmehl (E 412)
Pektin (E 440)
Traganth (E 413)
Xanthan (E 415)

ALGEN
Nori Rotalge
Spirulina-Blaualge

BESONDERES
Aloe vera
Aspergillus niger
Candida albicans
Citronat
Kurkumin
Weinblätter

KONSERVIERUNGSSTOFFE
Benzoesäure
Sorbinsäure

NAHRUNGSMITTEL UND IHRE RELEVANTEN UNVERTRÄGLICHKEITEN

Nahrungsmittel	Gluten-Unverträglichkeit	Histamin-Intoleranz	Fruktose-Malabsorption	Laktose-Intoleranz
Aal		✗		
Agavendicksaft			✗	
Ahornsirup				
Alfalfa				
Aloe vera				
Amaranth				
Ananas		✗	✗	
Anchovis		✗		
Anis				
Apfel			✗	
Aprikose				
Artischocke			✗	
Aubergine		✗	✗	
Auster				
Austernpilz				
Avocado				
Bambussprosse				
Banane		✗	✗	
Bärlauch				
Basilikum				
Birne		✗	✗	
Blaubeere			✗	
Bleichsellerie				
Blumenkohl				
Bohne, dicke				
Bohne			✗	
Bohnenkraut				
Brennessel				
Brokkoli			✗	
Brombeere			✗	
Buchweizen				
Buttermilch				✗
Carob				
Cashewkern		✗		
Champignon				
Chicorée				
Chili				
Chinakohl				

Nahrungsmittel	Gluten-Unverträglichkeit	Histamin-Intoleranz	Fruktose-Malabsorption	Laktose-Intoleranz
Citronat				
Cranberry				
Dattel			x	
Dill				
Dinkel	x			
Dorade				
Eisbergsalat				
Endiviensalat				
Ente				
Erbse				
Erdbeere		x	x	
Erdnuss				
Esskastanie				
Feige			x	
Feldsalat				
Fenchel				
Fonio				
Forelle				
Gans				
Gänseei				
Garnele		x		
Gartenkresse				
Gerste	x			
Granatapfel			x	
Grapefruit		x		
Grünkohl			x	
Guarkernmehl				
Guave			x	
Gurke				
Hafer	x			
Hagebutte			x	
Hai				
Hase				
Haselnuss				
Hefe (Bäckerhefe, Bierhefe)				
Heilbutt				
Hellim				x
Hering				
Himbeere		x	x	
Hirsch				
Hirse				
Honig			x	
Honigmelone				
Huhn				
Hühnerei				
Hummer		x		

Nahrungsmittel	Gluten-Unverträglichkeit	Histamin-Intoleranz	Fruktose-Malabsorption	Laktose-Intoleranz
Ingwer				
Jakobsmuschel				
Joghurt				x
Johannisbeere			x	
Kabeljau				
Käse		x		x
Kaffee				
Kakao		x		
Kaktusfeige				
Kalb				
Kamelmilch				x
Kamille				
Kamut	x			
Kaninchen				
Kaper		x		
Kardamom				
Karotte				
Karpfen				
Kartoffel				
Kefir				x
Kerbel				
Kichererbse				
Kirsche			x	
Kiwi			x	
Knoblauch				
Kohlrabi				
Kokosnuss				
Kopfsalat				
Koriander				
Krebs		x		
Kreuzkümmel				
Kümmel				
Kürbis				
Kürbiskern				
Lachs				
Lamm				
Lauch			x	
Lavendel				
Leinsamen				
Liebstöckel				
Limette		x		
Linse				
Litschi			x	
Lollo rosso				

Nahrungsmittel	Gluten-Unverträglichkeit	Histamin-Intoleranz	Fruktose-Malabsorption	Laktose-Intoleranz
Lorbeerblatt				
Löwenzahn				
Lupine				
Macadamianuss				
Mais				
Majoran				
Makrele		x		
Mandarine		x		
Mandel				
Mango			x	
Mangold				
Maniok				
Maronenröhrling				
Meerrettich				
Miesmuschel				
Milch				x
Milch, gekocht				x
Mirabelle			x	
Mohn				
Molke				x
Mungobohne				
Muskatnuss				
Muskraut				
Nektarine			x	
Nelke				
Nori Rotalge				
Okraschote				
Oktopus		x		
Olive				
Orange		x	x	
Oregano				
Pangasius				
Papaya		x	x	
Paprikagewürz				
Paprikaschote				
Paranuss				
Pastinake				
Petersilie				
Pfeffer schwarz, weiß				
Pfefferminze				
Pfeilwurz				
Pfifferling				
Pfirsich			x	
Pflaume				

Nahrungsmittel	Gluten-Unverträglichkeit	Histamin-Intoleranz	Fruktose-Malabsorption	Laktose-Intoleranz
Piment				
Pinienkern				
Pistazie				
Preiselbeere			✗	
Pute				
Quark				✗
Quinoa				
Quitte				
Radicchio				
Radieschen/Rettich				
Red Snapper				
Reh				
Reis				
Rhabarber				
Ricotta				✗
Rind				
Roggen	✗			
Rohrzucker				
Romana-Salat				
Rooibostee				
Rosenkohl				
Rosmarin				
Rotbarsch				
Rote Bete				
Rotkohl				
Rucola				
Safran				
Salbei				
Sanddorn				
Sardine		✗		
Schafskäse		✗		✗
Schellfisch				
Schnittlauch				
Scholle				
Schwein				
Schwertfisch				
Seebarsch				
Seehecht				
Seelachs				
Seeteufel				
Seezunge				
Sellerie				
Senfkorn				
Sesam				
Shiitake				

Nahrungsmittel	Gluten-Unverträglichkeit	Histamin-Intoleranz	Fruktose-Malabsorption	Laktose-Intoleranz
Sojabohne				
Sonnenblumenkern				
Spargel				
Spinat		✕		
Spirulina-Blaualge				
Stachelbeere			✕	
Steckrübe				
Steinpilz				
Strauß				
Stutenmilch				✕
Süßkartoffel				
Tannin				
Tapioka				
Tee, grün				
Tee, schwarz				
Teff				
Thunfisch		✕		
Thymian				
Tintenfisch				
Tomate		✕	✕	
Topinambur				
Traube, Rosine			✕	
Vanille				
Wacholder				
Wachtel				
Wachtelei				
Walnuss		✕		
Wassermelone			✕	
Weinblätter				
Weißkohl				
Weizen	✕			
Wildschwein				
Wirsing			✕	
Zander				
Ziege				
Ziegenkäse		✕		✕
Zimt				
Zitrone		✕		
Zitronenmelisse				
Zucchini				
Zwiebel				

FREI VON…

KAPITEL 3

… MILCH
… GLUTEN
… EI
… NÜSSEN
… HEFE

... MILCH

In welchen Lebensmitteln kann Milch enthalten sein?

Kuhmilch oder Kuhmilchbestandteile können in folgenden Produkten enthalten sein:
- Milchprodukte
- Butter, Margarine, Sahne, Käse
- Milchpulver
- Molke
- Brot und Backwaren
- Fertiggerichte
- Joghurt und Quark
- Natursauerteig (teilweise mit Buttermilch oder Dickmilch hergestellt)
- Schokolade, Eis, Süßwaren, Desserts
- Spirituosen (Molke wird teilweise in Destillaten verwendet)
- Wurstwaren

Achten Sie beim Einkaufen auf die Lebensmitteletiketten. Milchproteine können sich hinter vielen Bezeichnungen verstecken: Buttermilch, Casein, Crème fraîche, hydrolysierte Milch, Joghurt, Kasein, Kondensmilch, Lactalbumin, Lactoglobulin, Lactoserum, Magermilchpulver, Milcheiweiß, Molke, Molkenprotein, Sauerrahm, Süßmolkenpulver oder Vollmilchpulver.

Tipp:

Bei unverpackten Lebensmitteln, zum Beispiel Brot oder Wurst, können Sie nachfragen. Milchbestandteile findet man in sehr vielen, vor allem hellen Wurstsorten. Bäckereien und Metzgereien sind jedoch gesetzlich verpflichtet, die in ihren Waren verwendeten Zutaten kenntlich zu machen. Fragen Sie deshalb beim Einkaufen nach einer Zutatenliste oder verwenden Sie ungemischte Fleischsorten wie Roastbeef.

Sie haben noch Braten-Reste übrig? Schneiden Sie das Fleisch auf und essen Sie es als Aufschnitt – eine sehr leckere Alternative zu vielen Wurstsorten.

Welche Alternativen gibt es?

Es gibt zahlreiche Alternativen zur Kuhmilch:
a) tierische Quellen:
- Ziegenmilch
- Schafsmilch

In einigen Regionen und im Internet erhältlich:
- Stutenmilch
- Kamelmilch

b) pflanzliche Quellen:
- Hafermilch
  (bei Gluten-Unverträglichkeit meiden)
- Kokosmilch
- Mandelmilch
- Reismilch
- Sesammilch
- Sojamilch

Die Bezeichnung „Milch" ist der Kuhmilch vorbehalten. Die Milch anderer Tierarten muss mit einer zusätzlichen Angabe versehen sein, die die Tierart angibt, beispielsweise „Ziegenmilch". Im Handel werden die oben genannten pflanzlichen Sorten nicht als „Milch", sondern als „Sojadrink" oder „Rice milk" in den Regalen zu finden sein.

Vorsicht bei Laktose-Intoleranz und Milchproteinallergie: Laktose und Milchproteine wie Kasein sind auch in der Milch anderer Tiere enthalten.

Achtung:
Laktosefreie Produkte sind nur bei einer Milchzucker-Unverträglichkeit geeignet, nicht bei Milchproteinallergien.
Laktosefreie Milch enthält den normalen Milcheiweiß-Anteil und kann folglich eine allergische Reaktion auslösen.
➔ s. Laktose-Intoleranz S. 25

Hinweis:
Kuhmilch gilt als wichtiger Calcium-Lieferant. Ihren Calcium-Bedarf können Sie aber auch über andere Nahrungsmittel decken. Kuhmilch enthält ca. 120 mg Calcium je 100 g. Die Milch anderer Tiere bis zu knapp 200 mg, wie die Referenzwerte in der Tabelle zeigen. Doch auch viele Kräuter, Früchte, Gemüse, Hülsenfrüchte, Samen etc. haben einen hohen Calciumgehalt, der dem der Milch gleicht oder ihn sogar deutlich übersteigt.

Auch Mineralwasser hilft Ihnen dabei, Ihren täglichen Bedarf zu decken: Viele Mineralwasser enthalten deutlich mehr Calcium je Liter als Milch. Zum Teil werden Werte über 300 mg erreicht.

Übersicht Calciumwerte

Referenzwerte	mg/100g
Kuhmilch	**120**
Schafmilch	198
Büffelmilch	195
Kamelmilch	132
Ziegenmilch	127
Stutenmilch	110

Alternativen	mg/100g
Kräuter	
Thymian	630
Salbei	600
Kerbel	400
Rosmarin	370
Basilikum	369
Majoran	350
Dill	230
Gartenkresse	214
Früchte	
Hagebutte	257
Feige, getrocknet	193
Gemüse	
Grünkohl	212
Löwenzahn	168
Rucola	160
Spinat	117
Hülsenfrüchte, Samen, Nüsse	
Mohn	1460
Sesam	783
Goabohne	530
Mandeln	252
Haselnuss	226
Amaranth	214
Sojabohne	200
Leinsamen	198
Teff	160
Pistazie	136
Paranuss	132
Kichererbsen	124
Kakaopulver	114

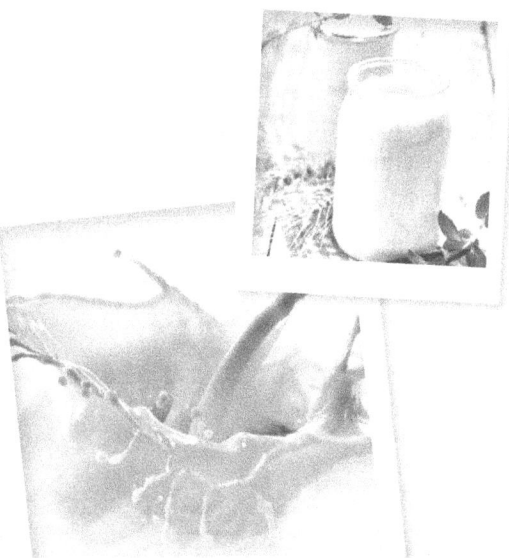

... GLUTEN

In welchen Lebensmitteln kann Gluten enthalten sein?

Gluten ist ein Klebereiweiß und bewirkt die guten Backeigenschaften eines Mehls. Es sorgt dafür, dass der Teig gut bindet. Teig aus Mehl, das kein Gluten enthält, bröselt leicht auseinander, weil die Klebeeigenschaften fehlen.

Gluten kommt in folgenden Getreidesorten vor:

- Dinkel
- Emmer
- Gerste
- Grünkern
- Hafer
- Kamut
- Roggen
- Weizen

Aber Klebereiweiße finden sich auch dort, wo man sie erst einmal nicht vermutet. Viele Halbfertig- und Fertiggerichte wie Suppen und Soßen sind glutenhaltig, da Gluten ein guter Trägerstoff für Aromen ist und als Emulgator dient. In Wurstwaren, Fleischerzeugnissen und in manchen Tiefkühlgerichten, wie Spinat, wird glutenhaltiges Getreide als Füllstoff verwendet. Ein Blick auf die Zutatenliste ist daher unerlässlich, wenn man sicher gehen will, glutenfreie Lebensmittel zu erhalten.

TIPP:
Seit dem 25. November 2005 müssen glutenhaltige Lebensmittel als solche gekennzeichnet sein.

Gut zu wissen:
Weisen Lebensmittel beim Verkauf an den Endverbraucher einen Glutengehalt von höchstens 20 mg/kg (= 20 ppm) auf, können sie dennoch mit der Bezeichnung „glutenfrei" versehen werden.

Welche Alternativen gibt es?

Es gibt eine ganze Reihe glutenfreier Getreidesorten:

- Amaranth
- Buchweizen
- Hirse
- Mais
- Quinoa
- Reis, Wildreis
- Teff

Auch andere Stärken können als Ersatz für glutenhaltige Getreide dienen:

- Carob
- Kartoffelmehl
- Kichererbsen
- Maniok
- Süßkartoffeln
- Fonio
- Kastanien
- Lupine
- Pfeilwurz
- Topinambur

Tipp:
In unverarbeitetem Zustand sind die folgenden Lebensmittel glutenfrei:

- Butter, Frischkäse natur
- Buttermilch, Quark
- Eier
- Fleisch
- Fisch und Meeresfrüchte
- Honig, Konfitüre, Marmelade, Ahornsirup
- Hülsenfrüchte
- Kartoffeln, Salate
- Milch, Naturjoghurt, Sahne
- Nüsse
- Obst- und Gemüsesorten
- Pflanzenöle
- Pilze
- reine Gewürze und Kräuter
- Tee und Kaffee
- Zucker, Honig und Dicksäfte

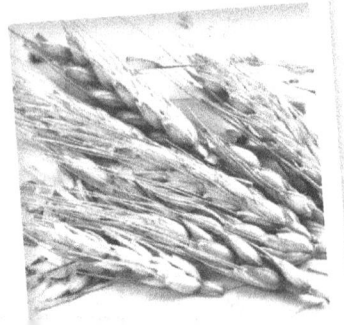

... EI

In welchen Lebensmitteln kann Ei enthalten sein?

Hühnereiklar und Hühnereigelb werden in zahlreichen Lebensmitteln verarbeitet. Bezeichnungen, hinter denen sich die Verwendung von Ei verbirgt: Ovalbumin, Livestin, Albumin, Lysozym, E 1105, Globulin und Ovomucoid, Hühnereiweiß.

Die folgenden Produkte können Ei enthalten:
- Desserts, Eis, Pudding, Süßwaren, Schokoladenerzeugnisse
- Fertiggerichte
- Glutenfreies Brot, Kuchen, Backmischungen
- Mayonnaise, Brotaufstriche, Ketchup, Senf
- Milchmixgetränke, Liköre
- Suppen, Soßen, Dressings, Speise- und Suppenwürze, Soßenbinder
- Teigwaren, Pfannkuchen, Quiches, Pasteten, Aufläufe
- Wurstwaren, Hamburger, Fleischerzeugnisse
- Wein und Apfelwein (Ei wird gelegentlich als Klärhilfsmittel eingesetzt)

Auch in manchen Medikamenten können Hühnereibestandteile verwendet werden. Lesen Sie die Zusammensetzung des Medikamentes aufmerksam durch.

Hinweis:

Ihren Bedarf an Proteinen können Sie mit anderen Nahrungsmitteln decken. Neben unterschiedlichen tierischen Proteinquellen gibt es auch viele pflanzliche Proteinquellen, z. B. Soja, Hülsenfrüchte (u. a. Linsen, Erbsen), Nüsse, Reis, Kartoffeln und Getreide.

Welche Alternativen gibt es?

Überall dort, wo die lockernde und bindende Eigenschaft des Eies erwünscht ist, kann „Ei-Ersatz" verwendet werden. Dieses Produkt gibt es in Reformhäusern und Naturkostläden.

Sie können Ei-Ersatz auch selbst herstellen: Um die Bindewirkung des Eies zu ersetzen, können ein Löffel Sojamehl und zwei Löffel Wasser miteinander vermischt werden. Bei einer Soja-Intoleranz kann statt des Sojamehls auch Reis- oder Maismehl verwendet werden.

Bananen, Guarkernmehl und Pfeilwurz sind auch geeignet, um die bindende Eigenschaft von Ei zu ersetzen.

Eifreie Nahrungsmittel sind im Handel mittlerweile relativ gut zu finden.

TIPP:
Ist Ei enthalten, muss dies auf der Verpackung angegeben werden.

... NÜSSEN

In welchen Lebensmitteln können Nüsse enthalten sein?

In vielen verarbeiteten Lebensmitteln werden Nüsse verwendet. Sie müssen auf dem Lebensmitteletikett deklariert werden.

Unter diese Deklarationspflicht fallen: Cashewkern, Haselnuss, Macadamianuss (Queenslandnuss), Mandel, Paranuss, Pekannuss, Pistazie und Walnuss.

Achten Sie beim Einkauf insbesondere auf folgende Lebensmittel:
- Backwaren: Nussbrot, Kuchen, Kekse, Stollen
- Brotaufstriche: Nuss-Nougat-Creme, vegetarische Aufstriche
- Füllungen in Teigwaren, z. B. Tortellini
- Käse- oder Wurstaufschnitt, Salate, Pasteten
- Nussöle
- Studentenfutter, Knabbermischungen, Müsli
- Süßes: Marzipan, Nougat, Krokant, Schokolade, Schoko- und Müsliriegel, Pralinen, Speiseeis, Pudding

Auch bei Begriffen wie „Nuss...", „Marzipan" oder „Nougat" handelt es sich um Zutaten, die Nüsse enthalten. Vorsicht bei „Kann Spuren von... enthalten". Bei einer Sofort-Allergie gegen Nüsse können bereits Spuren ausreichen, um eine starke allergische Reaktion auszulösen. Fragen Sie bei unverpackten Lebensmitteln, wie zum Beispiel Backwaren, nach.

Welche Alternativen gibt es?

Wenn Sie eine bestimmte Nussart nicht vertragen, heißt das nicht, dass alle Sorten problematisch sind. Es gibt viele verschiedene Sorten und Alternativen, die keine Nüsse sind. Kokosnuss zum Beispiel wird von den meisten Allergikern gut vertragen. Häufig werden einmal erhitzte Nüsse, z. B. im Nusskuchen, auch besser vertragen als rohe Nüsse.

Nuss-Alternativen:
- Amaranth
- Aprikosenkerne (süß)
- Edamame (Sojaschoten)
- Erbsen (in Würzhülle als Snack z. B. Wasabi)
- Erdmandeln
- Kokosnuss
- Kürbiskerne
- Pinienkerne
- Quinoa
- Sesam
- Sonnenblumenkerne

Aspergillus niger
Nüsse und andere Nahrungsmittel wie Trockenfrüchte, Obst, Getreide und Tees können mit Aspergillus niger (Schwarzschimmel) befallen sein. Der an sich harmlose Schimmelpilz kommt überall im Erdreich vor. Auch Wohnräume können mit Aspergillus niger belastet sein. Der Pilz wird auch bei der Herstellung von Zitronensäure eingesetzt. Reste des Schimmels verbleiben in der Zitronensäure, die bei Unverträglichkeit von Aspergillus niger zu immunologischen Reaktionen beim Verzehr von oder Kontakt mit Zitronensäure führen können.

Da er überall in der Luft vorkommt, atmet jeder Mensch ständig Sporen von Aspergillus niger ein – in der Regel, ohne krank zu werden.
Ist jedoch das Immunsystem geschwächt, kann der Pilz in den Köper eindringen und sich dann vermehren. Aspergillus niger produziert Giftstoffe, sogenannte Mykotoxine, die im menschlichen Körper zu Entzündungen führen können, und Krankheiten wie Lungenentzündung, Asthma und Bronchialerkrankungen hervorrufen.

Bei einer Allergie gegen Aspergillus niger können Symptome auftreten wie Kopfschmerzen, eine ständig laufende Nase, Augenentzündung oder Atemwegsbeschwerden.

Hersteller und Handel müssen ihre Ware auf Befall mit Schimmelpilzen überprüfen. Bestimmte Höchstmengen dürfen nicht überschritten werden, um gesundheitliche Schäden zu vermeiden. Bei empfindlichen Personen können jedoch schon sehr geringe Mengen Beschwerden auslösen.

FREI VON... HEFE

In welchen Lebensmitteln kann Hefe enthalten sein?

Diese Lebensmittel können aufgrund ihres Herstellungsverfahrens oder von Natur aus Hefe enthalten:

- Brot, Knäckebrot, Kuchen, Hefegebäck, Brezel, Backmischungen, Kekse, Zwieback
- fertige Salatsaucen, Fertiggerichte, Tomatensauce
- Fruchtsäfte, Wein, Bier, Malzbier
- Milchprodukte, Buttermilch, Kefir, Käse
- Peperoni, Sauerkraut, saure Gurken, gegorene Früchte
- Würzmittel, Ketchup, Meerrettich, Mayonnaise
- Wurst, Schinken
- Essig
- Fertigsuppen und -brühen
- vegetarischer Brotaufstrich

Hefe enthält viel Glutamat. Daher wird sie in der Nahrungsmittelindustrie gerne als Geschmacksverstärker eingesetzt.

Wird Glutamat als solches verwendet, ist es als E-Stoff (E 620 – E 625) deklarationspflichtig. Wird Glutamat jedoch in Form von Hefe eingesetzt, muss es nicht deklariert werden. Empfindliche Personen können auch von dem in Hefe enthaltenen Glutamat allergische Symptome bekommen.

Viele Alkoholika werden mittels Bierhefe hergestellt. Auch in den meisten Essigsorten ist Hefe enthalten. Nährhefen werden oft in Fertiggerichten und in vegetarischen Produkten eingesetzt.

Welche Alternativen gibt es?

Als Alternative zu Hefe empfehlen sich Backpulver, Sauerteigansatz und Backferment (Reformhaus). Viele Bäckereien, Spezialbäckereien und Reformhäuser bieten mittlerweile auf Wunsch auch hefefreies Brot an.

Im Reformhaus und in Naturkostläden finden Sie zudem Brühen und Aufstriche, die ohne Bier- oder Nährhefe hergestellt werden.

TIPP:
Vergewissern Sie sich beim Kauf von kristallklaren Biersorten, dass keine Resthefe mehr enthalten ist. Fragen Sie ggf. beim Hersteller nach.

SONDER THEMEN

- DER DARM
- KREUZALLERGIE
- DIE GEHEIMSPRACHE DER LEBENSMITTELETIKETTEN
- ZUSATZSTOFFE UND E-NUMMERN
- EINKAUFSTIPPS
- BUCHTIPPS

DER DARM

Der Darm verfügt durch seinen speziellen Bau über eine Oberfläche von ca. 400 m² und bildet damit das wichtigste Kommunikations- und Kontaktorgan mit der äußeren Umgebung. Das lässt erahnen, wie wichtig ein funktionsfähiger Darm ist.

Er übernimmt anspruchsvolle Aufgaben, die für die Gesundheit des Menschen von großer Bedeutung sind. Der Darm versorgt unseren Körper mit wichtigen Nährstoffen und muss ihn von unnützen und schädlichen Stoffen befreien. Er ist die erste Barriere gegen Krankheitserreger und Giftstoffe, die wir über die Nahrung aufnehmen. Über 80 Prozent der Abwehrzellen unseres Immunsystems befinden sich im Darm. Er ist von mehr als hundert Millionen Nervenzellen umhüllt, die ähnlich organisiert sind wie im Gehirn. Das so genannte Darmhirn reguliert die Verdauung und die darmeigene Immunabwehr. Sogar an der Entstehung von Gefühlen ist der Darm beteiligt, z. B. durch die Bildung von Glückshormonen. Nicht ohne Grund spricht man von Schmetterlingen im Bauch oder Entscheidungen, die aus dem Bauch heraus getroffen werden.

Jeder Darmabschnitt hat eine bestimmte Funktion bei der Verdauung, die von spezialisierten Darmbakterien unterstützt wird. Diese Mikroorganismen beeinflussen sich gegenseitig auf vielfältige Weise und unterliegen zusätzlich äußeren Faktoren. Aus der Summe dieser Wechselwirkungen ergibt sich ein Milieu im Darm, das in einem stabilen Gleichgewicht steht. Eine Verschiebung dieses Gleichgewichts, z. B. durch die Einnahme von Antibiotika oder permanente Infektionen, kann zur Beeinträchtigung der Darmfunktion führen.

Darmsanierung

Gerät das Darmilieu aus dem Gleichgewicht, führt das dazu, dass Darmgifte gebildet werden, die wiederum Funktionsstörungen auslösen können.
Mit Hilfe einer Stuhluntersuchung lässt sich feststellen, welcher Art die Funktionsstörungen sind und wo genau ihre Ursachen liegen.

Eine umfassende Stuhluntersuchung sollte folgende Analysen beinhalten:
- **Quantitative Bestimmung** der tatsächlich vorliegenden **Darmflora.** Diese gibt darüber Aufschluss, ob sich das Gleichgewicht zugunsten schädlicher Bakterien verschoben hat oder ob die unentbehrlichen Darmbakterien gänzlich fehlen.
- Der **pH-Wert** des Stuhls gibt Aufschluss über die Aktivität der Darmflora.
- **Ausschluss einer Pilzbesiedelung** des Darms. Eine übermäßige Anzahl an Pilzen belastet das Immunsystem und kann zu einer erhöhten Darmdurchlässigkeit führen.
- **Ausschluss von Darmparasiten**
- **Bestimmung von Entzündungsmarkern** zum Aufspüren entzündlicher Prozesse der Darmschleimhaut.
- Bestimmung der **Darmdurchlässigkeit** (alpha-1-Antitrypsin im Stuhl)

Entsprechend den Ergebnissen der Stuhluntersuchung lassen sich gezielte Therapiemaßnahmen einleiten.

> **TIPP:**
> Die so genannte Darmsanierung hilft dabei, die normale, gesunde Darmfunktion wieder herzustellen. Sie kann insbesondere bei Allergien und Unverträglichkeiten eine sinnvolle Maßnahme darstellen.

Für eine Darmsanierung sind vier Schritte notwendig:
1. Bestimmung des Zustands der Darmflora
2. Reduktion der schädlichen Darmflora
3. Wiederherstellung der Darmschleimhaut
4. Wiederbesiedelung mit nützlicher Darmflora

Candida albicans

Candida albicans gehört zu den Hefepilzen. Über die normale Ernährung und auch über die Atemluft nimmt jeder Mensch jeden Tag Hefepilze auf. Für einen gesunden Organismus stellt dies keinerlei Problem dar. Ist jedoch das Immunsystem geschwächt, kann sich der Pilz im Organismus ungehemmt vermehren und Beschwerden verursachen. Die Abwehrkräfte, die normalerweise die Pilzbesiedlung im Gleichgewicht halten, können durch verschiedene Ursachen herabgesetzt sein: Beispielsweise aufgrund von wiederholten Infektionen, Stress, Zuckerkrankheit, chronischem Alkoholismus, Antibiotika oder Immunsuppression.

Breitet sich der Pilz ungehindert und übermäßig im Körper aus, nennt man dies Candidose.

Bei einem Befall in der Mundhöhle spricht man von Soor. Candida albicans siedelt sich auch auf anderen Schleimhäuten wie Speiseröhre oder Vagina an.

Bei übermäßigem Pilzbestand in der Darmschleimhaut, konkurriert Candida albicans mit den nützlichen Darmbakterien um Nährstoffe – und setzt sich meistens durch. So kann die Darmflora aus dem Gleichgewicht geraten. Insbesondere zuckerhaltige Kost wird von Candida albicans bevorzugt. Er produziert daraus Gärungsgase, die zu Blähungen und Bauchschmerzen führen können. Weiterhin kann sich die Darmschleimhaut entzünden und die Darmpermeabilität kann erhöht sein. Dies wiederum kann eine gestörte Aufnahme von Nährstoffen zur Folge haben und auch rheumatische Beschwerden sowie eine erhöhte Bereitschaft zu Allergien verursachen. Durch eine durchlässige Darmschleimhaut können Stoffe in den Blutkreislauf gelangen, die von einer gesunden Darmschleimhaut im Darm zurückgehalten und dann ausgeschieden würden. Zudem wird die Leber belastet, da sie diese Stoffe abbauen muss. Weitere Symptome können u. a. starke Müdigkeit (trotz genügend Schlaf), Stimmungsschwankungen und Konzentrationsschwäche sein.

Sollte bei einer Stuhlprobe vermehrt Candida albicans nachgewiesen werden, kann dies im Rahmen einer Darmsanierung (s. o.) in Kombination mit einer zuckerarmen, basischen Ernährung korrigiert werden. Klassisch werden zur Behandlung einer Candidose Antimykotika eingesetzt. Auch verschiedene naturheilkundliche Therapien können Abhilfe schaffen. Allerdings kommt Candida albicans im Stuhl ungleichmäßig verteilt vor, so dass eine negative Stuhlprobe nicht unbedingt bedeutet, dass keine Candidose vorliegt.

Hinweis:

Wussten Sie, dass eine gestörte Darmflora neben Erkältungen auch eine verzögerte Nahrungsmittelallergie begünstigen kann? Durch die Schädigung des Darms wird dieser durchlässig für Nahrungsmittelbestandteile, die in die Blutbahn gelangen und eine Immunreaktion auslösen können. In der Folge kann es zu Magen-Darm-Beschwerden, Kopfschmerz und Migräne, zu Hautproblemen, Übergewicht und anderen chronischen Beschwerden kommen.

KREUZALLERGIE

Was ist eine Kreuzallergie?
Bei einer Allergie bekämpft das Immunsystem in einer überschießenden Reaktion an sich harmlose Substanzen wie Pollen oder Nahrungsmittel. Die darin enthaltenen Proteine werden dabei fälschlicherweise als gefährlich eingestuft und es werden Antikörper dagegen gebildet.

> Von einer Kreuzallergie oder pollenassoziierten Nahrungsmittelallergie spricht man, wenn Betroffene aufgrund einer Pollenallergie nicht nur auf die Pollen sondern z. B. auch auf bestimmte Nahrungsmittel allergisch reagieren.

Das kann vorkommen, weil sich einige Pollen-, Tier- und Pflanzen-Proteine „zum Verwechseln" ähnlich sind. Die Struktur der Proteine kann sich so sehr gleichen, dass der Antikörper nicht nur das Protein erkennt, gegen das er ursprünglich gebildet wurde, sondern auch ähnliche Proteine anderer Substanzen, welche dann ebenfalls bekämpft werden. Eine solche Ähnlichkeit liegt beispielsweise bei den Proteinen von Birkenpollen und Äpfeln vor. So kann es sein, dass ein Birkenpollenallergiker auch beim Verzehr von Äpfeln allergische Beschwerden bekommt. Hier spricht man dann von einer Kreuzreaktion.

Ca. 60 % der Pollenallergiker leiden an einer solchen, durch die ursprüngliche Pollenallergie verursachten, Kreuzallergie gegen Nahrungsmittel. Dabei kann die Kreuzallergie zusätzlich auch außerhalb der Pollensaison auftreten.

Symptome
Eine Kreuzallergie führt nicht immer zu Symptomen. Viele Betroffene bleiben trotz einer Sensibilisierung, d. h. trotz der Bildung von Antikörpern gegen die entsprechenden Proteine, frei von Beschwerden. Auch die Stärke der Reaktion ist individuell unterschiedlich.

Mögliche Symptome umfassen das gesamte Spektrum allergischer Reaktionen. Die Beschwerden, die durch die Kreuzallergie ausgelöst werden, müssen dabei nicht die gleichen sein, wie die der ursprünglichen Allergie. So kann die Reaktion gegen Pollen der klassische Heuschnupfen sein, die Kreuzreaktion gegen Apfel sich hingegen in Jucken im Mundraum, Bauchschmerzen oder Durchfall äußern.

Eine Besonderheit gegenüber der klassischen Sofortallergie gegen Pollen oder auch gegen Nahrungsmittel ist, dass es bei einer Kreuzallergie schon beim Erstkontakt, d. h. beim ersten Verzehr des entsprechenden Nahrungsmittels, zu allergischen Reaktionen kommen kann. Diese Reaktionen können unter Umständen sogar sehr stark sein – bis hin zum Zuschwellen der Atemwege oder zum anaphylaktischen Schock.

Therapie-Möglichkeiten

Hyposensibilisierung gegen das ursprüngliche Allergen
Insbesondere bei Birkenpollenallergie wurde bei erfolgreicher Hyposensibilisierung gegen Birkenpollen ein Rückgang der Kreuzreaktionen beobachtet.

Auch bei einem Test auf verzögerte Nahrungsmittelallergie und einer entsprechenden Auslassdiät ist eine Besserung des Heuschnupfens möglich.

Gezielte Meidung der unverträglichen Nahrungsmittel

NICHT zu empfehlen ist die generelle Meidung aller möglichen kreuzreaktiven Nahrungsmittel. In einer solchen Vorgehensweise liegt die Gefahr von Mängeln durch einseitige Ernährung. Vielmehr kann durch vorsichtiges Ermitteln der individuellen Toleranzgrenze die individuelle Verträglichkeit einzelner Nahrungsmittel bestimmt werden, um dann gezielt nur die nicht verträglichen Nahrungsmittel bzw. Mengen davon zu meiden.

> **TIPP:**
> Häufig hilft das Erhitzen bzw. Garen des Lebensmittels, um die Reaktion abzuschwächen oder sogar ganz zu verhindern, da die hitzelabilen Allergene zerstört werden.

Typische Kreuzallergien

Das Birken-Nüsse-Obst-Syndrom

Am besten untersucht sind die Kreuzreaktionen mit Birkenpollen. Die Birkenpollenallergie tritt häufig in Kombination mit einer Beifußpollenallergie auf und ist gerade auch in dieser Kombination oft mit Nahrungsmittelallergien verbunden. Insbesondere Nüsse (z. B. Haselnüsse, rohe Mandeln, Walnüsse), Steinobst (z. B. Kirsche, Nektarine, Pfirsich, Aprikose, Mirabelle, Pflaume/Zwetschge) und Kernobst (z. B. Apfel, Birne) können bei Birkenpollenallergikern Kreuzreaktionen auslösen.

Das Beifuß-Sellerie-Gewürz-Syndrom

Eine reine Beifußpollenallergie ist weniger oft anzutreffen. Kreuzreaktionen sind hier zwar seltener, es können jedoch sehr schwere Reaktionen auftreten. Nicht nur beim Verzehr von Sellerie können Kreuzreaktionen ausgelöst werden, sondern auch z. B. durch Paprika, Karotten, rohe Kartoffeln und Tomaten. Bekannte kreuzallergene Gewürze sind z. B. Anis, Chili, Kamille, Koriander, Kümmel und viele Kräuter.

Gräserpollen

Gräserpollen sind bezüglich Kreuzallergien von untergeordneter Bedeutung. Manchmal zeigen sich Reaktionen bei Kontakt mit ungebackenem Mehl und rohen Tomaten.

Das Latex-Frucht-Syndrom

Bei einer Latexallergie können zum Teil heftige Kreuzreaktionen zu bestimmten Früchten auftreten, wie Ananas, Avokado, Banane, Kiwi oder Mango.

Achtung: Eine weitere Quelle für das Latex-Allergen ist die Zimmerpflanze Ficus benjamina. Sensibilisierten Personen kann es Erleichterung verschaffen, wenn sie diese Pflanze aus ihrer Umgebung entfernen.

Übersicht über mögliche Kreuzallergien

Bitte beachten Sie, dass jeweils Kreuzreaktionen auftreten können, aber nicht zwangsläufig auftreten müssen. Die Reaktionen sind individuell unterschiedlich.

ursprüngliche Allergie → Kreuzreaktion	Pollen – Birke	Pollen – Beifuß	Pollen – Gräser	Pollen – Traubenkraut	Latex	Tiere – Hausstaubmilben	Tiere – Hühner/Vögel	Tiere – Kühe	Nahrungsmittel – Kiwi	Nahrungsmittel – Sellerie	Nahrungsmittel – Fisch
Ananas					x				x		
Anis	x	x								x	
Apfel	x	x		x						x	
Aprikose	x				x						
Avocado	x	x			x						
Banane			x		x						
Birne	x			x	x						
Erdnuss			x		x						
Feige	x				x						
Fenchel	x	x								x	
Geflügelfleisch/Eier							x				x
Getreide		x							x		
Gewürze/Kräuter		x								x	
Gurke		x		x							
Haselnuss	x				x						
Hülsenfrüchte			x								
Ingwer		x									
Kamille		x									
Karotte	x	x			x				x	x	
Kartoffel	x	x			x				x		
Kirsche	x										
Kiwi	x	x	x		x						
Knoblauch		x									
Koriander	x	x								x	
Kreuzkümmel		x								x	
Kümmel	x	x									
Kürbis		x	x								
Kuhmilch								x			
Litschi	x	x									
Mandel	x										
Mango	x	x			x						
Melone		x	x	x	x						
Muskatnuss		x									
Nektarine	x										
Paprika		x									
Pfeffer (schwarz & weiß)		x									
Pfirsich	x				x	x					
Pflaume	x										
Rindfleisch								x			
Salat			x								
Schalentiere						x					
Schnecke						x					
Sellerie	x	x	x								
Soja	x		x		x						
Sonnenblumenkern		x	x								
Tintenfisch						x					
Tomate	x	x	x	x							
Traube		x									
Walnuss	x										
Zucchini				x							

Diese Auflistung führt die bekanntesten Beispiele auf und erhebt keinen Anspruch auf Vollständigkeit.

DIE GEHEIMSPRACHE DER LEBENSMITTELETIKETTEN

Für Lebensmittel ist gesetzlich eine einheitliche Grundkennzeichnung vorgeschrieben. Sie soll dem Verbraucher helfen, sich in dem unüberschaubaren Lebensmittelangebot zurechtzufinden und die für ihn richtige Kaufentscheidung zu treffen.

Die Begriffe und Bezeichnungen auf den Lebensmitteletiketten stammen größtenteils aus dem Bereich der Lebensmittelwissenschaft und aus dem Lebensmittel- und Bedarfsgegenständegesetz (LMBG). Die Bezeichnungen sind dort zwar eindeutig, aber nicht immer für jeden Verbraucher verständlich definiert: So verbergen sich z. B. hinter den E-Nummern auf den Lebensmittelverpackungen nicht nur Farbstoffe, sondern auch Konservierungsstoffe oder Trennmittel.

> **TIPP:**
> Weiterhin kann sich beispielsweise hinter einigen Bezeichnungen ein und dieselbe Zutat verstecken und dann mehrfach in der Zutatenliste auftauchen.

Was muss auf der Verpackung stehen?
Gesetzlich vorgeschriebene Angaben auf den Lebensmitteletiketten sind z. B.: Name und Verkehrsbezeichnung, Zutatenverzeichnis, Mindesthaltbarkeitsdatum oder Verbrauchsdatum, Hersteller- und Mengenangabe.

Verkehrsbezeichnung
Hinter der „verkehrsüblichen" Bezeichnung verbirgt sich der Name (z. B. Helle Soße) bzw. die Beschreibung des Produktes (z. B. Tortellini mit Gemüsefüllung). Fantasienamen (z. B. Hochzeitssuppe), Herstellermarken (z. B. Tchibo, Haribo) oder Handelsmarken (z. B. Ja) dürfen die Verkehrsbezeichnung nicht ersetzen.

Zutatenverzeichnis
Das Zutatenverzeichnis gibt an, aus welchen Bestandteilen sich das vorliegende Lebensmittel zusammensetzt. Verbraucher erfahren durch die Zutatenliste aber in der Regel nicht, in welcher Menge die einzelnen Zutaten verwendet wurden. Nur wenn Zutaten auf der Verpackung besonders hervorgehoben werden, muss der prozentuale Mengenanteil angegeben sein.
Bei zusammengesetzten Zutaten müssen die Einzelbestandteile in Klammern aufgelistet werden. Es sei denn, die zusammengesetzte Zutat macht weniger als 2 % des Lebensmittels aus, dann kann die Aufschlüsselung entfallen.

Zusatzstoffe, die bei der Herstellung verwendet wurden, müssen bei fertig verpackter Ware auf dem Etikett deklariert werden. Sie müssen in der Zutatenliste immer mit dem so genannten „Klassennamen" angegeben werden, d. h. der Grund für ihre Verwendung muss sich daraus ableiten lassen (z. B. Geschmacksverstärker, Konservierungsstoff). Zusätzlich dazu wird entweder der Name der Substanz oder die so genannte E-Nummer genannt. Die Angabe kann also beispielsweise bei einer Gewürzsoße lauten: „Verdickungsmittel E 412" oder

„Verdickungsmittel Guarkernmehl".
Liste der derzeit zugelassenen E-Stoffe:
➜ s. Zusatzstoffe und E-Nummern S. 228

Mindesthaltbarkeitsdatum

Das Mindesthaltbarkeitsdatum gibt den Zeitpunkt an, bis zu dem das ungeöffnete Lebensmittel bei richtiger Lagerung seine spezifischen Eigenschaften mindestens behält.

Dieses Datum ist kein Verfallsdatum oder letztes Verbrauchsdatum. Das Lebensmittel kann nach Ablauf durchaus noch in Ordnung (verzehrsfähig) sein. Lebensmittel, bei denen die Mindesthaltbarkeit von bestimmten Bedingungen abhängt, müssen entsprechend gekennzeichnet werden. (Beispiel Milch: „Bei +8° C mindestens haltbar bis:").

Ohne Mindesthaltbarkeitsdatum dürfen verkauft werden: Verpacktes Frischobst und -gemüse, Wein, Schokolade, Zucker, Salz, Kaugummi und bestimmte Zuckerwaren sowie manche Backwaren.

Herstellerangaben

Auf der Lebensmittelverpackung müssen der Name oder die Firma und die Anschrift des Herstellers, Verpackers oder Verkäufers angegeben sein. Außerdem muss für den Fall einer Reklamation eine Chargennummer auf der Packung stehen.

Mengenangaben

Der tatsächliche Inhalt ist bei den unterschiedlichen Verpackungsformen oft nur schwer zu erahnen. Die Angabe der Füllmenge, bei festen Lebensmitteln in Gramm oder Kilogramm angegeben, bei flüssigen in Milliliter oder Liter, ist Pflicht auf verpackten Lebensmitteln. Allerdings gilt für die Füllmenge das Mittelwertprinzip, d. h. Verpackungen müssen im Durchschnitt die angegebene Menge aufweisen, aber nicht jedes einzelne Produkt.

Wird z. B. eine Füllmenge von 500 g angegeben, können in einer Packung z. B. nur 498 g enthalten sein, in einer anderen dafür 502 g.

Zusatzangaben

Auf den Etiketten finden sich häufig zusätzlich Nährwertangaben. Hier sind die drei wichtigsten Nährstoffe Eiweiß bzw. Proteine, Kohlenhydrate und Fette mit ihrem Gewichtsanteil pro 100 g oder ml des betreffenden Lebensmittels angegeben. Der Eiweißanteil dieser Angabe bezieht sich auf Proteine im Allgemeinen, nicht etwa auf Hühnereiweiß. Zusammen mit diesen Angaben ist meist auch der Energiewert von 100 g oder ml des Lebensmittels in kcal oder kJ verzeichnet.

Hier ist Vorsicht geboten:

Auf die Reihenfolge achten

Die Reihenfolge der Zutaten in der Zutatenliste gibt an, welche Zutat den höchsten und welche den geringsten Gewichtsanteil im Produkt hat. Ein Beispiel: „Zutaten: Wasser, ..., Zucker." Das an erster Stelle genannte Wasser hat in diesem Fall den größten Anteil an dem Lebensmittel, während der Zucker als letztgenannte Zutat den geringsten Teil ausmacht.

Vorsicht bei Zucker

Die tatsächliche Menge manch einer unerwünschten Zutat, z. B. Zucker, lässt sich auf dem Etikett gut tarnen. Hinter all diesen Bezeichnungen versteckt sich Zucker: Fruktose oder Fruchtzucker, Glukose oder Traubenzucker, Maltose oder Malzzucker, Oligofruktose, Galaktose, Invertzucker, Saccharose, Laktose oder Milchzucker sowie alle Stärkezucker, die aus Stärke gewonnen werden wie: Stärkesirup, Maltodextrin, Mal-

tosesirup, Dextrose, Glukosesirup, Dextrosesirup und Fruktosesirup.
All diese Zucker enthalten nahezu gleichwertige Kalorienmengen wie der handelsübliche Haushaltszucker und können ebenso wie dieser Karies verursachen. Wenn also mehrere verschiedene Süßungsmittel bei der Herstellung verwendet wurden, tauchen diese zwar einzeln am Ende der Zutatenliste auf, können aber zusammengenommen eine viel größere Menge im Produkt ausmachen.

Vorsicht bei Milchproteinen
Milchproteine kommen oft versteckt in Lebensmitteln vor. Hinter diesen Bezeichnungen verbergen sie sich: Buttermilch, Casein, Crème fraîche, hydrolysierte Milch, Joghurt, Kondensmilch, Lactalbumin, Lactoglobulin, Lactoserum, Magermilchpulver, Molkenprotein, Sauerrahm, Vollmilch.
➜ s. Frei von… Milch S. 210

Vorsicht bei „Gewürze" und „Pflanzliches Öl"
Häufig werden in den Zutatenlisten nur „Gewürze" und „Pflanzliches Öl" aufgeführt. Damit weiß man nicht, was wirklich enthalten ist. Bei großer Empfindlichkeit besser darauf verzichten oder ggf. vorsichtig die individuelle Verträglichkeit ausprobieren.

Vorsicht bei unvermutet vorkommenden Lebensmittelbestandteilen
Lesen Sie die Etiketten gründlich. Denn Lebensmittel können Bestandteile enthalten, die man dort nicht vermuten würde. So können z. B. in Fruchtsäften Milchproteine enthalten sein. Diese müssen in der Zutatenliste angegeben werden.

Prozentualen Anteil beachten
Verpackungen sind oft liebevoll gestaltet und präsentieren das enthaltene Produkt auf bestmögliche Weise – mit Worten,

Bildern und Grafiken. Das Gesetz schreibt vor, dass die abgebildeten Zutaten aber auch mit ihrem prozentualen Anteil im Produkt angegeben werden müssen. Denn die Bilder auf den Verpackungen suggerieren oft etwas anderes, z. B. enthalten Fertigprodukte wie Tütensuppen häufig Fleischeinlagen, die weit unter dem nach der Abbildung zu erwartenden Anteil liegen.

Umverpackungen nicht sofort entsorgen
Laut Gesetz genügt die Kennzeichnung der Umverpackung. Einzelverpackungen sind meist nicht ausreichend gekennzeichnet.

Vorsicht bei unverpackter Ware
Derzeit besteht für lose, unverpackte Ware keine Kennzeichnungspflicht. Ab 2014 soll über potentielle Allergene informiert werden, jedoch bleibt es den EU-Mitgliedsstaaten überlassen in welcher Form.
Beim Bäcker oder Metzger kann man sich jedoch oft eine Zutatenliste ausdrucken lassen. Fragen Sie danach!

Vorsicht bei „Kann Spuren von… enthalten"
Bei Transport, Lagerung, Herstellung und Verpackung können Verunreinigungen auftreten. Hersteller sind nicht verpflichtet, diese „Spuren" auf dem Etikett anzugeben. Werden keine „Spuren" angegeben, kann das entweder bedeuten, dass nach sorgfältiger Überprüfung keine Spuren eines Allergens gefunden wurden oder aber der Hersteller

hat keine Überprüfung vorgenommen und macht daher keine Angabe. Der Verbraucher kann sich demnach beim Fehlen der Angabe „Kann Spuren von… enthalten" nicht darauf verlassen, dass tatsächlich keine Spuren enthalten sind. Wird hingegen angegeben, dass Spuren enthalten sind, so kann das auch nur aus Gründen der Produkthaftung ohne Überprüfung angegeben worden sein. Im Zweifelsfall sollte der Hersteller direkt kontaktiert werden.

Tückische Gesetzeslücken
Leider gibt es noch immer Gesetzlücken in der Deklarationspflicht. Dies führt dazu, dass das Zutatenverzeichnis eines Produktes möglicherweise doch nicht ganz vollständig ist. Es müssen nur diejenigen Inhalts- und Hilfsstoffe angegeben werden, die der Hersteller des Lebensmittels verwendet hat. Welche Substanzen bereits in den eingekauften Rohstoffen enthalten sind, erfährt der Verbraucher jedoch nicht.

Stoffe, die nur vorübergehend bei der Herstellung eines Lebensmittels eingesetzt und anschließend wieder entfernt werden, müssen nicht deklariert werden, wenn sie gesundheitlich unbedenklich sind. Diese Stoffe können im Enderzeugnis noch in Spuren enthalten sein. Das gilt auch für Stoffe wie Alkohol, Speiseöl, Zucker und Maltodextrin, die als Lösungsmittel und Trägerstoffe dienen. Sofern sie nur in Mengen verwendet werden, die für die technologische Verarbeitung notwendig sind, müssen sie nicht gekennzeichnet werden.

BEISPIEL LEBENSMITTELETIKETT

Gulaschsuppe
mit Rindfleisch

— Verkehrsbezeichnung

Zutaten: Wasser, 14% gekochtes Rindfleisch, 10% Zwiebeln, 10% Champignons, 5% rote Paprika, Weizenmehl, Zucker, Salz, Rotwein, modifizierte Maisstärke, Kräuter und Gewürze, Geschmacksverstärker E 621, E 631 und E 627, Branntweinessig, Soja-Eiweißhydrolysat, Stabilisatoren E 412 und E 466, Aromen, pflanzliches Öl, Hefeextrakt, Farbstoffe E 160c und E 150c, Laktose, gehärtetes pflanzliches Öl, Antioxidationsmittel E 330 und E 300, Rindfleischextrakt

— Zutatenverzeichnis mit Zusatzstoffkennzeichnung

Kann Spuren von Ei enthalten. — Hinweis auf Spuren von...

100 ml enthalten durchschnittlich	
Brennwert	269 kj / 64 kcal
Eiweiß	4,1 g
Kohlenhydrate	8,0 g
Fett	1,7 g

Inhalt:

400 ml e — Mengenangabe

L 01 225 084 — Lot-/Chargen-Nummer

— Nährwertangaben

Mindestens haltbar bis Ende:
siehe Boden/Deckelaufdruck

— Mindesthaltbarkeitsdatum

Gulaschsuppenhersteller Muster
Beispielstraße 33
12345 Musterstadt

— Herstellerangabe

ZUSATZSTOFFE UND E-NUMMERN

E 100
KURKUMIN

Kurkumin ist ein gelb-orangener Farbstoff, der in der Wurzel der Kurkuma-Pflanze (Gelbwurz) gebildet wird. Er wird in der Nahrungsmittelindustrie als Farbstoff und als Würzmittel eingesetzt, auch als Safran-Ersatz.

Verwendung:
Kurkumin ist nur für bestimmte Nahrungsmittel wie Margarine, Marmeladen, nichtalkoholische Getränke und zum Färben von Currypulver zugelassen.

Gesundheit:
Bei entsprechend disponierten Menschen sind schwache allergische Reaktionen möglich.
Kurkumin wird in der Ayurvedischen Heilkunde und in der Traditionellen Chinesischen Medizin seit langer Zeit eingesetzt. Neuere Forschungen arbeiten an der Anwendung von Kurkumin in der Krebstherapie.

E 200
SORBINSÄURE

Sorbinsäure und ihre Salze werden in der Nahrungsmittelindustrie als Konservierungsmittel eingesetzt. Sie gilt unter den Konservierungsstoffen als der harmloseste.

Verwendung:
Sorbinsäure ist allgemein für Lebensmittel zugelassen.
Zu finden ist sie in Soßen, Ketchup, Senf, Mayonnaise, Margarine, Milchprodukten, Wurst, Fischerzeugnissen, eingelegtem Gemüse, Trockenfrüchten, Fertigsuppen, Marmelade, Süßwaren, Gebäck, Getränken, Wein. Sorbinsäure wird auch in der Kosmetikindustrie verwendet.

Gesundheit:
Sorbinsäure wird als unbedenklich eingestuft und kann vom Körper vollständig abgebaut werden. In seltenen Fällen kann Sorbinsäure Unverträglichkeitsreaktionen in Form gereizter Haut oder Schleimhäute auslösen.

E 210
BENZOESÄURE

Benzoesäure kommt in geringen Mengen natürlicherweise im Harz bestimmter Bäume, in Weihrauch, Früchten wie Pflaumen, Heidel- und Johannisbeeren sowie in Milchprodukten und Honig vor.
In der Nahrungsmittelindustrie wird Benzoesäure in wesentlich höheren Konzentrationen als Konservierungsmittel eingesetzt. Sie wirkt antiseptisch und pilztötend. Reine Benzoesäure ist giftig.

Verwendung:
Zugelassen ist Benzoesäure nur für bestimmte Nahrungsmittel und mit definierten Höchstwerten, z. B. für alkoholfreies Bier im Fass, Spirituosen, zuckerreduzierte Marmeladen, Gelees und Konfitüren, Oliven, Aspik, Eiermalfarben, eingelegtes Gemüse, Fischerzeugnisse, Krebstiere, Weichtiere (gekocht).
Auch Salze der Benzoesäure finden Verwendung: Natriumbenzoat (E 211), Kaliumbenzoat (E 212) und Calciumbenzoat (E 213).
Benzoesäure und ihre Salze werden auch in Kosmetika, Arzneimitteln, Parfüm und Tabak eingesetzt.

Gesundheit:
Bei empfindlichen Personen kann Benzoesäure Beschwerden verursachen.
Insbesondere bei Menschen mit Asthma oder einer Allergie gegen Salicylsäure können Benzoesäure und ihre Salze Allergien und Pseudoallergien auslösen.
Bei Verzehr von größeren Mengen über einen längeren Zeitraum wurden in Untersuchungen Magen-Darm-Beschwerden, Krämpfe und Störungen des Nervensystems beobachtet.

E 406
AGAR-AGAR

Agar-Agar wird aus Rotalgen hergestellt. Er ist geruchs- und geschmacksneutral sowie hitzestabil und kann durch seine sehr guten Geliereigenschaften als rein pflanzlicher Ersatz für Gelatine eingesetzt werden. Die Gelierfähigkeit ist unabhängig vom Umgebungsmedium. Dadurch ist er im Haushalt und auch in der Nahrungsmittelindustrie vielseitig einsetzbar. Eine Einschränkung ist lediglich der hohe Preis.

Verwendung:
Agar-Agar ist für Nahrungsmittel allgemein zugelassen.
Als Geliermittel kann Agar-Agar z. B. in Pudding, Tortenguss, Soßen, Cremes, Süßwaren, Eiscreme, Schmelzkäse, Gelees, Marmeladen, Fertiggerichten, Fertigsuppen enthalten sein. Weiterhin wird Agar-Agar in Kosmetikprodukten wie Cremes, Seifen und auch in Zäpfchen verwendet.

Gesundheit:
Es liegen keine konkreten Daten bezüglich einer schädlichen Wirkung von Agar-Agar vor.
Aufgrund seiner Unverdaulichkeit wirkt Agar-Agar ab einer Menge von 4 bis 15 g pro Tag auch als Abführmittel. Die übliche Konzentration in Nahrungsmitteln beträgt ca. 1 bis 2 g pro 100 g. Eine abführende Wirkung ist hier demnach normalerweise nicht zu befürchten.

Wussten Sie schon?
In der Biologie werden Nährböden zur Anzucht von Mikroorganismen heute fast ausnahmslos mit Agar-Agar verfestigt.

E 407
CARRAGEEN

Carrageen ist ein aus Rotalgen gewonnenes pflanzliches Gelier- und Dickungsmittel, das in der Nahrungsmittelindustrie verwendet wird. Es eignet sich zur Herstellung stabiler Gele oder zäher Flüssigkeiten. Auch Soßen und andere Speisen werden damit sämig gemacht.

Verwendung:
Carrageen ist ohne Mengenbeschränkung allgemein für Lebensmittel zugelassen, auch in Bio-Produkten.
Als Verdickungsmittel wird es z. B. Puddings, Süßigkeiten, Ketchup, Eiscreme, wärmebehandelter Sahne zugefügt.
Da sich durch Zugabe von Carrageen das Volumen eines Nahrungsmittels vergrößert, verringert sich die Energiedichte (Kalorien pro 100 g). Deshalb wird es häufig in „Light"-Produkten eingesetzt.

Gesundheit
Carrageen wird vom menschlichen Organismus nicht aufgenommen, sondern unverdaut wieder ausgeschieden.
Es ist umstritten, ob Carrageen möglicherweise das Immunsystem beeinflusst (dies ist bislang nur in Tierversuchen bestätigt) oder sogar die Bildung von Geschwüren fördern könnte. Da nicht gesichert ist, ob Carrageen von Säuglingen eventuell doch über den Darm aufgenommen wird, wurde empfohlen, Carrageen nicht für Säuglingsnahrung zu verwenden. Rein rechtlich ist es jedoch zugelassen. Bei entsprechend empfindlichen Personen kann Carrageen allergische Reaktionen auslösen. Zudem wird diskutiert, ob Carrageen die Aufnahme von Nährstoffen im Darm behindert.

E 415
XANTHAN

Xanthan wird auch als natürliches Verdickungsmittel bezeichnet. Allerdings kommt es in der Natur nicht vor. Es wird eigens für die Nahrungsmittelindustrie mittels Bakterien aus zuckerhaltigen Nährsubstraten hergestellt, wobei der Einsatz von gentechnisch veränderten Mikroorganismen möglich ist.

Verwendung:
Xanthan gilt als unbedenklich und ist allgemein für Lebensmittel zugelassen.
Es wird zum Eindicken und Verbinden von Flüssigkeiten verwendet, beispielsweise in Mayonnaise, Ketchup, Senf, Soßen, Backwaren, Obst- und Gemüsekonserven, Speiseeis und Desserts.

E 440
PEKTIN

Pektin kommt natürlicherweise als Bestandteil der Zellwände aller Landpflanzen vor. Besonders viel Pektin ist in Äpfeln und Zitrusfrüchten enthalten. Allerdings ist das mit der E-Nummer 440 bezeichnete Pektin eine chemisch veränderte Form des natürlichen Pektins, sogenanntes hochverestertes Pektin oder Amidpektin. Damit wird eine Gelierfähigkeit auch in kaltem Wasser und in Gegenwart von Zucker erreicht.
In der Nahrungsmittelindustrie wird Pektin als Füllstoff, Geliermittel, Stabilisator und Verdickungsmittel eingesetzt.

Verwendung:
Pektin ist für Nahrungsmittel allgemein ohne Mengenbeschränkung zugelassen.

Insbesondere in Dauerbackwaren, Soßen, Ketchup, Mayonnaise, Tortenguss, Marmelade, Eiscreme, Desserts und fettreduzierten Light-Produkten kann Pektin enthalten sein. Pektin ist rein pflanzlich und kann somit als veganer Ersatz für Gelatine dienen. Auch in der Pharma- und Kosmetikindustrie wird Pektin verwendet.

Gesundheit:
Als natürlich in Lebensmitteln vorkommender Stoff gilt Pektin als unbedenklich.

Natürliche Pektine sind ein wichtiger Bestandteil der Ernährung und ein wertvoller Beitrag für die Gesundheit. Die besonderen Ballaststoffe sind gut für die Verdauung und können dazu beitragen, den Blutcholesterinwert zu senken. Eine Eigenschaft des Pektins macht es insbesondere für Diabetiker interessant. Es führt zu einer verzögerten Aufnahme von Zucker, was den Blutzuckerspiegel langsamer ansteigen lässt.

Wussten Sie schon?
Der Name kommt vom Griechischen:
„pektos" = erstarren.

E-NUMMERN

E-NUMMER	STOFF	KLASSE	BESCHREIBUNG
E 100	Kurkumin	F	natürlich, Farbe: gelb bis orange z. B. zugelassen für: Wurst
E 101	Riboflavin	F	Vitamin B_2, natürlich, Farbe: gelb z. B. zugelassen für: in Essig eingelegtes Gemüse
E 102	Tartrazin	F	synthetisch, Farbe: gelb z. B. zugelassen für: Mushy peas (traditionelles englisches Püree)
E 104	Chinolingelb	F	synthetisch, Farbe: gelb z. B. zugelassen für: Konfitüre
E 110	Gelborange S	F	synthetisch, Farbe: gelborange z. B. zugelassen für: aromatisierter Schmelzkäse
E 120	Echtes Karmin	F	Farbstoff tierischer Herkunft, Farbe: rot z. B. zugelassen für: Frühstücksgetreide
E 122	Azorubin (Carmoisin)	F	synthetisch, Farbe: rot z. B. zugelassen für: rote Obstkonserven
E 123	Amaranth	F	synthetisch, Farbe: rot ausschließlich zugelassen für: Aperitivweine
E 124	Cochenillerot A (Ponceau 4R)	F	synthetisch, Farbe: rot z. B. zugelassen für: aromatisierter Schmelzkäse
E 127	Erythrosin	F	synthetisch, Farbe: rot z. B. zugelassen für: Cocktailkirschen
E 129	Allurarot AC	F	synthetisch, Farbe: rot z. B. zugelassen für: Breakfast sausages
E 131	Patentblau V	F	synthetisch, Farbe: blau z. B. zugelassen für: Konserven von roten Früchten
E 132	Indigotin (Indigokarmin)	F	natürlich, aber leicht verändert, Farbe: dunkelblau z. B. zugelassen für: Süßwaren, Kuchen, Likör
E 133	Brillantblau FCF	F	synthetisch, Farbe: blau z. B. zugelassen für: Süßigkeiten, Kuchen, Spirituosen
E 140	Chlorophylle + Chlorophylline	F	grüner Blattfarbstoff, natürlich z. B. zugelassen für: Konfitüre
E 141	Kupferkomplexe der Chlorophylle + Chlorophylline	F	Kupferverbindung des Blattgrüns, Farbe: dunkelgrün z. B. zugelassen für: Sage-Derby-Käse
E 142	Grün S	F	synthetisch, Farbe: grün z. B. zugelassen für: Mushy peas (traditionelles englisches Püree)
E 150 a	Zuckerkulör	F	Zucker/Stärke karamellisiert, Farbe: braun z. B. zugelassen für: Malzbrot
E 150 b	Sulfitlaugen-Zuckerkulör	F	Form der Zuckerkulör (E 150 a) z. B. zugelassen für: Malzbrot
E 150 c	Ammoniak-Zuckerkulör	F	
E 150 d	Ammonsulfit-Zuckerkulör	F	
E 151	Brillantschwarz BN (Schwarz PN)	F	synthetisch, Farbe: schwarz z. B. zugelassen für: Räucherfisch
E 153	Pflanzenkohle	F	Holzkohle, klassisches Schwarzpigment der Malerei z. B. zugelassen für: Morbier-Käse

E-NUMMER	STOFF	KLASSE	BESCHREIBUNG
E 155	Braun HT	F	synthetisch, Farbe: braun z. B. zugelassen für: nicht verarbeitetes Fleisch
E 160 a	Carotin	F	Beta-Carotin, Provitamin A, natürlich und synthetisch, Farbe: gelb bis rot z. B. zugelassen für: Butter
E 160 b	Annatto (Bixin, Norbixin)	F	aus Pflanzensamenschalen, natürlich, Farbe: gelb z. B. zugelassen für: Speiseeis
E 160 c	Paprikaextrakt (Capsanthin, Capsorubin)	F	Farbstoff der Paprika, natürlich, Farbe: rotorange z. B. zugelassen für: Schmelzkäse
E 160 d	Lycopin	F	Farbstoff von Tomaten und Hagebutten, natürlich, Farbe: rotorange z. B. zugelassen für: Speiseeis
E 160 e	Beta-apo-8'-Carotinal (C30)	F	natürlich, kommt z. B. in Gemüse vor, Farbe: rotorange z. B. zugelassen für: aromatisierter Schmelzkäse
E 160 f	Beta-apo-8'-Carotin-säure-Ethylester (C30)	F	natürlich, kommt z. B. in Gemüse vor, Farbe: orange bis rot z. B. zugelassen für: Desserts
E 161 b	Lutein	F	natürlich, kommt in allen grünen Pflanzen vor, Farbe: gelb bis grün z. B. zugelassen für: Brotaufstriche aus Gemüse
E 161 g	Canthaxanthin	F	natürlich, kommt z. B. in Pfifferlingen vor, Farbe: gelb bis orange ausschließlich zugelassen für: französische Wurstsorte Saucisses de Strasbourg
E 162	Betanin (Betenrot)	F	natürlicher Bestandteil der Roten Rübe (Rote Bete), Farbe: rot z. B. zugelassen für: Gemüsekonserven
E 163	Anthocyane	F	natürlich, kommt z. B. in Weintrauben vor, Farbe: blau bis rot z. B. zugelassen für: mit Fruchtgeschmack aromatisierte Frühstücksgetreidekost
E 170	Calciumcarbonat	F, Sr, Tr	Kalk, Kreide, Farbe: weiß z. B. zugelassen für: Kochsalz
E 171	Titandioxid	F	natürlich vorkommendes Metall, weißes Farbpigment z. B. zugelassen für: Fisch
E 172	Eisenoxide + Eisenhydroxide	F	synthetisch, gelbe, rote und schwarze Farbpigmente z. B. zugelassen für: Fisch
E 173	Aluminium	F	Metallpigmente, Farbe: silber, grau ausschließlich zugelassen für: Überzüge von Zuckerwaren zur Dekoration von Kuchen und Keksen
E 174	Silber	F	Metallpigment, Farbe: silber ausschließlich zugelassen für: Überzüge von Süßwaren, Verzierungen von Pralinen, Liköre
E 175	Gold	F	Metallpigment, Farbe: gold ausschließlich zugelassen für: Überzüge von Süßwaren, Verzierungen von Pralinen, Liköre
E 180	Litholrubin BK	F	synthetisch, Farbe: rot ausschließlich zugelassen für: essbare Käserinde
E 200	Sorbinsäure	K	natürlicherweise in den Früchten der Eberesche/Vogelbeere enthalten z. B. zugelassen für: abgepacktes Brot
E 202	Kaliumsorbat	K	Salze der Sorbinsäure (E 200) z. B. zugelassen für: abgepacktes Brot
E 203	Calciumsorbat	K	
E 210	Benzoesäure	K	organische Säure z. B. in Preiselbeeren z. B. zugelassen für: zuckerreduzierte Konfitüren
E 211	Natriumbenzoat	K	Salz der Benzoesäure (E 210) z. B. zugelassen für: zuckerreduzierte Konfitüren
E 212	Kaliumbenzoat	K	
E 213	Calciumbenzoat	K	

E-NUMMER	STOFF	KLASSE	BESCHREIBUNG
E 214	PHB-Ester (Ethyl-p-hydroxybenzoat)	K	Para-Hydroxy-Benzoesäure-Ethylester, Paraben z. B. zugelassen für: Knabberwaren
E 215	PHB-Ethylester-Natriumsalz (Natrium-methyl-p-hydroxybenzoat)	K	Natriumsalz des PHB-Ethylesters (E 214) z. B. zugelassen für: Knabberwaren
E 218	PHB-Methylester- (Methyl-p-hydroxybenzoat)	K	Abkömmling des PHB-Ethylesters (E 214) z. B. zugelassen für: Knabberwaren
E 219	PHB-Methylester-Natriumsalz (Natrium-methyl-p-hydroxybenzoat)	K	
E 220	Schwefeldioxid	A, K	farbloses, in der Natur vorkommendes Gas z. B. zugelassen für: Fruchtfüllungen für feine Backwaren
E 221	Natriumsulfit	A, K	Salze der Schwefligen Säure (E 220) z. B. zugelassen für: Fruchtfüllungen für feine Backwaren
E 222	Natriumhydrogensulfit	A, K	
E 223	Natriummetabisulfit	A, K	
E 224	Kaliummetabisulfit	A, K	
E 226	Calciumsulfit	A, K	
E 227	Calciumhydrogensulfit	A, K	
E 228	Kaliumhydrogensulfit	A, K	
E 234	Nisin	K	wirkt antibiotisch z. B. zugelassen für: Grießpudding
E 235	Natamycin	K	wirkt antibiotisch auf Hefen und Schimmelpilze ausschließlich zugelassen für: Oberflächenbehandlung von Hart- und Schnittkäse, getrockneten und gepökelten Würsten
E 239	Hexamethylentetramin	K	ausschließlich zugelassen für: Käsesorte Provolone
E 242	Dimethyldicarbonat	K	Verhinderung von Gärhefen ausschließlich zugelassen für: nichtalkoholische, aromatisierte Getränke, alkoholfreien Wein, flüssige Teekonzentrate
E 249	Kaliumnitrit	K	Kaliumsalz der Salpetrigen Säure
E 250	Natriumnitrit	K	ausschließlich zugelassen für: Nitritpökelsalz
E 251	Natriumnitrat	K	Pökelsalz, natürlicher Bestandteil der Böden, kommt in allen pflanzlichen Lebensmitteln vor
E 252	Kaliumnitrat	K	ausschließlich zugelassen für: Hart- und Schnittkäse, eingelegte Heringe und Sprotten, Pökelsalz
E 260	Essigsäure	K, Sä	natürlich vorkommende organische Säure, ältestes Konservierungsmittel neben Rauch und Salz z. B. zugelassen für: Brot
E 261	Kaliumacetat	K, Sr	Salze der Essigsäure (E 260) z. B. zugelassen für: Brot
E 262	Natriumacetat	K, Sr	
E 263	Calciumacetat	K, Sr	
E 270	Milchsäure	K, Sä	natürlich vorkommende organische Säure z. B. zugelassen für: Mozzarella
E 280	Propionsäure	K	natürlich vorkommende organische Säure ausschließlich zugelassen für: industriell hergestellte Backwaren
E 281	Natriumpropionat	K	Salze der Propionsäure (E 280) ausschließlich zugelassen für: industriell hergestellte Backwaren
E 282	Calciumpropionat	K	
E 283	Kaliumpropionat	K	
E 284	Borsäure	K	ausschließlich zugelassen für: echten Kaviar

E-NUMMER	STOFF	KLASSE	BESCHREIBUNG
E 285	Natriumtetraborat (Borax)	K	Natriumsalz der Borsäure (E 284) ausschließlich zugelassen für: echten Kaviar
E 290	Kohlendioxid	Pa, Sä, Tg	Kohlensäure, farb- und geruchloses Gas z. B. zugelassen für: Erfrischungsgetränke
E 296	Apfelsäure	Sä	organische Säure, synthetisch hergestellt z. B. zugelassen für: Konfitüre
E 297	Fumarsäure	Sä	organische Säure, synthetisch hergestellt z. B. zugelassen für: geleeartige Desserts mit Fruchtgeschmack
E 300	Ascorbinsäure	A, Me, St	Vitamin C z. B. zugelassen für: Obstkompott
E 301	Natriumascorbat	A, Me, St	Salze der Ascorbinsäure (E 300) z. B. zugelassen für: frische Teigwaren
E 302	Caliumascorbat	A, Me, St	
E 304	Fettsäureester der Ascorbinsäure	A, St	Fettsäureester der Ascorbinsäure z. B. zugelassen für: Brat- und Backfette
E 285	Natriumtetraborat (Borax)	K	Natriumsalz der Borsäure (E 284) ausschließlich zugelassen für: echten Kaviar
E 290	Kohlendioxid	Pa, Sä, Tg	Kohlensäure, farb- und geruchloses Gas z. B. zugelassen für: Erfrischungsgetränke
E 296	Apfelsäure	Sä	organische Säure, synthetisch hergestellt z. B. zugelassen für: Konfitüre
E 297	Fumarsäure	Sä	organische Säure, synthetisch hergestellt z. B. zugelassen für: geleeartige Desserts mit Fruchtgeschmack
E 300	Ascorbinsäure	A, Me, St	Vitamin C z. B. zugelassen für: Obstkompott
E 301	Natriumascorbat	A, Me, St	Natriumsalz der Ascorbinsäure (E 300) z. B. zugelassen für: frische Teigwaren
E 302	Caliumascorbat	A, Me, St	Calciumsalz der Ascorbinsäure (E 300) z. B. zugelassen für: Brot
E 304	Fettsäureester der Ascorbinsäure	A, St	Fettsäureester der Ascorbinsäure z. B. zugelassen für: Brat- und Backfette
E 306	Stark tocopherolhaltige Extrakte	A	Vitamin E, natürlich z. B. zugelassen für: Speisefette und -öle
E 307	Alpha-Tocopherol	A	Vitamin E z. B. zugelassen für: Speisefette und -öle
E 308	Gamma-Tocopherol	A	
E 309	Delta-Tocopherol	A	
E 310	Propylgallat	A	synthetisch, Esterverbindung der Gallussäure z. B. zugelassen für: feine Backwaren
E 311	Octylgallat	A	synthetisch, Esterverbindung der Gallussäure z. B. zugelassen für: ätherische Öle
E 312	Dodecylgallat	A	
E 315	Isoascorbinsäure (Erythorbinsäure)	A, St	synthetisch, Variante der Ascorbinsäure (E 300) ausschließlich zugelassen für: gepökelte und konservierte Fisch- und Fleischerzeugnisse, Fisch mit roter Haut, gefroren oder tiefgefroren
E 316	Natriumisoascorbat	A, St	synthetisch, Salz der Isoascorbinsäure (E 315) ausschließlich zugelassen für: gepökelte und konservierte Fisch- und Fleischerzeugnisse, Fisch mit roter Haut, gefroren oder tiefgefroren

NISIN **DIMETHYLDICARBONAT** PHB-EST
KALIUMHYDROGENSULFIT NATRIUMORTHOPHENYLPHENOLAT
SCHWEFELDIOXID

E-NUMMER	STOFF	KLASSE	BESCHREIBUNG
E 319	Tertiär-Butylhydrochinon (TBHQ)	A	Antioxidans für verschiedene tierische Fette z. B. zugelassen für: ätherische Öle
E 320	Butylhydroxyanisol (BHA)	A	synthetisch z. B. zugelassen für: ätherische Öle
E 321	Butylhydroxytoluen (BHT)	A	synthetisch z. B. zugelassen für: Bratfett
E 322	Lecithine	A, E, Me, St	natürliche fettähnlichen Stoffe z. B. zugelassen für: frische Teigwaren
E 325	Natriumlactat	Fe, Sr	Salze der Milchsäure (E 270) z. B. zugelassen für: Obstkonserven
E 326	Kaliumlactat	Fe, Sr	
E 327	Calciumlactat	Fe, Sr	
E 331	Natriumcitrat	Ko, Sä, Sr, S	Salze der Citronensäure (E 330) z. B. zugelassen für: Kompott
E 332	Kaliumcitrat	Ko, Sä, Sr, S	
E 333	Calciumcitrat	Ko, Sä, Sr, S	
E 334	Weinsäure (L+)	Ko, Sä, Sr	aus Weintrauben isoliert, ist natürlicher Inhaltsstoff vieler Früchte z. B. zugelassen für: Kakaoprodukte
E 335	Natriumtartrat	B, Ko, Sä, Sr	Natriumsalz der Weinsäure (E 334) u. a. zugelassen für: Konfitüre
E 336	Kaliumtartrat	B, Ko, Sä, Sr	Kaliumsalz der Weinsäure (E 334) z. B. zugelassen für: Traubensaft
E 337	Natrium-Kaliumtartrat	B, Ko, Sä, Sr	Salz der Weinsäure (E 334) z. B. zugelassen für: Obstkonserven
E 338	Phosphorsäure	Ko, Sä, Sr	Orthophosphorsäure, Phosphat z. B. zugelassen für: kandierte Früchte
E 339	Natriumphosphate	Ko, Sr, S	Abkömmlinge der Phosphorsäure (E 338) z. B. zugelassen für: kandierte Früchte
E 340	Kaliumphosphate	Ko, Sr, S	
E 341	Calciumphosphate	B, Sr, Tr	
E 343	Magnesiumphosphate	Sr, Tr	
E 350	Natriummalat	Sr	Salze der Äpfelsäure (E 296) z. B. zugelassen für: Konfitüre
E 351	Kaliummalat	Sr	
E 352	Calciummalat	Sr	
E 353	Metaweinsäure	Sä	Abkömmling der Weinsäure (E 334) ausschließlich zugelassen für: „Made wine" aus Traubenmostkonzentrat
E 354	Calciumtartrat	B, Ko, Sä, Sr	Calciumsalz der Weinsäure (E 334) z. B. zugelassen für: Zwieback
E 355	Adipinsäure	Sä, Sr	synthetisch, sauer-salziger Geschmack z. B. zugelassen für: Trockendessertpulver
E 356	Natriumadipat	Sr	Salze der Adipinsäure (E 355) z. B. zugelassen für: Trockendessertpulver
E 357	Kaliumadipat	Sr	
E 363	Bernsteinsäure	G, Sä	organische Säure, synthetisch hergestellt z. B. zugelassen für: Suppen
E 380	Triammoniumcitrat	Ko, Sä, Sr, S	Salze der Citronensäure (E 330) z. B. zugelassen für: Kompott

E-NUMMER	STOFF	KLASSE	BESCHREIBUNG
E 385	Calcium-Dinatrium-Ethylendiamintetraacetat (Calcium-Dinatrium-EDTA)	Ko	EDTA-Säure, synthetisch hergestellt z. B. zugelassen für: Streichfette
E 392	Extrakt aus Rosmarin	A	antioxidative Wirkung z. B. zugelassen für: Brotaufstriche auf Nussbasis
E 400	Alginsäure	Ge, Üb, Ve	Bestandteil der Zellwände bestimmter Braunalgenarten z. B. zugelassen für: Pudding
E 401	Natriumalginat	Ge, Üb, Ve	Salze und Abkömmlinge der Alginsäure (E 400) z. B. zugelassen für: Pudding
E 402	Kaliumalginat	Ge, Üb, Ve	
E 403	Ammoniumalginat	Ge, Üb, Ve	
E 404	Calciumalginat	Ge, Ve	
E 405	Propylenglycolalginat	E, St, Ve	Abkömmling der Alginsäure (E 400) z. B. zugelassen für: Bier
E 406	Agar-Agar	Fü, Ge, Ve	Bestandteil der Zellwände bestimmter Rotalgen-Arten z. B. zugelassen für: Konfitüre
E 407	Carrageen	Ge, Ve	kommt in den Zellen verschiedener Rotalgen-Arten vor z. B. zugelassen für: Dickmilcherzeugnisse
E 407 a	Verarbeitete Euchema-Algen	Ge, Ve	aus Euchema-Algen z. B. zugelassen für: Dickmilcherzeugnisse
E 410	Johannisbrotkernmehl	St, Ve	Carobin, Carubin, Teil des Johannisbrotbaumsamens z. B. zugelassen für: Konfitüren
E 412	Guarkernmehl	Fü, Ge, Me, Ve	Teil des Samens der Guarpflanze z. B. zugelassen für: Konfitüren
E 413	Traganth	Fü, Ge, Ve	aus den Stämmen und Ästen von in Asien beheimateten Sträuchern z. B. zugelassen für: Tafelsüße
E 414	Gummi arabicum	Fü, St, Ve	harziger Pflanzensaft z. B. zugelassen für: Schokoladenerzeugnisse
E 415	Xanthan	Fü, Ge, Ve	aus verbundenen Einfachzuckern aufgebaut z. B. zugelassen für: Konfitüren
E 416	Karayagummi	Ge, St, Ve	Pflanzensaft z. B. zugelassen für: emulgierte Soßen
E 417	Tarakernmehl	Fü, Ve	Samen des tropischen Tarastrauches z. B. zugelassen für: Konfitüren
E 418	Gellan	Ge, Ve	aus verbundenen Einfachzuckern aufgebaut z. B. zugelassen für: Konfitüren
E 420	Sorbit	Fe, Fü, Sü	Zuckeralkohol, Zuckeraustauschstoff, kommt natürlicherweise in vielen Früchten vor z. B. zugelassen für: zuckerfreie Süßwaren
E 421	Mannit	Fü, Sü, Tr	Zuckeralkohol, Zuckeraustauschstoff, kommt in vielen Pflanzen und Algen vor z. B. zugelassen für: zuckerfreie Süßwaren
E 422	Glycerin	Fe	Grundbaustein aller Fette z. B. zugelassen für: Kakaoerzeugnisse
E 425	Konjak	Fü, Ge, Ve	aus Rübenart gewonnen z. B. zugelassen für: Aromen

E-NUMMER	STOFF	KLASSE	BESCHREIBUNG
E 426	Sojabohnen-Polyose	E, Fü, St, Ts, Tr, Ve	wasserlösliches Polysaccharid, aus natürlichen Sojafasern z. B. zugelassen für: Reis
E 427	Cassia-Gummi	Ge, Ve	blassgelbes bis weißliches geruchloses Pulver z. B. zugelassen für: Trockensuppe
E 431	Polyoxyethylen(40) stearat	E	synthetisch ausschließlich zugelassen für: bestimmte Weine
E 432	Polyoxyethylensorbitanmonolaurat (Polysorbat 20)	E, St	Abkömmling des Sorbits (E 420) z. B. zugelassen für: feine Backwaren
E 433	Polyoxyethylensorbitanmonooleat (Polysorbat 80)	E, St	Abkömmling des Sorbits (E 420) z. B. zugelassen für: Speiseeis
E 434	Polyoxyethylensorbitanmonopalmitat (Polysorbat 40)	E, St	Abkömmling des Sorbits (E 420) z. B. zugelassen für: Backfette
E 435	Polyoxyethylensorbitanmonostearat (Polysorbat 60)	E, St	Abkömmling des Sorbits (E 420) z. B. zugelassen für: Desserts
E 436	Polyoxyethylensorbitantristearat (Polysorbat 65)	E, St	Abkömmling des Sorbits (E 420) z. B. zugelassen für: Diätlebensmittel
E 440	Pektine	Fü, Ge, St, Üb, Ve	aus den Schalen von Äpfeln, Zitrusfrüchten und aus Zuckerrübenschnitzeln isoliert z. B. zugelassen für: Ananasfruchtsaft
E 442	Ammoniumphosphatide	E	entstehen durch die Veresterung von Glycerin (E 422) mit Phosphor- und Fettsäuren ausschließlich zugelassen für: Kakao- und Schokoladenerzeugnisse
E 444	Saccharoseacetatisobutyrat	St	Mischung verschiedener Esterverbindungen der Saccharose (Haushaltszucker) ausschließlich zugelassen für: aromatisierte trübe Getränke ohne Alkohol, aromatisierte trübe Getränke mit einem Alkoholgehalt von weniger als 15 % Vol.
E 445	Glycerinester aus Wurzelharz	St	aus Wurzelharz ausschließlich zugelassen für: aromatisierte trübe Getränke ohne Alkohol, mit einem Alkoholgehalt von weniger als 15 % Vol., Oberflächen von Zitrusfrüchten
E 450	Diphosphate	Ko, Sr, S	Abkömmlinge der Phosphorsäure (E 338) z. B. zugelassen für: Soßen
E 451	Triphosphate	Ko, Sr, S, St	Abkömmlinge der Phosphorsäure (E 338) z. B. zugelassen für: Speiseeis
E 452	Polyphosphate	Ko, S, St	Abkömmlinge der Phosphorsäure (E 338) z. B. zugelassen für: feine Backwaren
E 459	Beta-Cyclodextrin	Fü, Ko, Ts	ringförmiges Molekül aus sieben Glucoseeinheiten z. B. zugelassen für Lebensmittel in Tabletten- oder Drageeform
E 460	Cellulose	Fü, St, Tr	aus verholzten Pflanzenteilen z. B. zugelassen für: in Scheiben geschnittenen Käse
E 461	Methylcellulose	Ge, Üb, Ve	Abkömmling der Cellulose (E 460) z. B. zugelassen für: in Scheiben geschnittenen Käse
E 462	Ethylcellulose	Fü, Sm, Ts, Ve	

E-NUMMER	STOFF	KLASSE	BESCHREIBUNG
E 463	Hydroxypropylcellulose	E, Fü, St, Üb, Ve	Abkömmling der Cellulose (E 460) z. B. zugelassen für: in Scheiben geschnittenen Käse
E 464	Hydroxypropylmethylcellulose	E, Fü, St, Ve	
E 465	Ethylmethylcellulose	Fü, St, Ts, Ve	
E 466	Carboxymethylcellulose (Natrium-Carboxymethylcellulose, Cellulosegummi)	Ts, Üb, Ve	Abkömmling der Cellulose (E 460) z. B. zugelassen für: Sahne
E 468	Vernetzte Carboxymethylcellulose (modifizierter Cellulosegummi)	Fü, Ve	Abkömmling der Cellulose (E 460) ausschließlich zugelassen für: feste Nahrungsergänzungsmittel und Süßstofftabletten
E 469	Enzymatisch hydrolysierte Carboxymethylcellulose	Fü, St	Abkömmling der Cellulose (E 460) z. B. zugelassen für: in Scheiben geschnittenen Käse
E 470 a	Natrium-, Kalium- und Calciumsalze der Speisefettsäuren	E, St, Tr, Üb	aus Speisefetten z. B. zugelassen für: getrocknete Kräuter
E 470 b	Magnesiumsalze der Speisefettsäuren	Ts, Tr, Üb	aus Speisefetten z. B. zugelassen für: Tafelsüße
E 471	Mono- und Diglyceride von Speisefettsäuren	E, Me	Spalt- bzw. Abbauprodukte von Speisefettsäuren z. B. zugelassen für: Zwieback
E 472 a	Essigsäureester von Mono- und Diglyceriden von Speisefettsäuren	E, Ts, Üb	Verbindung von E 471 z. B. zugelassen für: schnellkochenden Reis
E 472 b	Milchsäureester von Mono- und Diglyceriden von Speisefettsäuren	E, Me, St, Ts	Verbindung von E 471 z. B. zugelassen für: Kekse
E 472 c	Citronensäureester von Mono- und Diglyceriden von Speisefettsäuren	E, Ko, Ts	
E 472 d	Weinsäureester von Mono- und Diglyceriden von Speisefettsäuren	E, Ts	Verbindung von E 471 z. B. zugelassen für: Backwaren
E 472 e	Mono- und Diacetylweinsäureester von Mono- und Diglyceriden von Speisefettsäuren	E	Verbindung von E 471 z. B. zugelassen für: Brot
E 472 f	Gemischte Essig- und Weinsäureester von Mono- und Diglyceriden von Speisefettsäuren	E, Me	
E 473	Zuckerester von Speisefettsäuren	E, Me	Zuckerester z. B. zugelassen für: Speiseeis
E 474	Zuckerglyceride	E, Me	Mischungen aus Glycerinfettsäureestern und Zuckerestern z. B. zugelassen für: Speiseeis
E 475	Polyglycerinester von Speisefettsäuren	E, Sv	Esterverbindungen von Speisefettsäuren mit polymerisiertem Glycerin z. B. zugelassen für: Getränkeweißer

E-NUMMER	STOFF	KLASSE	BESCHREIBUNG
E 476	Polyglycerin-Polyricinoleat	E	Verbindung von Polyglycerin und Polyrizinsäure z. B. zugelassen für: Salatsoßen
E 477	Propylenglycolester von Speisefettsäuren	E	aus Fettsäuren und Propylenglycol z. B. zugelassen für: Desserts
E 479 b	Thermooxidiertes Sojaöl verestert mit Mono- und Diglyceriden von Speisefettsäuren	E, Sv, Tr	ausschließlich zugelassen für: Herstellung von Fettemulsionen zum Braten
E 481	Natriumstearoyl-2-lactylat	E, Me	Salze der Stearoylmilchsäure u. a. zugelassen für: feine Backwaren
E 482	Calciumstearoyl-2-lactylat	E, Me	
E 483	Stearyltartrat	E, Me	ausschließlich zugelassen für: Desserts und Backwaren außer Brot
E 491	Sorbitanmonostearat	E	Sorbitanfettsäureester z. B. zugelassen für: Trockenhefe
E 492	Sorbitantristearat	E	Sorbitanfettsäureester z. B. zugelassen für: Kakaoprodukte
E 493	Sorbitanmonolaurat	E	Sorbitanfettsäureester z. B. zugelassen für: Gelee
E 494	Sorbitanmonooleat	E	Sorbitanfettsäureester z. B. zugelassen für: Speiseeis
E 495	Sorbitanmonopalmitat	E	Sorbitanfettsäureester z. B. zugelassen für: Desserts
E 500	Natriumcarbonat	B, Sr, Ts	Soda, Natron z. B. zugelassen für: Sauerrahmbutter
E 501	Kaliumcarbonat	B, Sr, Ts	aus Kohlendioxid (E 290) und Kalilauge z. B. zugelassen für: Backtriebmittel
E 503	Ammoniumcarbonat	B, Sr	chemische Reaktion von Kohlendioxid (E 290) und Ammoniak z. B. zugelassen für: Backtriebmittel
E 504	Magnesiumcarbonat	Sr, Ts, Tr	aus Magnesium und Kohlendioxid (E 290) z. B. zugelassen für: gereiften Käse
E 507	Salzsäure	Sr	Bestandteil des menschlichen Magensaftes z. B. zugelassen für: Getreidebeikost für Säuglinge
E 508	Kaliumchlorid	Fm, G	Kaliumsalz der Salzsäure (E 507) z. B. zugelassen für: Würzmittel
E 509	Calciumchlorid	Fm, G, St	Calciumsalz der Salzsäure (E 507) z. B. zugelassen für: Trinkwasseraufbereitung
E 511	Magnesiumchlorid	Fm, G, Sr, Ts	Magnesiumsalz der Salzsäure (E 507) z. B. zugelassen für: Meersalz
E 512	Zinn-II-Chlorid	A, St	ausschließlich zugelassen für: Spargelkonserven
E 513	Schwefelsäure	Sä	aus Schwefeldioxid (E 220) und Wasser z. B. zugelassen für: Trinkwasseraufbereitung
E 514	Natriumsulfat	Fm, Sr, Ts	Natriumsalz der Schwefelsäure (E 513) z. B. zugelassen für: Trinkwasseraufbereitung
E 515	Kaliumsulfat	Fm, Sr, Ts	Kaliumsalz der Schwefelsäure (E 513) z. B. zugelassen für: Kochsalzersatz
E 516	Calciumsulfat	Fm, Sr, Ts	Calciumsalz der Schwefelsäure (E 513) z. B. zugelassen für: Trinkwasseraufbereitung

E-NUMMER	STOFF	KLASSE	BESCHREIBUNG
E 520	Aluminiumsulfat	Fm, St	Aluminiumsalz der Schwefelsäure (E 513) ausschließlich zugelassen für: Eiklar, glasiertes, kandiertes oder kristallisiertes Obst und Gemüse
E 521	Aluminiumnatriumsulfat	Fm, St	Aluminiumsalz der Schwefelsäure (E 513) und Natrium ausschließlich zugelassen für: Eiklar, glasiertes, kandiertes oder kristallisiertes Obst und Gemüse
E 522	Aluminiumkaliumsulfat	Fm, St	Aluminiumsalz der Schwefelsäure (E 513) und Kalium ausschließlich zugelassen für: Eiklar, glasiertes, kandiertes oder kristallisiertes Obst und Gemüse
E 523	Aluminiumammonium-sulfat	Fm, St	
E 524	Natriumhydroxid	Sr	Natronlauge z. B. zugelassen für: Kakaoerzeugnisse
E 525	Kaliumhydroxid	Sr	Kalilauge z. B. zugelassen für: Kakaoerzeugnisse
E 526	Calciumhydroxid	Sr	Kalkmilch z. B. zugelassen für: Kakaoerzeugnisse
E 527	Ammoniumhydroxid	Sr	wässrige Lösung des Ammoniaks z. B. zugelassen für: Kakaoerzeugnisse
E 528	Magnesiumhydroxid	Sr, Tr	schwer lösliches Pulver z. B. zugelassen für: Kakaoerzeugnisse
E 529	Calciumoxid	Sr	Branntkalk z. B. zugelassen für: Trinkwasseraufbereitung
E 530	Sorbitanmonolaurat	E	Magnesia z. B. zugelassen für: Kakaoerzeugnisse
E 535	Sorbitanmonooleat	E	verbessert die Rieselfähigkeit des Speisesalzes ausschließlich zugelassen für: Kochsalz und Kochsalzersatz
E 536	Sorbitanmonopalmitat	E	
E 538	Natriumcarbonate	B, Sr, Ts	
E 541	Kaliumcarbonat	B, Sr, Ts	SALP, Salz der Orthophosphorsäure E 338 ausschließlich zugelassen für: Herstellung von Biskuitgebäck und englischen Scones
E 551	Ammoniumcarbonat	B, Sr	das in der Erdkruste am häufigsten vorkommende Mineral z. B. zugelassen für: Würzmittel
E 552	Magnesiumcarbonat	Sr, Ts, Tr	Abkömmling der Kieselsäure (E 551) z. B. zugelassen für: Trockenlebensmittel in Pulverform
E 553 a	Salzsäure	Sr	Abkömmling der Kieselsäure (E 551) z. B. zugelassen für: Kochsalz
E 553 b	Kaliumchlorid	Fm, G	Abkömmling der Kieselsäure (E 551) z. B. zugelassen für: Nahrungsergänzungsmittel
E 554	Calciumchlorid	Fm, G, St	Abkömmling der Kieselsäure (E 551) z. B. zugelassen für: Nahrungsergänzungsmittel
E 555	Magnesiumchlorid	Fm, G, Sr, Ts	Abkömmling der Kieselsäure (E 551) z. B. zugelassen für: Käse
E 556	Zinn-II-Chlorid	A, St	
E 558	Schwefelsäure	Sä	natürliches Tongestein, Kieselsäure z. B. zugelassen für: Farbstoffe
E 559	Natriumsulfat	Fm, Sr, Ts	Abkömmling der Kieselsäure (E 551) z. B. zugelassen für: Süßwaren
E 570	Kaliumsulfat	Fm, Sr, Ts	Bausteine aller Fette und Öle z. B. zugelassen für: Überzugsmittel für Obst
E 574	Calciumsulfat	Fm, Sr, Ts	aus Glucose z. B. zugelassen für: Desserts

E-NUMMER	STOFF	KLASSE	BESCHREIBUNG
E 575	Aluminiumsulfat	Fm, St	entsteht durch das Eindampfen von Gluconsäure (E 574) z. B. zugelassen für: Mozzarella
E 576	Aluminiumnatriumsulfat	Fm, St	Salze der Gluconsäure (E 574) z. B. zugelassen für: Desserts
E 577	Aluminiumkaliumsulfat	Fm, St	
E 578	Aluminiumammonium-sulfat	Fm, St	
E 579	Natriumhydroxid	Sr	Eisensalz der Gluconsäure (E 574) ausschließlich zugelassen für: Schwarzfärben grüner Oliven
E 585	Kaliumhydroxid	Sr	Eisensalz der Milchsäure (E 270) ausschließlich zugelassen für: Schwarzfärben grüner Oliven
E 586	Calciumhydroxid	Sr	Alternative zu Sulfiten ausschließlich zugelassen für: frisches, gefrorenes oder tiefgefrorenes Krebstierfleisch
E 620	Ammoniumhydroxid	Sr	einer der Bausteine, aus denen Eiweiße aufgebaut sind z. B. zugelassen für: Würzen
E 621	Magnesiumhydroxid	Sr, Tr	Salze der Glutaminsäure (E 620) z. B. zugelassen für: Würzen
E 622	Calciumoxid	Sr	
E 623	Calciumdiglutamat	G	
E 624	Monoammoniumglutamat	G	
E 625	Magnesiumdiglutamat	G	
E 626	Guanylsäure	G	Abkömmling des Guanins, einer der Bausteine des Erbmaterials (DNA, RNA) z. B. zugelassen für: Würzen
E 627	Dinatriumguanylat	G	Salze der Guanylsäure (E 626) z. B. zugelassen für: Würzen
E 628	Dikaliumguanylat	G	
E 629	Calciumguanylat	G	
E 630	Inosinsäure	G	Abkömmling des Hypoxanthins z. B. zugelassen für: Würzen
E 631	Dinatriuminosinat	G	Salze der Inosinsäure (E630) z. B. zugelassen für: Würzen
E 632	Dikaliuminosinat	G	
E 633	Calciuminosinat	G	
E 634	Calcium-5'-ribonucleotid	G	aus natürlichen Zellen, pflanzlich oder tierisch z. B. zugelassen für: Würzen
E 635	Dinatrium-5'-ribonucleotid	G	
E 640	Glycin + seine Natriumsalze	G	einer der Bausteine, aus denen Eiweiße aufgebaut sind z. B. zugelassen für: Süßstofftabletten
E 650	Zinkacetat	G	Zinksalz der Essigsäure (E 260) ausschließlich zugelassen für: Kaugummi
E 900	Dimethylpolysiloxan	Sv	synthetisch, gehört chemisch zu den Silikonen z. B. zugelassen für: Panade
E 901	Bienenwachs weiß + gelb	Fü, Ts, Tr, Üb	z. B. zugelassen für: Kaffeebohnen
E 903	Carnaubawachs	Tr, Üb	aus den Blättern der Carnaubapalme z. B. zugelassen für: Oberflächenbehandlung von Zitrusfrüchten
E 904	Schellack	Üb	harzartige Ausscheidungen der weiblichen Gummilackschildläuse z. B. zugelassen für: Süßwaren

E-NUMMER	STOFF	KLASSE	BESCHREIBUNG
E 905	Mikrokristallines Wachs	Tr, Üb	Microwachse, Paraffine z. B. zugelassen für: Oberflächenbehandlung von Melonen
E 907	Hydriertes Poly-1-decen	Üb	Gemisch kettenförmiger Kohlenwasserstoffe unterschiedlicher Länge z. B. zugelassen für: Trockenfrüchte
E 912	Montansäureester	Üb	Abkömmlinge des Montanwachses ausschließlich zugelassen für: Oberflächenbehandlung von frischen Zitrusfrüchten, Melonen, Mangos, Papayas, Avocados, Ananas
E 914	Polyethylenwachsoxidate	Üb	synthetisch hergestellte, langkettige Kohlenwasserstoffe, den natürlichen Wachsen sehr ähnlich ausschließlich zugelassen für: Oberflächenbehandlung von frischen Zitrusfrüchten, Melonen, Mangos, Papayas, Avocados, Ananas
E 920	L-Cystein	Me	schwefelhaltige Aminosäure z. B. zugelassen für: Mehl
E 927 b	Carbamid	St	Harnstoff ausschließlich zugelassen für: Kaugummi ohne Zuckerzusatz
E 938	Argon	Pa	Edelgas, Schutzgas
E 939	Helium	Pa	„Unter Schutzatmosphäre verpackt"
E 941	Stickstoff	Pa, Tg	farb-, geruch- und geschmackloses Gas, wichtigstes Element der Luft, Schutzgas „Unter Schutzatmosphäre verpackt"
E 942	Distickstoffoxid	Tg	farbloses Gas mit schwach süßem Geruch und Geschmack z. B. zugelassen für: aufgeschäumte Sahne- und Milchmischerzeugnisse
E 943 a	Butan	Tg	farbloses Gas mit leichtem Eigengeschmack, aus Erdgas und Erdöl ausschließlich zugelassen für: Backsprays aus Pflanzenöl und Emulsionssprays auf Wasserbasis
E 943 b	Isobutan	Tg	
E 944	Propan	Tg	
E 948	Sauerstoff	Pa, Tg	farb-, geruch- und geschmackloses Gas, aus verflüssigter Luft, Schutzgas z. B. zugelassen für: Erzeugnisse aus Frischfleisch
E 949	Wasserstoff	Pa, Tg	das leichteste und kleinste aller chemischen Elemente, z. B. zugelassen für: Herstellung von Zuckeralkoholen
E 950	Acesulfam-K	G, Sü	Verbindung aus Kohlenstoff, Wasserstoff, Sauerstoff, Stickstoff, Schwefel und Kalium z. B. zugelassen für: energiereduzierte Produkte
E 951	Aspartam	G, Sü	aus den Eiweißbausteinen Asparaginsäure und Phenylalanin z. B. zugelassen für: energiereduziertes Speiseeis
E 952	Cyclamat	Sü	Salze der Cyclohexylsulfaminsäure z. B. zugelassen für: energiereduzierte Konfitüre
E 953	Isomalt	Sü	Zuckeralkohol z. B. zugelassen für: energiereduzierte Süßwaren
E 954	Saccharin + seine Na-, K- und Ca-Salze	Sü	synthetisierter Süßstoff z. B. zugelassen für: Kaugummi ohne Zuckerzusatz
E 955	Sucralose	Sü	eng mit dem Haushaltszucker (Saccharose) verwandt z. B. zugelassen für: Süßwaren ohne Zuckerzusatz
E 957	Thaumatin	G, Sü	Gemisch aus verschiedenen Eiweißen, aus den Samen eines Süßholzbaumes z. B. zugelassen für: Nahrungsergänzungsmittel
E 959	Neohesperidin DC	G, Sü	Abkömmling eines bitter schmeckenden Stoffes, der in Grapefruitschalen enthalten ist z. B. zugelassen für: süßsaure Obstkonserven

E-NUMMER	STOFF	KLASSE	BESCHREIBUNG
E 960	Steviolglycoside	Sü	Stevia z. B. zugelassen für: Speiseeis
E 961	Neotam	Ge, Sü	auf Aminosäure basierender Süßstoff z. B. zugelassen für: Desserts
E 962	Aspartam-Acesulfamsalz	G, Sü	chemische Verbindung aus Aspartam (E 951) und Acesulfam (E 950) z. B. zugelassen für: energiereduziertes Kompott
E 965	Maltit	Fe, Sü, Ts	Zuckeralkohol, aus Stärke hergestellt z. B. zugelassen für: energiereduzierte Süßwaren
E 966	Lactit	Sü	Zuckeralkohol, aus Laktose gewonnen z. B. zugelassen für: energiereduzierte Süßwaren
E 967	Xylit	Sü	Zuckeraustauschstoff, aus Xylose hergestellt z. B. zugelassen für: energiereduzierte Süßwaren
E 968	Erythrit	Fü, G, Sü, Ts, Tr	Zuckeralkohol, kommt natürlicherweise in geringen Mengen z. B. in einigen Obstsorten vor z. B. zugelassen für: Süßwaren
E 999	Quillajaextrakt	Sm, St	aus der Rinde des Seifenrindenbaumes ausschließlich zugelassen für: aromatisierte Getränke
E 1103	Invertase	Fm	Feuchthaltemittel z. B. zugelassen für: Süßwaren
E 1105	Lysozym	K	Enzym ausschließlich zugelassen für: gereiften Käse
E 1200	Polydextrose	Fm, Fs	synthetische Verbindung aus Glucose, Sorbit (E 420) und Citronensäure (E 330) z. B. zugelassen für: Tafelsüße
E 1201	Polyvinylpyrrolidon	St, Ts	Kunststoff, der vom Körper nicht aufgenommen wird ausschließlich zugelassen für: Nahrungsergänzungsmittel
E 1202	Polyvinylpolypyrrolidon	Ts	ausschließlich zugelassen für: Nahrungsergänzungsmittel
E 1203	Polyvinylalkohol (PVA)	Üb	synthetisches Harz z. B. zugelassen für: Nahrungsergänzungsmittel
E 1204	Pullulan	Üb	wasserlösliches Polysaccharid z. B. zugelassen für: Nahrungsergänzungsmittel
E 1205	Basisches Methacrylat-Copolymer	Üb	z. B. zugelassen für: Nahrungsergänzungsmittel
E 1404	Oxidierte Stärke	F, Mo, Ts, Ve	chemische Abwandlung von Stärke z. B. zugelassen für: nicht-aromatisierte, mit lebenden Bakterien fermentierte Sahneprodukte
E 1410	Monostärkephosphat	Mo, St, Ts, Ve	chemisch modifizierte Stärke z. B. zugelassen für: Getreidebeikost für Säuglinge und Kleinkinder
E 1412	Distärkephosphat	Mo, St, Ts, Ve	
E 1413	Phosphatiertes Distärkephosphat	Mo, St, Ts, Ve	
E 1414	Acetyliertes Distärkephosphat	Mo, Ts, Ve	
E 1420	Acetylierte Stärke	Mo, St, Ts, Ve	chemisch modifizierte Stärke, Stärkeacetat z. B. zugelassen für: Getreidebeikost für Säuglinge und Kleinkinder
E 1422	Acetyliertes Distärkeadipat	Mo, Ts, Ve	chemisch modifizierte Stärke z. B. zugelassen für: Getreidebeikost für Säuglinge und Kleinkinder

E-NUMMER	STOFF	KLASSE	BESCHREIBUNG
E 1440	Hydroxypropylstärke	E, Mo, St, Ve	chemisch modifizierte Stärke z. B. zugelassen für: nicht aromatisierte, mit lebenden Bakterien fermentierte Sahneprodukte
E 1442	Hydroxypropyldistärkephosphat	E, Mo, St, Ve	
E 1450	Stärkenatriumoctenylsuccinat	E, Mo, St, Ts, Ve	chemisch modifizierte Stärke, Succinatstärke z. B. zugelassen für: Getreidebeikost für Säuglinge und Kleinkinder
E 1451	Acetylierte oxidierte Stärke	Mo, Ve	chemisch modifizierte Stärke z. B. zugelassen für: Getreidebeikost für Säuglinge und Kleinkinder
E 1452	Stärkealuminiumoctenylsuccinat	Tr	Trennmittel für eingekapselte Vitaminzubereitungen z. B. zugelassen für: Nahrungsergänzungsmittel
E 1505	Triethylcitrat	Ts	Abkömmling der Citronensäure (E 330) ausschließlich zugelassen für: Eiklarpulver, Nahrungsergänzungsmittel, Aromen
E 1517	Glycerindiacetat (Diacetin)	Ts	Esterverbindung von Glycerin (E 422) und Essigsäure (E 260) ausschließlich zugelassen für: Aromen
E 1518	Glycerintriacetat (Triacetin)	Ts	Esterverbindung von Glycerin (E 422) und Essigsäure (E 260) ausschließlich zugelassen für: Aromen, Kaugummi
E 1519	Benzylalkohol	Ts	Zwischenprodukt des Eiweißstoffwechsels, synthetisch ausschließlich zugelassen für: Aromen für Liköre und Süßwaren
E 1520	Propylenglycol (1,2-Propandiol)	Ts	Kohlen-Wasserstoff-Verbindung z. B. zugelassen für: Aromen
E 1521	Polyethylenglycol	Üb	Additionspolymere aus Ethylenoxid und Wasser z. B. zugelassen für: Nahrungsergänzungsmittel

ABKÜRZUNGEN DER KLASSEN

A	Antioxidationsmittel	**Fe**	Feuchthaltemittel	**K**	Konservierungsstoff	**Sr**	Säureregulator
B	Backtriebmittel	**Fü**	Füllstoff	**Me**	Mehlbehandlungsmittel	**Sm**	Schaummittel
E	Emulgator	**Ge**	Geliermittel	**Mo**	Modifizierte Stärke	**Sv**	Schaumverhüter
F	Farbstoff	**G**	Geschmacksverstärker	**Pa**	Packgas	**S**	Schmelzsalz
Fm	Festigungsmittel	**Ko**	Komplexbildner	**Sa**	Säuerungsmittel	**St**	Stabilisator

QUELLEN

Verordnung über die Zulassung von Zusatzstoffen zu Lebensmitteln zu technologischen Zwecken Zusatzstoff-Zulassungsverordnung – ZZulV 29.01.1998

Verordnung (EG) Nr. 1333/2008 des Europäischen Parlaments und des Rates vom 16. Dezember 2008 über Lebensmittelzusatzstoffe

EINKAUFSTIPPS

„Frei von Allergenen" – Alternativen und Exotisches

Lebensmittel, die frei von bestimmten Allergenen sind, aber auch viele Alternativen und Exotisches können Sie bequem im Internet bestellen. Die folgende Tabelle zeigt eine Auswahl an Onlineshops und welche Produkte sie unter anderem anbieten.

Onlineshops	Frei von							Alternativen und Exotisches				
	Bio	Ei	Gluten	Hefe	Laktose	Milch	Nüssen	Histamin-armer Wein	Kräuter, Wildkräuter	Nüsse, Kerne	Tee	Trockenfrüchte
www.3Pauly.de		x	x	x	x	x	x					
www.allergico-shop.de	x	x	x	x	x	x	x	x		x	x	x
www.allergie-shopping.de	x	x	x		x	x						
www.bioinsel-shop.de	x								x	x	x	x
www.bremer-gewuerzhandel.de	x								x	x	x	x
www.camel-milk.at					x							
www.dragonspice.de	x								x	x	x	x
www.eller-finest-selections.de	x							x				
www.essbarelandschaften.de	x								x		x	
www.foodoase.de	x	x	x	x	x	x					x	
www.fritz-muehlenbaeckerei.de	x	x	x	x	x		x					
www.glutenfrei-einkaufen.de	x	x	x	x	x							
www.glutenfreigeniessen.de	x	x	x	x	x							
www.glutenfrei-supermarkt.de	x	x	x	x	x					x	x	x
www.govinda-natur.de	x		x								x	x
www.hammermuehle.de			x									
www.kamelenmelk.nl					x							
www.kern-energie.com										x		x
www.meingesundesbrot.de		x	x	x		x						
www.naturideen.de	x								x		x	x
www.oekofrost.de	x											
www.poensgen-brot.de	x	x	x	x	x		x					
www.purenature.de	x	x	x	x						x	x	x
www.querfood.de	x	x	x	x	x	x						
www.radix-versand.de	x	x			x	x						
www.schaer.com			x									
www.schmuetz-naturkost.de	x								x			x
www.tali.de									x	x	x	x
www.tee-und-so.de	x								x	x	x	x
www.teff-brot-shop.de			x									
www.topfruits.de	x		x		x				x	x		x
www.vitanatura.de	x								x		x	x
www.weingut-weiss.at	x							x				
www.winzerhof-allacher.at	x							x				

Hinweis: Auch Naturkostläden, gut sortierte Supermärkte und Drogerien führen Lebensmittel für Allergiker.

Gemüsekiste
Biologisch angebautes Obst und Gemüse können Sie auch ganz bequem direkt vom Erzeuger beziehen. Die so genannte „Gemüsekiste" wird jede Woche neu und abwechslungsreich zusammengestellt und an Sie versendet. Fragen Sie in Naturkostläden nach Anbietern in Ihrer Nähe. Auch im Internet sind viele Anbieter gelistet. Geben Sie für die Suche einfach „Gemüsekiste" und Ihren Wohnort bzw. Ihre Region ein.

Rezeptseiten und Blogs
www.mitohnekochen.com
www.anies-delight.eu
www.kochtrotz.de
www.rock-the-kitchen.de

Sonstige hilfreiche Internetseiten
www.bio123.de
www.bio-natur-urlaub.de
www.glutenfrei-unterwegs.de
www.laktonaut.de

Hinweis: Im Buch werden Webseiten Dritter empfohlen (sogenannte „externe Links"). Da wir auf deren Inhalte keinen Einfluss haben, kann für die fremden Inhalte keine Gewähr übernommen werden. Für die Inhalte und Richtigkeit der Informationen ist stets der jeweilige Informationsanbieter der Webseite verantwortlich. Zum Zeitpunkt des Buchdrucks waren keine Rechtsverstöße erkennbar. Sobald uns eine Rechtsverletzung bekannt wird, werden wir den jeweiligen Link entfernen.

BUCHTIPPS

HINTERGRUNDINFORMATIONEN

**Allergie mit Herz und Verstand –
von der Schul- zur Alternativmedizin**
Rüdiger Wahl, Ingeborg Tretter
Dustri-Verlag, 2011
ISBN 978-3871854088

Glutenfrei leben für Dummies
Danna Korn
WILEY-VCH Verlag GmbH & Co. KGaA; 2012
ISBN 978-3527708925

Zöliakie
Deutsche Zöliakie Gesellschaft e.V.
GRÄFE UND UNZER Verlag GmbH, 2012
ISBN 978-38338823947

**Histamin-Intoleranz
Histamin und Seekrankheit**
Reinhart Jarisch
Thieme Verlag, 2004
ISBN 978-3131053824

**Histamin-Intoleranz:
Wenn Essen krank macht**
Thilo Schleip
Trias Verlag, 2010
ISBN 978-3830436836

Fruktose-Unverträglichkeit
Doris Fritzsche
GRÄFE UND UNZER Verlag GmbH, 2011
ISBN 978-3833817755

Fruktose-Intoleranz
Thilo Schleip
Trias Verlag GmbH & Co. KG, 2010
ISBN 978-3830436829

Laktose-Intoleranz
Thilo Schleip
Trias Verlag GmbH & Co. KG, 2010
ISBN 978-3830436843

Laktose-Intoleranz
Doris Fritzsche
GRÄFE UND UNZER Verlag GmbH, 2011
ISBN 978-3833816604

REZEPTBÜCHER

Das Trias-Kochbuch für Kreuz-Allergiker
Christiane Schäfer, Anne Kamp
Trias Verlag, 2008
ISBN 978-3830434399

**Gesund essen bei Histaminintoleranz:
100 histaminarme Genuss-Rezepte**
Anne Kamp
GRÄFE UND UNZER Verlag GmbH, 2010
ISBN 978-3833818974

Glutenfrei Kochen und Backen für Kinder
Sigrid Soeffker, Christiane Schäfer
GRÄFE UND UNZER Verlag GmbH, 2011
ISBN 978-3833822643

Köstlich essen ohne Milch & Ei
Beate Schmitt
Trias Verlag GmbH & Co. KG, 2011
ISBN 978-3830438991

**Rezepte ohne Milch, Ei, Weizen und Soja
für Kinder**
Christiane Schäfer, Birgit Schäfer
GRÄFE UND UNZER Verlag GmbH, 2011
ISBN 978-3833823138

GLOSSAR

Adipositas: Fettleibigkeit, Fettsucht. Das Körperfett ist über das normale Maß hinaus stark vermehrt und führt zu krankhaften Effekten. Nach WHO-Definition spricht man von Adipositas, wenn der Körpermasseindex (BMI) bei 30 kg/m² oder darüber liegt.

Allergen: Auslöser einer allergischen Reaktion. Proteine, z. B. von Pollen oder Nahrungsmitteln, werden vom Immunsystem als „fremd" erkannt. Es kommt zu einer Immunreaktion.

Allergie: Eine Abwehrreaktion des Immunsystems gegen fremde, normalerweise harmlose Stoffe. Man unterscheidet die Sofort-Allergie (Typ I), die in Sekunden bis Minuten auftritt und die verzögerte Allergie (Typ III), die sich erst Stunden bis Tage nach der Aufnahme des Fremdstoffs (z. B. Nahrungsmittel) bemerkbar macht.

Allergie Typ I: Allergie vom Sofort-Typ; wird durch IgE vermittelt. Histamin wird freigesetzt. Dies führt im Körper zu den typischen allergischen Reaktionen, die sofort nach dem Verzehr des Nahrungsmittels eintreten.

Allergie Typ III: Allergie vom verzögerten Typ; wird durch IgG vermittelt. Es kommt zu Entzündungen im Körper, die zeitverzögert zu Beschwerden führen.

Allgemeinreaktion: Reaktion, die nicht direkt an der Stelle auftritt, an der es zum Allergenkontakt gekommen ist.

Anaphylaxie: Schwere allergische Reaktion, die auch Organe oder den ganzen Körper betreffen kann. Im schlimmsten Fall kann es zu einem anaphylaktischen Schock kommen, der tödlich sein kann.

Antiallergikum: Antiallergisches Medikament, beugt allergischen Symptomen vor oder schwächt sie ab.

Antigen: Substanz, die vom Immunsystem als „fremd" erkannt und mit einer Immunreaktion bekämpft wird.

Antihistaminikum: Medikament gegen Allergien, das die Histaminwirkung blockiert.

Antikörper: Immunglobulin, Abwehrstoff im Blutserum.

Asthma bronchiale: Chronisch entzündliche Erkrankung der Bronchien, die zu Verengung der Atemwege führt (anfallsweise).

Atopie: Veranlagung zu Überempfindlichkeitsreaktionen auf an sich harmlose Stoffe.

Atopische Dermatitis: Atopisches Ekzem, Neurodermitis. Chronische Hautkrankheit, nicht-ansteckend, die zu den atopischen Erkrankungen gehört. Typische Merkmale: Starker Juckreiz und rote, schuppende, manchmal auch nässende Ekzeme auf der Haut.

Atopische Erkrankungen: Hierzu zählen u. a. Asthma, Neurodermitis und Heuschnupfen.

Autoimmunerkrankungen: Bei diesen Erkrankungen bewertet das Immunsystem körpereigenes Gewebe als fremd und bekämpft es.

Biogene Amine: Biogene Amine (Histamin, Tyramin, Phenylamin und Serotonin) kommen in verschiedenen Nahrungsmitteln von Natur aus vor und sind für den Körper lebensnotwendig. Bei empfindlichen Personen kann es nach zu hoher Aufnahme über die Nahrung zu Unverträglichkeitsreaktionen kommen.

Cluster-Kopfschmerz: Primäre Kopfschmerzerkrankung, die sich durch streng einseitig auftretende Attacken im Bereich von Schläfe und Auge äußert. Kopfschmerzen von stärkster Intensität, episodisches Auftreten.

**Dermatitis:** Entzündung der Haut.

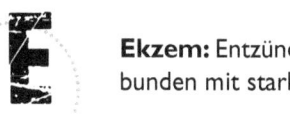**Ekzem:** Entzündung der Haut, oft verbunden mit starkem Juckreiz.

Eliminationsdiät: Nahrungsmittel, die unter dem Verdacht stehen, eine allergische Reaktion oder Unverträglichkeit auszulösen, werden für eine gewisse Zeit vom Speiseplan gestrichen. Bessern sich daraufhin die Beschwerden, sind Nahrungsmittel vermutlich ein Auslöser. Bei der anschließenden Provokation werden die Nahrungsmittel nacheinander wieder eingeführt. Es wird beobachtet, ob und bei welchem Nahrungsmittel die Beschwerden wieder auftreten.

Epikutantest: Zum Nachweis von Kontaktallergien werden mögliche Allergie-Auslöser auf die Haut gebracht und beobachtet, ob sie eine Reaktion hervorrufen.

**Fruktose-Malabsorption:** Der Transport der Fruktose vom Darm in die Blutbahn ist gestört, so dass der Fruchtzucker im Dünndarm nur begrenzt aufgenommen wird. Durch die unvollständige Aufnahme gelangt der Zucker in die tieferen Darmabschnitte, wo er vor allem Beschwerden wie Blähungen und Durchfall auslöst. Nicht zu verwechseln mit der erblichen Fruktose-Intoleranz.

**Gen:** Erbanlage.

Gliadin: Klebereiweiß in glutenhaltigem Getreide.

Glucocorticoide: Hormone, die eine starke anti-entzündliche und anti-allergische Wirkung haben; werden in der Nebenniere gebildet.

Gluten: Oberbegriff für „Klebereiweiß", das z. B. in Weizen, Roggen, Gerste und Hafer vorkommt.

Histamin: Spielt eine zentrale Rolle bei allergischen Reaktionen; wichtiger Botenstoff bei Entzündungsreaktionen.

Histamin-Intoleranz: Histamin-Unverträglichkeit. Das mit der Nahrung aufgenommene Histamin kann durch eine fehlende oder verringerte Aktivität des histaminabbauenden Enzyms Diaminooxidase (DAO) nicht vollständig abgebaut werden und löst allergieähnliche Reaktionen aus. Wichtigste Symptome: Migräne, Kopfschmerzen, Schwindel, Magen-Darm-Probleme, Herzjagen, niedriger Blutdruck, Regelschmerzen, Schnupfen, trockene Nase, Hautjucken, Hautrötungen.

Hypoallergen: „Wenig sensibilisierend", die Fähigkeit Allergien auszulösen, ist reduziert.

Hyposensibilisierung: Ein Allergen wird dem Körper in steigender Dosierung zugeführt, um den Körper daran zu gewöhnen.

IgE: Immunglobulin E, eine spezielle Klasse von Antikörpern, die bei Sofort-Allergien eine Rolle spielen.

IgG: Immunglobulin G, eine spezielle Klasse von Antikörpern, die bei der verzögerten Nahrungsmittelallergie eine Rolle spielen.

Immunglobulin: Eiweiße, die fremde Eiweiße an sich binden, damit unschädlich machen und der Zerstörung durch das Immunsystem zuführen. Man unterscheidet folgende Klassen: IgG, IgM, IgA, IgD und IgE. IgG und IgE können in einem Bluttest nachgewiesen werden und weisen auf eine Sofort-Allergie (IgE) oder verzögerte Allergie (IgG) hin.

Immunkomplex: Zusammenschluss eines bestimmten Antigens mit einem passenden Antikörper, der durch das Komplementsystem vernichtet wird.

Immunsystem: Abwehrsystem des Körpers, schützt vor Krankheitserregern. Bei einer Allergie reagiert das Immunsystem fälschlicherweise auf an sich harmlose Substanzen.

Inhalation: Einatmen von gasförmigen Stoffen, zerstäubten Flüssigkeiten.

Intoleranz: Unverträglichkeitsreaktion ohne Beteiligung des Immunsystems.

Komplementsystem: Teil der unspezifischen, angeborenen Immunabwehr, die innerhalb von Minuten stattfindet.

Kontaktallergie: Durch direkten Kontakt der Haut mit dem Allergen wird eine allergische Reaktion ausgelöst.

Kortison: Siehe Glucocorticoide.

Kreuzallergie: Allergie auf verschiedene Allergieauslöser, die eine ähnliche oder die gleiche Struktur haben.

Laktose-Intoleranz: Milchzucker-Unverträglichkeit als Folge von fehlender oder verminderter Produktion des Enzyms Laktase, welches Milchzucker spaltet und so verdaulich macht. Wichtigste Symptome: Bauchschmerzen, Blähungen, Koliken, Völlegefühl, Übelkeit oder Durchfälle.

Lokalreaktion: Örtliche Reaktion.

Mastzellen: Zellen, die Histamin und andere Botenstoffe enthalten.

Mediatoren: Botenstoffe, die vom Körper gebildet werden und zur Signalübermittlung dienen. Bei einer allergischen Reaktion z. B. Histamin.

Migräne: Anfallsartiger, pulsierender und halbseitiger Kopfschmerz. Begleitsymptome: z. B. Übelkeit, Erbrechen, Lichtempfindlichkeit, Geräuschempfindlichkeit. Bei manchen Patienten geht einem Migräneanfall eine Aura voraus: Es kann zu optischen Wahrnehmungsstörungen, aber auch zu motorischen Störungen kommen.

Morbus Crohn: Chronisch entzündliche Darmerkrankung. Nach neuesten Erkenntnissen können Nahrungsmittel solche Entzündungen verstärken, zum Beispiel durch eine verzögerte Nahrungsmittelallergie vom Typ III.

Nahrungsmittelallergie: Durch das Immunsystem vermittelte Reaktion gegen Nahrungsmittel, die normalerweise harmlos sind.

Nahrungsmittelunverträglichkeit: Alle Reaktionen, die nach dem Verzehr von Nahrungsmitteln zu Beschwerden führen.

Neurodermitis: Siehe atopische Dermatitis.

Oral: Durch den Mund.

Patch-Test: Siehe Epikutan-Test.

Pneumologie: Lungenheilkunde.

Pollen: Blütenstaub.

Pollinose: Allergische Erkrankung, die durch Pollen hervorgerufen wird.

Präbiotika: Meist Kohlenhydrate, die unverdaulich sind, aber das Wachstum erwünschter Darmbakterien fördern und so positiv auf die Darmflora wirken.

Prävention: Vorbeugung.

Pricktest: Hauttest zum Nachweis allergischer Sofortreaktionen.

Provokationstest: Provokation von Krankheitssymptomen durch gezielte Reize, z. B. Allergene.

Probiotika: Mikroorganismen, denen eine positive Wirkung auf die Darmflora nachgesagt wird.

Prophylaxe: Vorbeugung.

Pseudoallergie: Allergieähnliche Reaktion, ohne Beteiligung des Immunsystems.

Psoriasis: Die Psoriasis (Schuppenflechte) ist eine nicht-ansteckende Autoimmunkrankheit. Hauptsymptome sind scharf begrenzte, rote, schuppende und zum Teil juckende Hautstellen.

RAST: Radio-Allergo-Sorbent-Test, Bluttest zum Nachweis einer Allergie (IgE-Antikörper).

Reizdarmsyndrom: Störung, bei der Durchfälle, Verstopfung, Bauchschmerzen, Blähungen und andere Darmprobleme auftreten. Nach dem heutigen Stand der Forschung hat das Reizdarmsyndrom viele Ursachen, z. B. Fruktose-Malabsorption.

Rheumatische Erkrankungen: Krankheiten im Bereich des Stütz- und Bewegungsapparates, die nicht durch eine Verletzung oder durch Tumorerkrankungen ausgelöst worden sind. Bei vielen rheumatischen Erkrankungen kommt es zu einer Störung des Immunsystems: körpereigenes Gewebe wird bekämpft.

Rhinitis: Allergischer Schnupfen, laufende Nase.

Rhinokonjunktivitis: Allergischer Schnupfen, laufende Nase, welche von einer Bindehautentzündung begleitet werden.

Scratch-Test: Hauttest zum Nachweis allergischer Sofortreaktionen.

Sensibilisierung: Zustand des Immunsystems nach dem ersten Allergenkontakt. Es werden Antikörper gebildet, aber es kommt zu keiner allergischen Reaktion. Diese folgt erst beim erneuten Allergenkontakt.

Spannungskopfschmerz: Leichte bis mittelschwere Kopfschmerzen. Dumpfer, drückender bis ziehender Schmerz. Beginnt häufig im Nacken und breitet sich langsam über den ganzen Kopf aus.

Subkutan: Unter die Haut.

Topisch: Örtlich.

Toxisch: Giftig.

Trigger: Auslöser.

Urtikaria: Nesselsucht, Hautausschlag.

Verzögerte Nahrungsmittelallergie: Typ III-Allergie, IgG-vermittelt. Nahrungsmittel führen zu einer verzögerten Immunreaktion, die nach Stunden bis Tagen Beschwerden hervorruft.

Zöliakie: Chronische Erkrankung des Dünndarms, die durch eine Unverträglichkeit gegenüber Gluten zustande kommt. Wichtigste Symptome: Durchfall, Blähbauch, Gewichtsverlust und Übelkeit.

IHRE NOTIZEN

CPSIA information can be obtained
at www.ICGtesting.com
Printed in the USA
BVHW061403090320
574513BV00013B/610